镇江市哲学社会科学界联合会

大运河文化带建设研究院镇江分院

镇江市旅游协会

镇江市旅游学会

联合出品

《江河交汇看镇江——运河人家》

编委会名单

江河交汇看镇江

运河人家

钱　兴　顾海萍　高逸凡
主编

江苏大学出版社
JIANGSU UNIVERSITY PRESS
镇　江

图书在版编目(CIP)数据

江河交汇看镇江 ：运河人家 / 钱兴，顾海萍，高逸凡主编. — 镇江 ：江苏大学出版社，2021.12(2022.11 重印)
ISBN 978-7-5684-1673-3

Ⅰ. ①江… Ⅱ. ①钱… ②顾… ③高… Ⅲ. ①大运河—文化研究—镇江 Ⅳ. ①K928.42

中国版本图书馆 CIP 数据核字(2021)第 249413 号

江河交汇看镇江：运河人家
Jianghe Jiaohui Kan Zhenjiang：Yunhe Renjia

主　　编/钱　兴　顾海萍　高逸凡
责任编辑/汪　勇
出版发行/江苏大学出版社
地　　址/江苏省镇江市京口区学府路 301 号(邮编：212013)
电　　话/0511-84446464(传真)
网　　址/http://press.ujs.edu.cn
排　　版/镇江市江东印刷有限责任公司
印　　刷/江苏凤凰数码印务有限公司
开　　本/710 mm×1 000mm　1/16
印　　张/14.5
字　　数/280 千字
版　　次/2021 年 12 月第 1 版
印　　次/2022 年 11 月第 2 次印刷
书　　号/ISBN 978-7-5684-1673-3
定　　价/58.00 元

前 言

镇江是一座濒江临河的城市，其兴起、发展和繁荣与长江密不可分，更与运河休戚相关。大运河镇江段全长 60.1 千米，其中京杭大运河通航段 42.6 千米，城区古运河 16.7 千米，丹徒闸外引河 0.8 千米，是运河历史上最早开凿的地段之一。秦时的“徒阳运河”，又名“丹徒水道”，是江南运河北端通江河道的雏形；六朝时期以镇江为枢要的南北水运航线已是封建王朝的经济和军事命脉；隋唐时期，随着京杭大运河的全线贯通，长江和运河在这里构成了当时中国最大的黄金十字水道，进一步确立了镇江作为江南入江通道枢纽的地位——“唐时漕运最重者京口。江淮之粟所会，是诸郡咽喉处”。明清两代，尤其是清朝，漕运发展到了极致，漕粮数额超过以往各朝。“舳舻转粟三千里，灯火临流一万家”便是真实的写照。江河交汇，彰显了镇江市大运河特殊的地理位置和文化魅力，人口的流动、货物的往来、文化的交融，都为这座城市带来了充沛的生机与活力，促进了经济的繁荣与发展。地处吴越，北望齐鲁，西迎蜀舰，东挽浙船，交流与融合，多元与包容，是大运河带给这座城市的核心竞争力，也是镇江独具魅力的文化特质。

2017 年，习近平总书记做出了关于保护好、传承好、利用好大运河文化的重要批示。2019 年，中共中央办公厅、国务院办公厅印发了《大运河文化保护传承利用规划纲要》。2019 年 7 月 24 日，中央全面深化改革委员会会议审议通过了《长城、大运河、长征国家文化公园建设方案》。在这样的时代背景下，大运河文化带建设研究院、镇江市大运河文化带建设领导小组办公室、中共镇江市委宣传部联合主办了以“江河交汇 · 运河人家”为主题的“大运河文化带建设论坛”，深入挖掘镇江运河文化精髓和当代价值。现将活动征集论文和2019年镇江市社科应用研究“大运河专项课题”部分获奖成果征得作者同意后汇编成册，以飨读者。

大运河文化带建设研究院镇江分院

镇江市大运河文化带建设研究中心

二〇二一年十二月

目录

CONTENTS

历史文化保护

价值意义传承

内涵功能利用

● 历史文化保护

浅议镇江大运河的文化内涵

孙洪军 *

镇江大运河最早起源于春秋战国时期开凿的丹徒水道。公元前 210 年，秦始皇征发赭衣囚徒凿穿长冈，使龙目湖水注入长江，缩短了丹徒水道入江口与邗沟的距离，故《至顺镇江志》说："京口有渠，肇自始皇，非始于隋也。……炀帝初非创置，不过开使宽广耳。"[1] 为适应封建统治的需要，沟通南北联系，隋炀帝大业六年（610 年），政府征发民工开凿江南河，"从京口通到余杭（今浙江杭州）"，完成了隋朝大运河的开凿[2]。这条以洛阳为中心，东北通到涿郡、东南通到余杭，长达四五千里的大运河，沟通了中国东部的五大水系，成为南北交通的大动脉，是世界历史上最伟大的水利工程之一。大运河的开通，对中国经济文化的发展和国家的统一起了很大作用。随着运河的开通，作为运河沿岸城市，镇江得到迅速发展。千百年来，镇江积淀了丰厚的运河文化。深入挖掘运河文化内涵，对推动镇江经济社会快速发展具有积极意义。

一、军需民食的漕运文化

五代十国之后，由于北方的连年战乱及自然环境的逐渐恶化，中国经济重心由黄河流域逐渐南移到长江流域。长江流域有肥沃的土地、充足的光热资源和丰沛的降水，有利于水稻等农作物的生长。以太湖为中心的长江三角洲地区成为中国最富庶的地区之一，宋代即有"苏湖熟，天下足"的民谚[2]。

镇江交通枢纽地位的完全确立始于隋朝。隋朝大运河的开通，使润、扬二州自然成为运河与长江航运的枢纽城市，润州的命运也就与运河的兴

---

* 孙洪军，江苏科技大学马克思主义学院副教授，研究方向为中国近现代史、镇江地方史。

衰密切相关。“隋唐以后，运河被赋予重大使命——运输漕粮。安史之乱后出现‘当今赋出于天下，江南居十九’的局面，南粮北运成为定制，史称为漕运。”[3]所谓漕运“是指由国家直接管理并负责的一项通过水路把税粮等物运达京都或其他指定地方的重大工作”[4]，漕运是中国古代特有的社会现象。不可否认，修建大运河最根本的目的就是漕运，“它不仅是封建国家实施南粮北运，解决王朝官兵的粮食供应和国库存储的重要措施，也是巩固政权、维护统治的需要，同时也反映了封建国家行为的特征”[5]。就唐朝而言，漕运对其经济与社会的重要意义不言而喻：“唐朝每年从东南漕运到京师的粮食自数十万石到一二百万石不等。”[6]据《宋史》记载，宋代“国家漕运，以河渠为主”。北宋都城汴梁是经济繁荣、人口众多的繁华都市，《宋史》卷三“河渠三”记载：汴京市民“仰食于官者，不惟三军，至于京师士庶以亿万计，大半待饱于军稍之余，故国家于漕事，至急至重”[4]。元、明、清三朝均定都北京，以南粮北运保证京师粮食安全成为关系国家政权稳定的大事，受到历代统治者的高度重视。自元代开始，为满足京师的粮食安全，政府在江南地区收取的赋税漕粮主要经过江南运河输送至北京。其实，据史料记载，“京口自唐为漕挽咽喉之所”[7]。清顺治二年，户部奏定每年额征漕粮400万石，其中运储京仓的正兑米330万石。有关漕粮各省分配定额如下：“江南百五十万石，浙江六十万石，江西四十万石，湖广二十五万石，山东二十万石，河南二十七万石。”[8]由此可见，江南所收漕粮几乎占据全国总额的一半，故有“天下财赋半出于江南”的说法。从理论上说，332万石漕粮中有约250万石需经过江南运河即经过镇江运往京师。因而顺治十六年，驻防镇江的镇海大将军刘之源在给皇帝的奏疏中说：“京口百川汇流，江南财赋自此挽运北输。”[8]康熙年间，由于漕粮折色等原因，收缴漕粮数量有所减少；但是，“经由镇江水运的漕粮达186.38万石”[9]。明清政府施惠于运漕商帮，允许漕船携带各地土特产沿途贩卖以获利益。这一鼓励政策推动了镇江与运河沿线城市和地区的商品交流，全国各地货物在镇江汇聚、流通，镇江逐渐成为商品云集、商贸发达的区域中心市场：“京口为舟车络绎之冲，四方商贾群萃而错处，转移百物，以通有无。”[10]漕运是由国家力量运作、保证帝国北方统治中心军需民食的重要举措，客观上促进了运河沿岸城市镇江的兴起与繁荣。

二、江河交汇的商贸文化

漕运的开通使全国各大市场之间的联系更加密切，促进了各地商品经济的发展。漕运的兴盛，带动了运河沿岸城市的崛起，“并且使得商业的空前繁荣成为运河文化的显著特征之一”[5]。

大运河开通以后，处于万里长江与千里运河十字交叉点上的镇江和扬州专享江河交汇、得天独厚的地利优势。就镇江而言，京口闸所在的镇江港是江南运河的主要通江出口，由镇江港出发，沿江西上可达南京、武汉等长江中下游城市；沿江而下可达于海上，通航南北沿海地区；过长江到江都，沿运河北上，经沿线诸城，可达天津、北京；向东南，过京口闸，沿河南下，可达常州、苏州和杭州。镇江优越的地理位置非其他城市可以比拟。宋忠诚在《古运河与镇江城市变迁》一文中提出如下观点：“城市发展与交通运输有着血肉联系。交通枢纽和交通干线所在地往往是孕育城市的温床。”[9]这个观点是很有道理的。

镇江的兴起与繁荣和运河的开通与运营紧密相关。“至明代，镇江府已成为全国33个重点城市之一”[11]，城中形成众多的街市，如大市、小市、米市、马市、菜市等。“镇江商业，最著称者，为钱、木、绸布为大业”[12]。来自全国各地的客商寄居镇江经商获利。纸张是重要的书写材料，中国南方多竹，为造纸业提供了充足而廉价的原材料，故我国南方各省多产纸张。作为大运河南端省份的浙江，“各山区县产竹地区均有纸厂，而尤以杭州府的富阳，衢州府的江山、常山、开化和龙游等地造纸业最为发达，成为当时造纸业的重要基地”[13]，南纸通过运河北运，必经镇江。

明清时期江南各地不但盛产米谷，还是重要的棉花产区；与之相适应，棉纺织业十分发达。苏州府嘉定南翔镇盛产名为扣布的棉布，“光洁而厚，制衣被耐久。远方珍之”[14]。在南翔经营布商字号的多为徽商，他们收购棉布后转运至江淮各地，以及山东临清等运河沿岸城市销售。扣布经运河转运，途中必定经过镇江。明清时期通过镇江转输的商品有“南方的各种粮食作物、丝麻织品、茶叶、笔墨纸张、桐油、各色水果等等；北方的红枣、蜜枣、柿饼、胡桃、芝麻、麻油等等”[15]。作为“舟车络绎之冲，四方商贾群萃而错处”的镇江，得益于络绎不绝的运河行船，商业历久不衰，持续繁荣[16]。

镇江运河承载着南来北往的繁忙物流与兴盛商业的同时，也吸引了不法之徒觊觎的目光。清初镇江及江南运河沿线的不良船户和地痞恶棍冒充官府，强行抢掠过往客商，严重影响了镇江的城市声誉，扰乱了大运河的航运秩序。为打击这些运河上的违法犯罪行为，顺治年间刊刻镇江府永禁奸徒劫夺纸布商人货物碑，康熙年间刊刻丹徒县永禁奸船地棍坑害米豆商人碑，“这两方碑刻不仅反映了清初镇江的商业繁荣和作为交通枢纽的重要地位”[17]，也反映了镇江官民崇尚诚信经商、合法经营，反对违法犯罪、欺行霸市行为的明确态度与价值追求。

三、兵家争战的军事文化

镇江古称京口，“南控江湖，北拒淮泗”[18]，金山、北固山、焦山、圌山由上而下沿江排列，扼守江防，控制长江西上东下航道，战略位置十分突出，号称“雄跨江南二百州”。因而有学者认为：“镇江城市发展的首要因素是其得天独厚的地理条件，毗邻长江，特别是运河的开凿，让其处在‘诸水交会’的交通枢纽的要冲地位，这不仅带来了便利交通，其军事地位也得到了空前的加强。”[11]正因如此，镇江成为历来兵家必争的战略要地。

三国时期，孙权在北固山建立的铁瓮城占尽地理优势的往事人尽皆知。南宋元帅韩世忠在黄天荡大战金兀术的故事脍炙人口。1130年，大掠江南的金兀术被韩世忠军包围在黄天荡不能脱身，韩世忠的夫人梁红玉登上金山妙高台，亲自击鼓鼓舞士气，将金军围困48天，后金兀术凿旧河道狼狈逃跑。韩世忠以八千兵将重创号称拥兵十万的金军，“使金兵以后未敢再行渡江南侵，成为南宋政府军由溃逃、防守进入全面反攻的‘转折点’”[19]。清初顺治十六年（1659年），吴三桂攻下云南，为减轻南明永历帝的压力，郑成功统帅大军进入长江，赶赴镇江，在镇江江面与清军大战，重创清军，守将高谦与镇江知府打开城门向郑成功投降，“郑成功优待降官，接见归正士绅，大飨士卒于京岘山，全城人民剪掉长辫，重新蓄发”[20]。郑成功收复镇江，给推行民族镇压政策、制造“扬州十日”“嘉定三屠”惨剧的清军以沉重打击，一定程度上延缓了南明政权灭亡的进程。

镇江扼河控江的险要战略地位不但被我国历代军事家看重，也为觊觎中国、妄图把中国变成其殖民地的西方列强所重视。鸦片战争爆发后，镇江人民高度警惕，“全城捐银数万两，献铜铁十余万斤，修城铸炮，在龟山头增设炮台三座，设炮二十门”[19]，为战斗做了充分的准备。1842年7月，英军战舰72艘，大小炮280余门，以绝对优势兵力进攻镇江府城；镇江军民进行殊死搏斗，给予了英军沉重打击。“据英方公布，镇江之战英军被打死者185人，显然这是极度缩小了的数字。”[3]镇江之战是鸦片战争中英军人员损失最大的一次战役，镇江人民的英勇行为受到恩格斯的高度赞扬。英军之所以要占据镇江，截断运河的运输，是因为“该运河是北方各省和南方各省之间的通商要道。英军这种进攻步骤的用意，是要夺取这个重要的水道，置北京于死地，并逼迫清帝立即媾和"[21]。英军占据镇江3个月之久，撤退时特地测绘了镇江地图，准备卷土重来。"1849—1852年，英国驻上海领事阿礼国先后3次向英国香港总督兼驻华公使文翰建议，请求英国政府再次攻占镇江。"[22]第二次鸦片战争中英国外交部克拉兰敦致函全权大臣额尔金，向其转达英国女王与中国交涉的指导方针，其第20条规定，如果必须采取强制措施，英政府打算采取以下七项中的一项或几项："占领扬子江上大运河的入口处。"[23]此后，法国皇帝给全权大臣葛罗的指示、英国海军大臣给印度支那舰队司令的指示均重申这一战略举措。英、法军政当局对镇江的高度重视，充分体现了镇江优越的战略位置，也预示了其开口通商的必然命运。

四、灵山秀水的旅游文化

2014年6月22日，中国大运河正式被列入世界遗产名录，建设大运河文化带、推动旅游业发展成为推进运河沿岸城市经济社会发展的必然要求。江苏段运河沿线旅游资源丰富，具有明显的资源优势。大运河是中华民族的祖先留给后人的珍贵物质财富和精神财富，是一直活着的人类文化遗产。大运河沿岸的名城名镇，在漫长的历史岁月中积淀了政治、经济、军事、文化等社会各领域的丰富层积，有着深厚的历史文化底蕴，遗留了不菲的旅游文化资源。作为运河沿岸城市，镇江更是如此。

妈祖信仰是东南沿海地域文化的杰出代表。宋代以后，人们普遍把妈祖作为海神来崇拜祭祀。生活在大运河上的人们也崇拜妈祖，祈求她保佑运河上的人们的生命财产安全。元世祖忽必烈于1288年敕封妈祖为护国明著天妃，祈求作为水神的妈祖保佑漕运。以此之故，王敬方《褒封水仙记》文中说："国朝漕运，为事最重，故南海诸神，有功于漕运者皆得祀。惟天妃功大号尊，在祀最重。"[4]元朝皇帝多次诏封妈祖以祈求妈祖的庇佑，天妃庙从沿海城市传到运河沿岸各城市，镇江城也建有天妃庙。据元《至顺镇江志》记载："天妃庙，在竖土山东，旧在潮闸之西。"[1]335镇江妈祖文化遗迹有建于南宋1238年的丹徒灵惠妃庙、康熙年间的扬中新坝镇天后宫（天后宫现仅存一间偏房）。

镇江的京口闸是江南运河上的第一座闸，为漕运咽喉、交通枢纽，经历自唐到民国的漫长时间，民国时期填闸坝为路。2011年江苏考古工作者对其进行发掘，在元代地层中获得大量精美的瓷器，据估计为船民、渔民、商人为过江而祭祀天妃以祈求保佑的供器。“京口闸遗址是大运河文化遗产的精华之一……它的发现和展示对研究大运河的水工设施、运河沿岸的物质文化习俗以及南北经济、运输、商贸等方面的交流均有重要价值。”[24]天妃庙、京口闸都是值得深入挖掘与认真保护的文物古迹。

镇江大运河沿岸历史遗迹丰富，成系列的古城遗址有三国铁瓮城遗址、镇江府城遗址、太平天国新城遗址等；名山有金山、北固山、焦山等；著名寺院有金山寺、甘露寺、焦山定慧寺等；历史街区有西津渡古街、新河街一条街、小码头街等；交通遗址有京岘山古道、岘山古道等；还有英国领事馆旧址、广肇公所旧址、清水师衙门遗址等众多历史遗物遗迹[25]。在漫长的历史演进过程中，镇江以其独特的地理位置，便利的交通条件，乐善好施的民风，创造出独具特色的传说故事、民风民俗、工艺技术、音乐歌曲等文化形式。截至 2011 年，这些非物质文化遗产如茅山道教音乐、恒顺香醋酿造技艺、锅盖面制作技艺等被列入国家级非物质文化遗产名录的有 7 项，省级名录的有 23 项，市级名录的有 43 项[26]。京口三山承载着众多的传说故事，坐落历史悠久的宫观寺庙，拥有丰富的旅游资源。如金山有白蛇在传水漫金山的神话传说、梁红玉击鼓战金兵、苏东坡金山输玉带、裴头陀挖山得金的民间故事；北固山上甘露寺刘备招亲的故事更是千古传诵；焦山上焦公三诏不起的故事、王羲之书写《瘗鹤铭》的传说等世人皆知。真山真水的优美风景与引人入胜的传说故事完美融合，吸引着世界各地的人们来此欣赏与凭吊。

五、弦歌不辍的传统文化

镇江北倚长江，南靠南山，城内小山众多，葱郁错落，钟灵毓秀，被米芾称为“城市山林”，受到历代文人墨客的交口称赞。古人称赞镇江：“京口江山，为天下冠。清淑之气，扶舆盘礴，以钟乎人者，代不乏材。……唐、宋以来，屹为重镇。皇元一统，适当南北冠盖之会。是以上下千数百年，名公巨卿，鸿儒硕彦，项背相望。或以节义励俗，或以政事裕民，或以武略定乱，或以文学垂范。”[1]

纵览数千年镇江文化史，六朝文化冠绝诸代，“而南朝文化可以说是镇江最大的文化品牌”[6]。文学方面有萧统的《文选》、刘义庆的《世说新语》、徐陵的《玉台新咏》、刘勰的《文心雕龙》；数学方面有祖冲之的

《缀术》与圆周率；历法方面有何承天编制的《元嘉历》；道家方面有葛洪的《抱朴子》等等。这一时期，镇江在各方面都走在时代的前列。其后北宋沈括的《梦溪笔谈》、明末计成的《园冶》、清初张玉书的《康熙字典》、沈德潜的《古诗源》、晚清马建忠的《马氏文通》、刘鹗的《铁云藏龟》和《老残游记》等名著，雅俗兼备，异彩纷呈，“几乎涵盖了中国文化的所有领域，闪烁着京口文化特有的光辉与风采”[6]。

历代文化名人与镇江更是结下了不解之缘，留下传诵千古的不朽名篇。唐代的李白、李绅、杜牧；宋代的王安石、范仲淹、辛弃疾、陆游、苏轼、文天祥；明代的杨一清、顾炎武；清代的唐寅、郑板桥、笪重光、林则徐、魏源等，都曾游历镇江或在镇江为官，并在镇江留下了脍炙人口的名篇佳作，增加了这座文化之都的丰厚与凝重。

六、急公好义的慈善文化

镇江是座大爱之城，镇江有怜贫惜孤的优良传统：“镇江之民，一逢旱涝之灾，虽家近中人之产，无不捐赈，动以一二十万金为常，而平时有育婴、恤嫠、留养、救生、施药、施棺，以及给寒衣，散年钱储善举，无微不至，富家出资，寒士亦多出力，桑梓之情已至厚。”[27]

南宋贡祖文冒死保护岳飞之子的义举便是镇江人急公好义的典型代表。丹阳城南古运河边的柳茹村是南宋秣陵关总镇贡祖文的故乡。南宋抗金将领岳飞被以“莫须有”的罪名下狱治罪后，贡祖文曾想以全家性命作担保营救岳飞，因重任在肩未能成行。岳飞被害后，岳飞的三子岳霖被贡祖文舍命隐藏在自己的家乡。贡祖文托病辞官回乡，以耕田养鱼为业，艰难抚育岳霖，“使之成为能文能武的有用人才。孝宗继位后为岳飞平反，贡祖文向朝廷举荐了岳霖，他的忠义之举受到朝廷的嘉奖，特赐御书‘旌表忠义’匾额一方”[9]。

镇江西津渡自春秋战国时期即为吴楚古渡，历史悠久。隋朝开通京杭大运河后，从江南运河到邗沟必须渡过波涛汹涌的长江。由于渡船条件有限，兼之天气多变，渡江之人经常遇险，丧失钱财甚至丢掉性命。乐善好施、急公好义的镇江人民组织京口救生会，义务救助遇险的行人。京口救生会的历史可以追溯到南宋乾道年间，是带有慈善性质的水上安全救助机构，这是“世界上最早的专业人命救助机构”[22]，京口救生会历代延续，善举不辍。清康熙四十二年在西津渡观音阁成立京口救生会，义务搭救渡江遇险者。救生会的主持者出资奖励救生会成员：凡是从江中救活一个落水者奖励 1200 文，捞获一具浮尸并抬棺埋葬奖励 1150 文。“京口救生会的诸多义举，引起社会的关注和支持”[22]，各界人士纷纷解囊相助并善待救生会义士。救生会的善行对地方政府产生积极影响，镇江府租用民船，又添置红船，从事救生活动，“地方绅士也协力扶持救生会，新造红船，所救生命众多”[22]。

鸦片战争时期，1842 年 7 月 19 日，英军围城在即，镇江府城城门关闭，城内缺少物资，市场亦随之关闭。百姓无粮可买，无米下锅，因而合城炊烟寥寥，面临断炊挨饿的危险。监生吴学增家有米四百余担，储藏在西城外，吴学增“呈请郡守祥麟，运入城安民”。“日晡，在城孝廉诸生十多人，复至府署为饥民请命。”[27]此举表现了镇江士绅急公好义、乐善好施的良好品德。

结语

镇江是中原文化与吴越文化交融的典型代表，而大运河是镇江文化特质得以形成的重要因素。镇江运河文化呈现出连续性、兼容性、多元化的特点。在两千年的历史进程中，大运河的兴废直接影响镇江城市的兴衰；在镇江城市发展的历史图卷中，大运河始终占据着浓墨重彩的重要篇章。在建设大运河文化带国家战略的推动下，深入挖掘镇江大运河历史文化内涵，健全运河文化的多种功能，推动镇江经济社会的加快转型与发展，具有重大的现实意义。在深入挖掘镇江大运河文化内涵的基础上加强与大运河相关的物质和非物质文化遗产的保护力度，稳步推进运河资源的开发，改造和提升运河文化建设管理水平，是满足人民建设幸福宜居城市的迫切需要。

参考文献：

[1] 俞希鲁.至顺镇江志[M].南京:江苏古籍出版社,1999:277.

[2] 翦伯赞.中国史纲要(上、下)[M].北京:北京大学出版社,2006,265,417.

[3] 钱永波.镇江——在江河交汇处升起[M].南京:江苏人民出版社,1998:22.

[4] 黄瑞国,黄婕.京杭大运河的妈祖文化[J].妈祖文化研究,2018(1):

64-71.

[5] 俞佳奇,孙旭红.镇江运河文化研究综述[J].高校社科动态,2016(3):35-40.

[6] 王玲真.京杭大运河与镇江城市文明的兴起和发展[J].南通大学学报(社会科学版),2008(1):21-24.

[7]吕耀斗.光绪丹徒县志(一)[M].南京:江苏古籍出版社,1991:294.

[8] 赵尔巽.清史稿[M].北京:中华书局,1977:9588.

[9] 庐山.岁月沧桑古运河[M].北京:中国文史出版社,2002:9,24.

[10] 张九征,等.乾隆镇江府志(一)[M].南京:江苏古籍出版社,1991:120.

[11] 张小庆,张金池.京杭大运河江南河段沿线城市的形成与变迁[J].南京林业大学学报(人文社会科学版),2010(2):50-56.

[12] 镇江历史文化名城研究会.民国江苏省会镇江研究[M].镇江:江苏大学出版社,2010:99.

[13] 颜晓红.清代浙江山区的经济开发及其生态变迁[J].温州大学学报(社会科学版),2011,24(5):83-88.

[14] 张承先.南翔镇志[M].上海:上海古籍出版社,2003:12.

[15] 张立.镇江交通史[M].北京:人民交通出版社,1989:94.

[16] 范然,张立.江河要津[M].南京:江苏人民出版社,2004:62.

[17]连小刚,霍强.镇江两方与江南运河商运有关的碑刻研究[J].苏州科技学院学报(社会科学版),2015(1):74-80.

[18] 刘士林,耿波.中国脐带:大运河城市群叙事[M].沈阳:辽宁人民出版社,2008:203.

[19] 陆潮洪.京口纪胜[M].南京:江苏人民出版社,1992:162.

[20] 钟程发,熊兴邦,等.京口与名人[M].北京:大众文艺出版社,2007:152.

[21] 中国史学会.鸦片战争(一)[Z].上海:新知识出版社,1955:9.

[22] 镇江市历史文化名城研究会.镇江历史文化大辞典(上)[M].镇江:江苏大学出版社,2013:93.

[23] 中国史学会.第二次鸦片战争(六)[Z].上海:上海人民出版社,1979: 85.

[24] 南京市博物馆,镇江博物馆.江苏镇江京口闸遗址发掘简报[J].东南文化,2014(1):22-42.

[25] 潘宏恩.京杭大运河镇江段文化遗产保护与利用研究[J].淮阴师范学院学报(哲学社会科学版),2014(3):343-348.

[26] 刘振兴.吴风楚韵——镇江非物质文化遗产图文集[M].镇江:江苏大学出版社,2011:241.

[27] 中国史学会.鸦片战争(三)[M].上海:新知识出版社,1955:43.

秦凿徒阳运河及运河变迁与大运河文化传承之研究

王礼刚*

如果说长江、黄河是中华民族开源之血脉，那么可以说是大运河诞生了镇江，并且让镇江繁荣。秦凿徒阳运河及运河变迁的历史，足以说明大运河是镇江的母亲河。

大运河是镇江的母亲河，如何挖掘大运河镇江段的历史和文化内涵，凸显大运河镇江段的地域特色和当代价值，为镇江市大运河文化带建设出谋划策，笔者觉得首先要解决的是认知问题，即对大运河开凿和变迁的认知。只有了解大运河的历史发展，才知道怎么去传承它。笔者拟从秦凿徒阳运河与运河变迁，以及镇江古运河段文化传承两个部分阐述。

一、秦凿徒阳运河

大运河，“天下输漕，仰给在此一渠水”[1]，“为后世开万世之利”[2]，“公家运漕，私行商旅，舳舻相继。隋氏作之虽劳，后代实受其利焉”[3]。可以说，大运河为中华民族的经济、文化的建设与发展做出了不可磨灭的贡献。

（一）秦凿徒阳运河是历史需求和地理位置之必然

秦始皇统一七国，国家一统，南北呼应，决通川防，首当改善航道交通，既方便与东南地区联系，又能加强对吴地的政治、军事控制。在治理国家的需求下，秦始皇第五次东巡时，由长江经徒儿浦入吴会，认为徒儿浦不能作为航道入江口。由此，徒阳运河及丹徒入江口便适时开凿了，这

* 王礼刚，供职于镇江市文联，政工师职称，现为镇江市历史文化名城研究会、镇江市作家协会等会员。研究方向为大运河镇江段历史文脉、运河城镇带及工商业的形成研究。

是秦时国家管理需求之必然。

公元前514年，吴王阖闾派大将伍子胥开凿了苏州至安徽皖南的胥溪，又称子胥渎。此河从太湖向西经宜兴、高淳，穿过石臼湖，在芜湖注入长江。公元前495年，吴王夫差从苏州开凿运河至奔牛，由于西至镇江，地势高仰，不易着手，遂改循孟河出长江。孟河入江口与周敬王三十四年（公元前486年）吴王夫差开凿的邗沟相距较远，特别是与胥溪入江口芜湖相距更远。秦凿徒阳运河，距离夫差开凿邗沟已经有270多年，丹徒口与邗沟近距离对接，亦是大江安全渡运地理上的必然选择。

1. 对接邗沟之必要

邗沟是中国最早开凿的人工河道，也成为大运河的起始河段。邗沟，又名中渎水、合渎渠、山阳渎、漕河、多曲，始通江河，是吴国为北上争霸中原运送军资的水运粮道。南宋祝穆《方舆胜览》引唐人李吉甫所编《元和郡县志》云："昔吴王夫差将伐齐，北霸中国，自广陵城东南筑邗城，下掘深沟，谓之邗江，亦曰邗沟。"北宋乐史所著《太平寰宇记》引《吴越春秋》云："吴将伐齐，北霸中国，自广陵……"《左传》杜预注："于邗江筑城穿沟，东北通射阳湖，西北至末口入淮。"《邗沟故道历代变迁图说》记载："邗沟以广陵邗江得名，而由江达淮皆谓之邗沟。"邗沟南端为临长江的邗城，北端为滨淮河的末口。

邗沟旧道系利用江淮之间的天然湖泊，以人工渠道相连接，故而水道弯曲。为了利用樊良湖和射阳湖的自然水面，邗沟水道向东北绕行至射阳湖，再向西北由至末口入淮。选择这个大迂回线路，显然是为了利用江淮间的天然湖泊，既减少运河开挖长度，又有利于水位调补。从夫差开凿的邗沟来看，邗沟运渠在地理位置上不容移位。只有徒阳运河对接邗沟，而不是邗沟对接徒阳运河。

"吴城邗，沟通江淮。"[4]邗沟凿于与京口相对的蜀冈上。两千多年前，镇江是入海口，从地理位置看，长江南岸丹徒段不仅江阔水深、岸线平直，宜于船只通航，而且距离邗沟较近，减少了船舶在江海航行的风险。因此，秦选择开凿徒阳运河和丹徒口，是地理位置上的必然选择。

2. 秦凿徒阳运河之艰难

丹徒口近距离对接邗沟，虽然舟行可避江海波涛之凶险，但是丹徒之"地势如建瓴"[5]，"其势委曲周折，皆凿山为之"[6]。河开凿后，地势高于江，蓄水有难度。河道怎么蓄水、如何确保航道舟行和农田灌溉，是一大难题。

秦代凿河工程人员实地考察，借鉴邗沟方法，连接丹徒镇至月湖许多大小湖泊，至今仍留下以湖为名的村落就足以证明。如过了丹徒镇的永宁桥就是罗家湖，还有左家湖、纪家湖、朱家湖、赵家湖。过了大上埠村落就是月湖。月湖是一个自然湖泊。凿河工程人员利用这些大大小小的湖、塘，顺势开凿成弯曲的河道。

河道弯曲，古有“三湾抵一闸”的俗语。“三湾抵一闸”，即“截其道使之阿曲”[7]，增加弯度，减低坡降，减缓河水走泄。同时，秦代凿河人员凿断龙目湖长岗，以增航道水源，志书记载，秦凿断京岘山东南龙目湖中长岗，“令水北注江也”[8]。古语曰：“水利之大者，曰转漕，曰溉田。”[9]秦对春秋或战国已有的河道或间接的水域，进行了利用和改造。凿高岗，开凿了运河徒阳航道及丹徒入江口。

秦代凿丹徒口实现了徒阳运河与邗沟近距离对接，也实现了徒阳运河入江口的第一次人工西移。

（二）大运河是镇江的母亲河

汉献帝兴平二年（195 年），小霸王孙策入主江南，在丹徒、曲阿建立根据地，在镇江北固山东侧开凿了京口（河），南连徒阳运河，实现徒阳运河入江口的第二次西移。

由于徒阳运河入江口西移，建安十三年（208 年），孙权自吴移治京口，在镇江建了铁瓮城，镇江古城区由此始。徒阳运河入江口的西移和不断浚治，使得镇江古城一步步走向繁兴。

1. 徒阳运河入江口西移

孙策，字伯符。汉献帝兴平二年，孙策割据江东，派孙河领兵屯“京”地，即今北固山、京岘山、鼓楼岗一带区域，开京口（河）凿京城。从 195 年由孙策决策开始开京口（河）建京城，到建安十三年（208 年），孙吴政权自吴迁镇，“丹徒水道入通吴会，孙权初镇之”[10]，是孙策为东吴西迁所做的前期准备。

（1）秦开凿的徒阳运河，入江口在今丹徒镇。自丹徒镇至镇江方向只是开凿了龙目湖中的长岗，引水济运，即今杜野湖至猪婆滩的一段运河，当时只是水道，不可以航运。孙策入主江南，考虑江南治理，首先要改水道为航道，保证水路交通畅通，京口（河）便适时开凿。徒阳运河入江口由丹徒口西移至北固山东侧，再次缩短了与邗沟的距离，使船舶少经受长江上的风险。在实际意义上，当时太湖流域物产丰盛，生活富裕，开凿京口（河）“引荆、楚之固，东集吴、会之粟”[11]，是东吴立国的经济基础，霸业江南的战略目标。

古人曰：京者，绝高丘也。京上郡城，城前浦口，即是京口。京口（河），即润浦（河），六朝时镇江地称“京口”，隋唐时，镇江称“润州”，皆因润浦（河）而名。京口（河）的位置及其作用，自古以来数志皆记载。《京口山水志》卷九记载“京口，在润州城东北甘露寺侧。”《方舆胜览·镇江府》记载：“润浦，在丹徒县东二里，州以此得名，一曰东浦。”《隋志》云：“隋置润州，以润浦为名。”《南齐志》卷一四引《州郡志》（上）记载：“丹徒水道入通吴会，孙权初镇之。”京口（河）的开凿，实现了徒阳运河北段由水道改变为航道，入江口由丹徒镇西延至镇江古城。

（2）为改善航道通航条件，东吴孙皓时期，孙皓命令岑昏对徒阳运河组织了一次全线拓宽水道、降低河床、疏凿和改造的大规模工程。岑昏凿丹徒至云阳航道，特别是丹阳小辛大夹岗段和丹徒小夹岗段，工程十分艰辛。

丹徒小夹岗杜野湖至猪婆滩段，即志书记载秦为破王气开凿的龙目湖中的长岗，使“水北注江也”之处。《至顺镇江志》卷二记载“又引《舆地志》：吴孙皓求凿道于杜墅小村，即厌王气之所。”《光绪丹徒县志》卷十一记载：“杜野湖在县东南十五里，旧志作杜墅湖，误。《郡邑志》讹作杜墅。‘墅’，有关志书已经记载是笔误。”《丹徒县志摭余》卷三·河渠志一记载：“原注云，杜野属丹徒，小辛属曲阿，今丹徒有杜野湖，《舆地志》误作杜墅小村，又谓无此地，误也。”孙皓派岑昏对徒阳运河进行的大规模的疏浚，岑昏“斩绝陵袭”小夹岗之功，是此段运河的一次重大改造。此后，东晋建武元年（317 年），司马裒因丹徒水道浅涸，修丁卯埭；齐明帝建武年间，“凿丹徒、云阳运渎”[12]，对徒阳运河进行全面浚治，徒阳运河的入江口向西延伸至蒜山东侧大京口。

《齐志》云：“丹徒水道入通吴会，即今之漕渠也。”孙策将徒阳运河入江口西移至北固山东侧，由水道变航道，使镇江连接三吴，镇江古城的历史由此开始。

2. 古城西建

古城西建，是指秦汉在建筑丹徒故城 400 年后，东吴在北固山前峰建筑的铁瓮城。在三国东吴之前，镇江即有丹徒城。但丹徒城不在镇江古城区，而是在现在的丹徒镇。秦始皇三十七年（公元前 210 年）建丹徒县，县治在丹徒镇。唐李泰《括地志》称：“丹徒故城在丹徒县东南十八里，汉丹徒县是也。”

东汉兴平二年，东吴孙策派部将孙河“屯京城”，建筑了京城即铁瓮城。建安九年（204 年），继由孙韶“收河余众，缮治京城，起楼橹，修器备以御敌”[13]。建安十三年（208 年），孙权自吴移治京口，京口成为东吴政治、军事中心。铁瓮城的建筑，成为三国时期东吴第一城，亦是镇江古城区有城的开始。

《镇江市志》记载：京城，《三国志》吴宗室传载孙韶“缮治京城”，时在东汉建安九年（204 年），比孙权迁治京口早四年。记载中称铁瓮城，遗址在北固山前峰即今鼓楼岗一带。据《至顺镇江志》引陈顾野王《舆地志》，说铁瓮城是孙权迁京口所筑。周围六百三十步，即二百五十丈，城墙高三丈一尺，内外皆用砖砌。后来因有罗城（外城），故称铁瓮城为子城（内城）。晋王恭、南唐林仁肇曾先后加以修葺。铁瓮城在南宋嘉定十六年（1223 年）时还存在。

镇江诸志书，皆有东吴筑城的记载。“《尔雅》曰：‘绝高为京’，京城因山为垒，望海临江，缘江为境，似河内郡，内镇优重。”[14]“吴使孙河屯京城。”[15]《嘉定镇江志》记载：“吴孙权徙丹徒，谓之京城，亦曰京口。”明李一阳《修夹城记》谓：“吾润有城，莫详所始。自吴大帝筑子城，控扼南北，号铁瓮城，规制宏壮，为建邺藩篱。”诸多史志记载皆表明，京口（河）的开凿，镇江古城的西建由此实现。

回望历史，秦汉时期，秦开凿徒阳运河及丹徒口，丹徒县应运而生，丹徒古城在丹徒镇而建。时隔 400 年，江南运河入江口西移京口（河），丹徒水道改变为航道，铁瓮城应运而建。先有镇江古城的西建，才有了唐大和年间，观察使王璠建筑的夹城；才有了唐、宋时期建筑的州（府）城“罗城”；才有了元末朱元璋起兵后，令耿再成守镇江时所筑明清府城；才有了在六朝期间，及至隋、唐、宋、元、明、清各个历史时期演绎出那么多的历史文化和历史故事。因此，大运河是镇江的母亲河。

3. 古运河的历史留痕

国家、城市的出现无不起源于富水之地，城市的发展也无不与水有着十分密切的关系。中华民族振兴与发展，因运河的流动和贯通才灵动丰饶起来。“地雄吴楚东南会，水接荆扬上下游。”漕运不息的运河与浩瀚奔腾的长江在这里交汇，孕育着镇江古城的悠久文明。古运河、古河道、古驳岸、古驿站、古纤道、古城墙、城门、关隘、古塔、寺庙、古桥、会馆、古民居、古典园林、古街巷记载着古城千古文明。考古揽今，两千多年来，古运河段留下了一处处斑驳的文化古迹。

(1) 杜野湖、猪婆滩

明初，杜野湖还是一座比较大的湖泊。万历元年，岁贡生许汝愚上言："自丹阳至镇江蓄为湖者三，曰练湖、曰焦子、曰杜墅，岁久居民侵种，焦、杜二湖具涸，仅存练湖，犹有侵者，……请浚三湖故址通漕。"[16]

猪婆滩，在江南运河上是微乎其微的一小段高岗峡河的河道，位于京岘之南，焦石山与华盖山（已经消失）峡河之段。《光绪丹徒县志》记载："其名为猪婆者，乃系北岸脚下，沙水汇成两凹，若猪婆。然而流沙活动，又若豕突其间也。"猪婆滩，因系山岗，两岸高耸，发脉开河时，循度地势，让高就下。自都天庙前至此，河之转向最多，但至此滩，两岸忽开，变为平岸，过此，两岸又耸，穿峡而过，故为小夹岗。康熙年间，猪婆滩建有小型船场，设有船篷、木楼，以便修造船只。

(2) 丹徒镇

丹徒镇，秦为县治，隋代县治移于京口。明清时期，古镇店铺林立，运河上商船来往不息，商贾云集。古街具有江南水乡的特色，依水而建，小巧玲珑。古街石板铺就，建筑古朴典雅。古运河舟楫鱼贯往来，帆影衔接。特别是晚上，舟船沿河、沿街、沿桥停泊，古街灯火、渔火辉映；南北货物交流、买卖，酒店里猜拳行令，颇有十里秦淮的韵味。至 20 世纪 70 年代，丹徒镇老街尚存，老街长约 300 米，两旁有店铺 20 余家，新辟集镇街道长计千余米。

(3) 古桥

自古以来，桥文化只是古运河的一个方面。在古运河的记忆中，运河和关河上有通阜桥、小闸桥、石浮桥、渌水桥、虎踞桥、千秋桥、永宁桥等。同时，桥梁也成为商品交流和经济往来的纽带。清人潘一桂《京口元夕篇》诗曰："绿水桥边连小市，芙蓉楼下带长廊。"每一座桥都便利了各类农产品的转运贩售与人们社会生活的交流往来。桥，不一一赘述，只选几座有代表性的予以简述。

虎踞桥 是市内古运河上唯一一座保存完好的明代拱券式桥梁。哪个年代始建无法考证，有记载的是明万历四年改建为木桥，万历二十二年改建为石桥。2006 年，国务院公布其为全国重点文物保护单位。

石浮桥 与虎踞桥一样，曾经十分繁忙。虎踞桥是古城连接南乡唯一通道，石浮桥则是城西市民、商贾、游客交通、交流的主要桥梁。1958 年因建京口闸而被拆除。

永宁桥 俗名湾子桥，是一座石拱古桥，在丹徒镇上雄跨运河，康熙

十九年重建。清初文学家、藏书家丹徒人冷士嵋《江泠阁全集·文续集》里，有一篇《修永宁桥记》，记载了永宁桥重建的历史。永宁桥在20世纪70年代之前是古运河出古城南门至辛丰段运河上唯一的一座桥。永宁桥在运河流经丹徒镇拐弯处，所以又有湾子桥之称。是南乡和附近的乡民们到当时的县治或丹徒镇买卖、纳粮必经之路。

史志没有记载永宁桥究竟建于何年，但乡民传说建于永宁年间。历史上有两度年号为“永宁”，分别是东汉安帝年间、西晋惠帝年间。

在永宁桥西，河边临水有一砖石砌筑的类似码头平台，相传是康熙、乾隆下江南时登岸的“御码头”。永宁桥，1980年时因大水桥角坍塌而拆毁。

（4）丁卯埭、丁卯港、丁卯桥

丁卯埭，东晋建武元年，车骑将军司马裒镇守广陵，从丹徒水道运送粮食出京口，当船行到现在的丁卯桥地段时，河水浅涸，所需的粮食难以从京口运出，于是，司马裒奏请皇上获准，在此河段上筑埭。埭，就是在河道上用木材和泥土筑一道坝，起到蓄水、提高河道水位的作用。埭筑成日，正好是丁卯日，于是，此埭就取名叫丁卯埭。南山溪流四明河流入大运河，丁卯埭河口的水域就比较宽阔了，于是，就在河口上建了一座港，也就以“丁卯”取名叫丁卯港。在四明河河口上建筑的桥，取名叫丁卯桥。丁卯桥古代不乏名人诗家居住。

（5）大京口，齐建武年间，齐明帝“凿丹徒、云阳运渎”，对丹徒水道进行了一次全面整治，“丹徒水道入通吴会”[17]。徒阳运河的入江口再西延至蒜山东侧，称京江大口。京口大闸遗址现在尚存。

（6）新河街

小京口　宋天圣七年（1029年），“五月润州新河毕”。在主漕大京口河东开凿了新河，即名曰小京口。

江河交汇是大运河镇江段最具特色的文化景观。作为大运河留给镇江的文化遗产，新河街一条街建筑尚保持原有整体风貌，反映了当年运河、长江运输繁忙、商业发达的景象，是江苏省仅存的运河沿岸保存较完好的一条街区。2007年5月21日，国家文物局下发专门文件，将镇江的虎踞桥、江河交汇处、新河街一条街、西津渡古街列为“大运河镇江段”文化遗产。

（7）京口澳闸

宋元符二年（1099年），曾孝蕴建京口澳闸。京口澳闸有5座闸门，组成一组四级船闸。闸室南端为埭，北端为闸，可以引潮和通航。

（8）京口驿

京口驿，镇江为南北要津，京口驿与广陵驿、云阳驿，江都、南京等地驿站联系密切。元时，镇江“却当水马站一十三处，递运支持，重于他路”[18]。清时，各巡司衙门公文，皆由总铺递送。

京口驿在大西门外北首运河边。西有大石码头一座，左右小码头两座，吹亭两座。东西辕门石狮一对，镇宅护卫以为吉祥。

清代诗人张问陶《晚泊京口驿》诗：“船头风静白鸥双，萍叶随潮也渡江。沽酒自寻京口驿，六朝山影在篷窗。”诗人身临其境，写出了京口驿的船、江、驿站的动和静。

（9）上埠渡

上埠渡　古运河上的一个渡口，位于上埠村。上埠村位于白兔山下古运河南岸，东界古运河，自明清谏壁建镇后，南乡一带的乡民如到谏壁，古运河上埠渡则是必经之路。上埠渡，与上埠村烧制砖瓦有很大关系。传说上埠村有十三座窑，烧制的砖瓦从上埠渡运往镇江城里造城墙、建民房。砖瓦还运往苏、锡、常。据传，乾隆皇帝南巡六下江南，有一次途经上埠村，看见烟雾迷障，便问是怎么回事，大臣报是烧砖窑。乾隆说皇上之土岂可乱动！上埠村民、窑工赶忙回答，说这村是上皇之村，背倚的是上皇之山，取的是上皇之土，制的是上皇之砖，造福万民。乾隆听了很高兴，因为回答的全是“皇”字，于是，乾隆开金口，赐“埠”为村名。

乾隆皇帝顺着村民所指，见“上皇山”祥云霭霭，青山含笑。乾隆十分高兴，传旨要进山看看。乾隆皇帝要下船进山，村民们赶紧搬砖砌筑码头。河边全是待运的砖瓦，全村村民和窑工拼全力、流大汗，顷刻之间一座码头便建好了。乾隆皇帝喜盈盈、笑眯眯，迈龙步登岸，巡视“上皇山”天造胜境。两百多年来，上埠村村民们一直都指上埠渡为“御码头”。

都天庙渡　自庙兴建以来，该渡一直为重要渡口，渡口有一块程孝子碑。程孝子名元德，丹阳人，道光元年四月随父亲行至鼎石山下渡运河时，父亲不小心失足坠水，程孝子惊嚎赴救，由于父子都不会游泳故都溺死。第二天，孝子尸抱其父尸浮出水面，民众见之无不感泣。丹徒县令亲临孝子救父现场，指渡运河口说：“程孝子救父投水处”[19]，即立石树碑。据传，碑石被收存在都天庙里。

蔡家村渡　又叫红旗渡，位于古运河与大运河相汇的三叉河口南，即今金港大道大桥的位置。

袁公义渡　位于新河街南。

南闸义渡　在南闸口。

余下就不一一赘述。

（10）丹阳码头、溧阳码头

镇江古城区大运河上有两座客货运船码头，一座名叫丹阳码头，一座名叫溧阳码头。这两座码头都是清光绪年间开设的轮船码头，时间久了，临码头的地方也就叫丹阳码头、溧阳码头了。

丹阳码头，现河岸中段及新西门桥堍仍有石级。长 300 米，宽 4 米，南至新马路，北至大西路。西门桥西北堍一段称为溧阳码头，沿河皆用条石铺筑，码头长 133 米，宽 2 米，南至大西路，北至缸瓦厂（巷名），与丹阳码头一样，都在运河西岸。两座码头总长只有四五百米。优渥的长江、运河十字水道，南来北往的商贾、旅客及物资，在这里实现江河中转。因而，丹阳码头、溧阳码头曾经十分热闹。

镇江古运河段除了上述的历史遗痕，还有林则徐治理运河的故事。林则徐任江苏巡抚时，采取“总期猛以济宽，令行禁止”的整顿漕船总方针，“有犯必惩”，有力打击了漕帮不法行为，保证了漕运秩序。《林则徐集·日记》《林公案》中皆有记载。

二、镇江段古运河文化传承之建议

已为市内之河的镇江段古运河，是祖先留下的宝贵财富，是一条历史之河、文化之河、生态之河、经济之河、城市发展之河。镇江段古运河集大运河之魂，已为传承大运河历史的具体物证。古运河文化的复兴和传承，已成为镇江城市建设的一大内容，当与城市发展、建设同步。据了解，中国大运河博物馆建在古运河扬州段中心位置的运河三湾风景区内，博物馆展示将以隋唐大运河、京杭大运河、浙东运河为主线，大运河发展史中的重要节点也一并加入展示。由此，建设大运河镇江段水文化历史博物馆，显得尤为必要。

（一）建议建设大运河镇江段水文化历史博物馆

有大运河才有镇江古城，大运河是镇江的母亲河，母亲河诞生了古城镇江，发展和繁荣了镇江，因此建设博物馆纪念“母亲河”就显得尤为重要和必要。

建设大运河镇江段水文化历史博物馆，文化内容是什么呢？笔者认为，一是让人们直观千古大运河和水系之变化。二是传承优秀的历史文化，如河与城的联系等。大运河及其水系一土一木一字总关情，可以从实物考究和文字记载方面来实现博物馆的内容建设。

1. 展示大运河镇江段水文化的原始性

原始的大运河镇江段高岗峡河，开凿艰辛，且水源不足，河道水浅干涸，漕运困难。博物馆可以复制古运河上的埭，丁卯埭就是其中很有名的埭。埭形成的航道是阶梯式的航道，保证了航道水源。六朝时使用的人力埭、牛埭，显示了当时高岗水运工程的卓越成就。《南北朝史事传》载："时帝于华林园为列肆，亲自酤卖。又开渎聚土，以象破冈埭，与左右引船唱呼，以为欢乐。"此为埭的记述。

在当时的物质条件下，埭的建设，是一项十分先进的航道建设技术，展示了"截其道使其阿曲""三湾抵一闸"的蓄水治水技术。

2. 仿造大运河上曾经有过的古桥

《修永宁桥记》云："丹徒镇或云古丹徒县也，秦汉时皆邑此。孙吴始徙京口，然邑虽徙而名不更。镇当要冲，为吴会、闽、越贡道之所。……镇旧有桥，东西烟井，万家夹渠而居，恃桥以通往来。"清康熙十七年桥塌，里人募资重建，巡抚都御史马公祐资助。重新建成的桥为大型单孔石拱桥。桥面由3块大方石铺成，桥洞两旁有纤道，并设固定绞关拖曳上行船只，时为丹徒县内最大的桥梁。古城、集镇的古桥，经历时空跨越，由简易桥、木桥发展为石拱石桥。

在清末之前，行船的动力主要借助风力，扬帆航行。帆船航行，遇桥落帆，过桥扬帆，很是麻烦。所以江南运河段县城和集镇即使有桥梁，也大多数是木桥，每天按规定时间收起桥面让船通行。明万历六年，巡江御史林应训疏请大挑徒阳运河时说："丹阳以北，凡有石桥，俱易木顶，改为天关，可便抽拽。运船一过丹阳，距江百里，即竖大桅，有风便渡。"

桥，记载着大运河和古城的记忆与发展。

3. 复制古代船舶

千百年来，运河上的交通工具便是船。古代，江口镇、十字街附近、猪婆滩、上隍等地都建有船场。生产如独木舟、小船舴艋、用于战争的艨艟、大型战舰楼船、漕运的浅船、运送官物的马船、风快船、驿站用的水驿船、用于催漕的黄船、普遍使用的沙船、浪舡、历代帝王巡视用的龙舟等。古代水运以木船为主，木船以拉纤、撑篙、摇橹和风帆为动力。博物馆内可以陈设一些纤、篙、橹、风帆等，尽可能让人们了解、认识古代船。

俗话说："世间三般苦，撑船打铁磨豆腐。"李白的《丁都护歌》描写了船夫运石之艰苦："吴牛喘月时，拖船一何苦。水浊不可饮，壶浆半成土。"《万历镇江府志》记载，镇江3处造船场分别为江口镇造船场、通户门里樱桃园造船场、小围桥西木场巷造船场。《京口山水志》记载："战船厂在港口。京口战船为防海而设，通计海哨船、吧唬船、快哨船、艍艚船三百只。旧有船政通判，今归常政道。"

杭州萧山区挖出一只8000年前的独木舟，为此建筑了独木舟博物馆。博物馆占地83亩，建筑面积6800平方米，展陈区域由"八千年回首"主题陈列厅和遗址保护厅组成，建筑总体以船为造型。镇江"舟车络绎之冲，四方商贾萃而错处，转移百货，以通有无"[20]。因此，复制古代船舶很有传承意义和必要。

4. 建筑一座水城

古城北水关、南水关就是水城。苏州盘门既是城门也是水城，因为航道穿城，"两城"建筑在一起。如今人们对水城了解甚少。水城城内外建筑有水门、水闸、码头、护城河。建筑水城也是要打基础的。古代水上建筑通常是打木桩。先在水下打下大木桩，木桩一个挨一个，然后用城砖建筑水城。水城也是城门，主要管理水路船舶进出城。建筑水城能让人们了解古运河的情况。

5. 建设古驿站

曾经的镇江古京口驿，第一进头门，左边轿班房一间，右边木头房一间，八字墙。第二进仪门，东西角门。第三进黄华亭三间，卷棚三间。左首文书房两间，差头房一间。旁有差厅三间，跟随房三间，什物房三间，厨房两间，役房一间。朝南马王殿三间，戏台三间，东西耳台两间。东西马棚十八间，草料房两间，兽医房一间。过道两间，驿卒房两间，萧王堂一间。并设徒犯房三间，瓜洲腰站马房三间。为方便扬州驿传，设扬州槽房三间。

清末，电报、邮政、铁路逐步取代了驿站。

6. 恢复丹徒古镇

秦开凿徒阳运河，改谷阳为丹徒，置丹徒县。六朝以来，丹徒镇一直为郡（晋陵郡）治所在。直到宋雍熙四年（987年），丹徒镇始为县镇，至今已有2200余年历史。丹徒镇，在上述"古运河的历史留痕·丹徒镇"中已经阐述。

（二）建设大运河镇江段水文化历史博物馆非物质史料部分

建设大运河镇江段水文化历史博物馆，史料部分还要以镇江史志记载为主。例如，古运河三座古街，即新河街一条街、西津渡古街、丹徒镇古街的展示；镇江历史名人从帝王到宰相、再到府县文人墨客与大运河镇江段轶事的展示；千年以来众多名人居住在镇江，仅丁卯桥就有许浑别墅、石淙精舍。展示一江一河一城的变化和发展。一江（长江），江河交汇，给镇江带来的变化；一河（大运河）及水系，作为母亲河诞生了镇江，记录着镇江的发展过程；一城（古城），曾经为朱方、谷阳、丹徒、京口、润州、镇江。

可以建设大型水上游乐场，建设镇江诗词学会（镇江是诗词之乡），运河段中的“僧伽塔影”“梅溪晚烟”“灯火临流”之景，“舳舻转粟三千里，灯火临流一万家（清·查慎行《京口与韬荒兄》）”的繁华景象，也可以体现在大运河镇江段水文化历史博物馆中。

（三）丹徒镇是建设大运河镇江段水文化历史博物馆地址之最佳选择

丹徒镇大运河历史文化悠久，达2200多年，是与江北邗沟对接江南运河第一个人工开凿的入江口。周边亦有许多古运河文化遗迹，地域条件还是比较充分的。可以组织专家实地察看、论证，亦可以组织镇江市民中文史爱好者集思广益，探讨、论证。

（四）大运河镇江段水文化历史博物馆可行性操作

建设“大运河镇江段水文化历史博物馆”，可以结合水道、丹徒镇古镇等一并进行。打造“大运河镇江段水文化历史博物馆”的同时，丹徒镇古镇也同时得到打造，一并解决建设镇江古镇，特别是丹徒镇之难题。

在丹徒镇古运河段上，打造“大运河镇江段水文化历史博物馆”的可行性操作：

（1）可在学府路（原镇澄路）近丹徒镇位置，以及左湖路近原永宁桥位置，各建造一座古城楼，寓意曾经的丹徒古城，亦是“大运河镇江段水文化历史博物馆”景区之大门。

（2）改造丹徒南闸为水关。水关，以城楼形式建筑。水关沿河向东南百米设立景区南门。丹徒横闸不易更动，虽然不是明清老闸形式，但闸却是徒阳运河开凿两千多年来的历史见证。

（3）在永宁桥（湾子桥）原址重建永宁桥。永宁桥重建后，与现在河面上的便民桥、重建的水关皆为景区内沟通古运河两岸的通道。

（4）沿河可部分建筑临水亭、台、馆、阁，构筑水景。400~500米的河道两侧，开凿4~5道叉渠，在叉渠上建筑数座古式木桥、拱桥（石桥、砖桥）。叉渠亦可设置水域，可大可小，以布展需求而定。在整个水域内，可展示各类船舶、埭的演示实景造型等，皆为景区露天展览馆。

(5) 丹徒镇古街按原址原状况打造。古街仍以条石铺就。恢复店铺，修复的古式小楼不得超过二层。古街依水而建，以展现江南水乡的特色。

(6) 在古街区东侧，建筑室内博物馆，建设若干展厅，分别展示镇江水文化实物、碑刻、文献、治水名人、咏水涉水的诗文、传说等文化遗产。

(7) 由市、区佛教协会安排，把散落在丹徒镇的寺庙、道观迁建到景区。

(8) 市、区相关文化社团迁入景区，定期开展诗词、书法、民间艺术等文化活动，丰富文化内涵。

综之，镇江这座城市是因大运河而生，以水而兴的城市。我们明确了大运河是镇江的母亲河，有了这个认知，建设大运河镇江段水文化历史博物馆，就会成为传承镇江大运河文化的迫切愿望与要求，并付诸实现。

参考文献：

[1][12] 脱脱·宋史[M].北京：中华书局,1977.

[2] 顾炎武.天下郡国利病书[M].上海：上海古籍出版社,2012.

[3] 李言甫.元和郡县志[M].北京：中华书局,2005.

[4] 徐庭曾.邗沟故道历代变迁图说[M].清光绪甲辰(1904)刻本.

[5][9][19] 何绍章.光绪丹徒县志[M].镇江：江苏大学出版社,2020.

[6][13][18] 俞希鲁撰，杨积庆，等点校.至顺镇江志[M].南京：江苏古籍出版社,1990.

[7] 王象之.舆地纪胜[M].成都：四川大学出版社,2005.

[8] 杨棨.京口山水志[M].海口：海南出版社,2001.

[10][17] 萧子显：南齐书[M].北京：中华书局,1972.

[11] 顾祖禹.读史方舆纪要[M].北京：中华书局,2005.

[14][15] 镇江市史志办公室编，笪远毅、乔长富点校.嘉定镇江志[M].镇江：江苏大学出版社,2014.

[16] 张廷玉.明史[M].北京：中华书局,1999.

[20] 程章灿：江南通志[M].南京：凤凰出版社,2019.

民间文献与镇江运河区域社会研究

孙凤娟　薛文宇　王万里*

京杭运河是世界上工程量最大的古代运河，亦是我国古代三项伟大工程之一。京杭运河及其区域社会研究，是学界长期关注并且取得诸多成果的学术领域，相关研究重点围绕以下三个角度具体展开：

其一，历史地理学。前辈学者从环境地理的角度基本厘清了人工运河的开凿与疏通对区域环境生态、水利灌溉、资源开发的重大影响，并客观分析了区域社会因“人工开凿”运河而形成的“沧海桑田”变化背后的“差别有等”。

其二，集中于江南区域的研究。江南运河属于京杭运河中综合利用效率较高的一个分段。因“典型性”选择意识的主导，史学界对于运河区域的关注更多集中于江南区域。不同于仅仅解读运河与区域之关系，此类研究亦将运河作为“一种因素”，探讨城镇的“专业化”等经济史问题。诸多相关理论的提出，使得“描述性”研究逐渐转化为“实证性”研究，并且发展了史学研究的新范式，在国际比较视野下定义了江南区域社会的发展模式与动力机制。

其三，对于运河区域社会史的研究。多以区域人口、宗族、社区、信仰为对象，讨论漕运政治下不同区域的社会发展脉络与结构性变化。

前述研究有助于运河学基本问题的解决，能够对运河“空间坐标与历史标签”的身份予以揭示。但此类研究依然存在问题，诸如忽略了运河区域历史层累中形成的民众生活方式及在生活场域中建立起的自主性，未能真正体现出“生活方式的运河”。“运河盛衰决定论”与“运河利弊二元论”始终是该研究领域的基本框架，对“新历史主义”“新文化史”“底层视角”等理论利用较少。

---

* 孙凤娟，江苏大学文学院讲师，主要研究方向为民俗学、文化人类学；薛文宇，江苏大学文学院本科生；王万里，江苏大学文学院本科生。

本文从社会角度出发，将“政治化、工具化、工程化”的运河转为“生活方式”的运河，考察运河区域社会运行的内在逻辑与脉络。笔者基于对相关地方志与《清史稿》等史料的考证，结合碑刻、家谱、契约等资料，深入挖掘宗族人群、漕运人群、信仰人群、工商人群等方面的内容，以期勾勒出运河区域民众生活方式的基本面貌。

一、地方文献的整合与利用

（一）宗族人群

由于地理位置和经济结构的特殊性，居于镇江的民众对于工商业的认识较为深刻，“自瀛陆大通一变而为工商之世界，识时务者咸知注意于实业矣”（见《丹徒陶氏族谱》卷二，《德符公及配李孺人合传》）。这使得该地区形成了一批以经商为生的宗族血缘群体。镇江宗族组织作为传统社会的基本社会结构，在上述错综复杂的历史背景下，表现出松懈与延续两种不同的趋势。从其维持与延续的具体情形看，其中包含了非常丰富的近代历史信息。

1. 外迁群体——萧氏家族

镇江萧氏家族是齐梁以来的名门望族，其先祖可以追溯到汉相萧何。萧何后裔萧彪“以事始徙兰陵丞县”（见《新唐书·宰相世系表》，卷七十一，表第十一），始居山东兰陵，后其子孙世代居兰陵中都乡中都里，直至西晋淮阴令萧整。淮阴令萧整为避战乱，于东晋从山东兰陵县携全家渡过长江，在当时武进县县城阜通镇之东城里定居下来。萧氏一族自萧整迁居武进后世称“南兰陵人”，萧整成为武进兰陵萧氏的始祖。

“齐梁萧氏”至隋唐时，萧衍长子萧统的后裔名望德业相继不绝，成为唐代“名相世家”。齐梁萧氏传至唐末宰相萧遘次子萧祯。公元907年，朱温篡唐，改国号为梁，史称五代后梁。萧祯时为唐柱国上将军、江南节度使，为效忠唐朝，起兵后梁，兵败，于是渡江避难，隐居黄墩山中。为念先世从北渡江而南，遂改萧姓为江，为区别其他江氏，自称“萧江”。自此就有了“萧江氏”之称，萧祯改名为江祯，江祯成为“萧江氏”始祖。公元912年，江祯去世，葬今黄山屯溪，墓前有萧江牌坊并立青石墓碑，墓碑上刻有“江氏唐始祖兰陵萧公之墓”。后江祯长子江董自歙县黄墩迁婺源皋径，成为萧江氏迁婺源始祖。至宋朝，江董八世孙江敌又率族人迁居“风水宝地”婺源云湾，后改名江湾，江敌成为萧江氏迁江湾始祖。婺源江湾萧江氏支繁派远，奕叶相承。

据《萧氏世系谱》记载，自十世江溥迁淮开始，至三十世江世枨于清乾隆年间迁南京止，江湾萧江氏外迁达74户之多。清咸丰六年前后，太平天国军转战婺源境内，世居江湾的江振鑫与村人结伴迁居江苏江都县仙女庙。江振鑫之子江绍岳，又名江石溪，被近代著名实业家张謇聘用，担任大内河轮船公司协理，负责处理扬州方面事务，后又参与张謇在东台、大丰垦牧计划的制定和实施。

除商业人才外，萧江氏也有着不逊于萧衍、萧纲的文化大家——江永。江永系萧江氏第三十世孙，是清代著名的经学家、音韵学家、考据家，皖派朴学的奠基者。江永21岁为县学生，24岁补廪膳生，62岁为岁贡生。据统计，江永一生著作约有39种、260余卷，涵盖礼学、天文、历算、乐律、音韵学等中国传统学术的各个方面，尤以礼学方面的成就最为突出，其《礼记训义择言》八卷取《礼记》各种注释的异同，做出自己的解释，"持论精审，足资参核"，"《深衣考》亦援据精详"。《周礼疑义举要》考释先秦名物，列出各种疑误40多处，一一加以辨证。萧江氏仅仅是萧氏迁徙史上颇有传奇色彩的一支，南兰陵萧氏亦有许多分支迁徙各地。从现存的大量萧氏族谱及方志可以大体上勾勒出其主要线路：从长沙而至江西、安徽，由湖南再由江西而至湖南，由湖南再散处福建、四川、广东、广西、湖北、贵州、云南、台湾，然后远至海外。

家族的迁徙受多方面因素的影响，有时或是一种无奈之举，却也有效地保全了家族的"火种"，为整个家族的繁衍与昌盛助力。虽至唐末时南兰陵萧氏进行了较大规模的迁徙，但镇江本地依旧有萧氏后裔的存在。通过对镇江萧氏族谱的梳理，我们可以从中窥见该宗族在镇江的生活情况，从而有助于进一步了解运河区域人群的主体生活。

南兰陵萧氏的兴旺繁盛与文化优势和其一以贯之的家风有关，文化与家风二者共同凝聚成这个家族的强大力量。中国古代宗族制中最重要的是宗庙和祭祀礼仪，萧氏家族的宗族制从族谱中可以考见。《京口小沙萧氏宗（族）谱》中有谱规如下：修世系，修祠宇，重祭祀，时祭扫，敦孝悌，睦宗族，勤耕读，完国课（如图一所示）。这样的谱规无疑在尊祖敬宗、凝聚族人、壮大及延续家族等方面都作用巨大，也从侧面反映出萧氏家族耕读传家的传统。

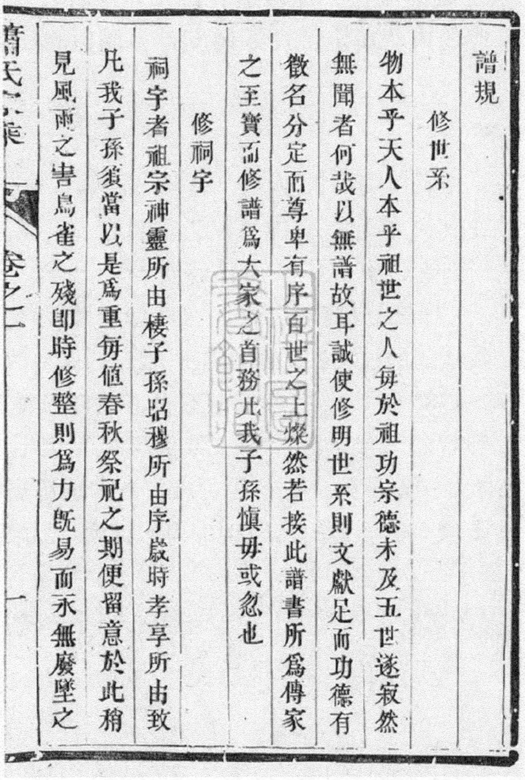

譜規

修世系

物本乎天人本乎祖世之人毎於祖功宗德未及五世遂寂然無聞者何哉以無譜故耳誠使修明世系則文獻足而功德有徵名分定而尊卑有序百世之上燦然若接此譜書所爲傳家之至寶而修譜爲大家之首務也我子孫愼毋或忽也

修祠宇

祠宇者祖宗神靈所由棲子孫昭穆所由序歲時孝享所由致凡我子孫須當以是爲重毎值春秋祭祀之期便留意於此稍見風雨之害鳥雀之殘即時修整則爲力旣易而永無廢墜之

图一　《京口小沙萧氏宗（族）谱》部分谱规

2. 内迁群体——陶氏家族

陶氏家族亦是镇江当地有名望的家族。不同于萧氏，在同一时间段上，陶氏是一个迁入者、外来者的身份，而非迁出者。陶氏祖籍在江西浔阳，后迁江都宜陵镇。陶氏一世祖梁川公事迹不详；第二世九闲公的继配徐氏，自乾隆初年始在镇江定居（按：民国三年谱《丹徒陶氏建祠修谱缘起》称在乾隆初，民国十九年谱《凡例》称在清雍正间，则迁居的时间大体在雍正末、乾隆初之间）；从第三世起陶氏家谱始有准确的纪年。第三世永年公仅操丝线业以自给，永年公殁于乾隆四十八年（1783 年）。永年公的两个儿子谱华公、盛春公分别生于乾隆三十七年（1772 年）和四十年（1775 年），“既长业丝线，少赢余，设线肆，日聚盛，继增绸肆，日聚茂”（见《丹徒陶氏族谱》卷 2,《陶氏两封翁家传》）。陶氏家族涉足江绸业大约在 19 世纪初，当时江绸甚得官方的青睐，“清嘉道间江绸行风海内，织造之采办，内府之赏赉，取给尤多……”（见《丹徒陶氏族谱》卷 2，《陶氏两封翁家传》）陶氏兄弟从江绸的流行中觅得了商机，并及时转变经营方向，为整个陶氏家族日后事业的成功奠定了良好的基础，同时也积累了相当丰富的经营管理经验。

（二）漕运人群

镇江土地贫瘠，多有丘陵，农业生产水平比较低，并非主要粮食产区。无怪乎明人刘世教在其《荒箸略》中言：“往者京口、浒墅之间，百谷之舫，无日夜不灌输而南者，盖在丰岁而已藉资与境外矣。何者？其生齿繁而土之毛不能给耳。”（转引自范然、张立《江河要津》，江苏人民出版社，2004：81）在商品粮运输的过程中，镇江本地船户的商业活动比较活跃。

乾隆五十一年（1786 年）十二月二十五日，镇江丹徒船户杨义山、周国才、杨文仪以 3 艘货船承包金坛商号“致大宝号”名下米粮的运输，共计 1676. 55 担，由镇江运至苏州。这一历史事实在中国历史博物馆所藏的一帧“丹徒县船户揽运米商货物合同”原件中得以证实（如图二所示）。

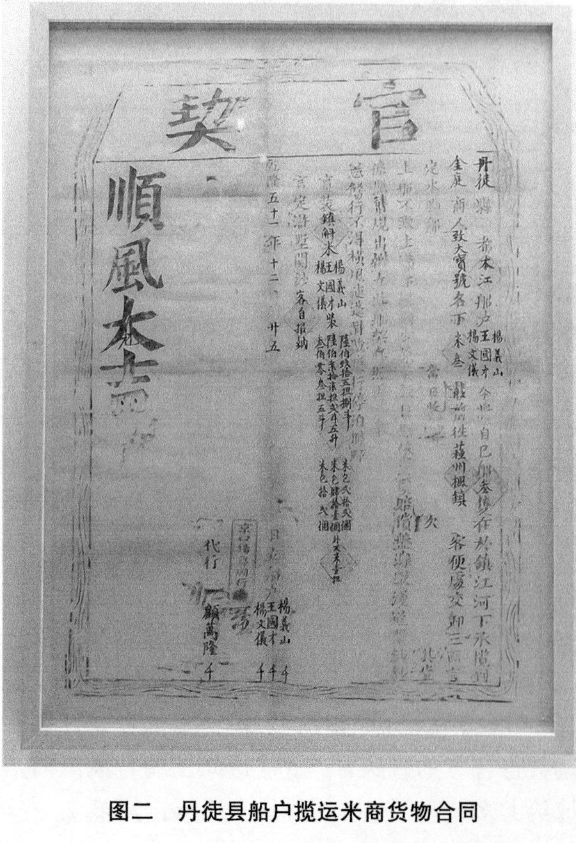
官契

順風大吉

图二　丹徒县船户揽运米商货物合同

木材业是明清镇江商业中的另一个重要行业。江南向来缺乏木材，大都依赖外地输入，木材市场极为兴盛。镇江自古是长江中上游所产木材的集散地之一。唐代，镇江的江面上便布满了水排木筏。明代中叶，镇江因木业之盛而被誉为江南木业“早期鼻祖”。清代时，镇江“木业更是兴旺，湖南、湖北、安徽、江西等地云集镇江的客帮有七八十家之多”（见王家典《港口发展与中国现代化》，上海社会科学院出版社，1989：346）。在江南木材市场中，镇江木业地位突出。清代木商说：“皇木、架木、椿木等项，向来凡奉文采办，首责省滩承值，而镇江次之，其余苏、常各属，不过零星小贩，且四季粮船拥塞，木少运艰……京口地处滨江。”（见苏州市档案馆《明清苏州工商业碑刻集》，江苏人民出版社，1981：113—114）镇江著名的木材漕运商贩集散中心——鲇鱼套，其港口东至王家巷，西至龙门口，长达十余里，港阔水深，属于天然良港。来自湖南、湖北、江西、四川、安徽的竹排顺流而下，在鲇鱼套会集，经江南运河转运至江南各地。因为利润可观，各地来镇江的木商日益增多，一度根据地域而分帮，至鸦片战争前，镇江木帮有赣帮、湘帮、鄂帮、徽帮等。直至清末，鲇鱼套停泊的各种船舶仍以千计。在此基础上，木业发展一度位居近代镇江“五大业”之首。

1. *漕运的衰落史*

根据《清史稿》中关于漕运的记载，漕运在后期弊病繁多，传统的河运逐渐被海运所取代。“夫河运剥浅有费，过闸过淮有费，催趱通仓又有费。上既出百余万漕项，下复出百余万帮费，民生日蹙，国计益贫。海运则不由内地，不归众饱，无造船之烦，无募丁之扰，利国便民，计无逾此。”（见《清史稿》卷一百二十二）漕运从兴盛到衰败乃至被取代，无疑对漕运人群的生存有着深刻的影响。

《清史稿》卷一百二十九亦载：“漕运初悉仍明旧，有正兑、改兑、改征、折征。”从这一段描述中可以看出，那时的漕运人群虽面临着繁重的赋税，但政府也深知这一点，因而会给予其一定的补贴。但给漕户等民众造成困扰的还有运军。“各省之征收漕粮也，向系军民交兑，运军往往勒索扰民。”“承平日久，漕弊日滋。东南办漕之民，苦于运弁旗丁，肌髓已尽，控告无门，而运弁旗丁亦有所迫而然。”“逮漕船过淮，又有积歇摊派吏书陋规，投文过堂种种费用。总计每帮漕须费五六百金或千金不等。”（见《清史稿》卷一百二十二）从这些文字中我们不难看出，当时漕运人群的痛苦生活：负责漕运的官吏在关口疯狂压榨百姓，漕运成本过高；运道日淤，船重难行，漕户们所能夹带的货物变少，且每次运输所要耗费的人力变多，投入与产出难以成正相关。虽然皇帝及官员也注意到了这一点，提出过不少改革措施，但弊病日久，并非一时的改革所能解决。恶劣的自然环境难以克服，人事中的弊病又难以革除，一个恶性循环就此产生。“各丁谋生之计绌矣”恐怕是当时漕运人群生存之艰的真实写照。

2. 漕运的基本机制

漕运事关国计民生，是关系王朝生存命脉的重要政治、经济和社会活动，影响中央行政系统的整体运作。官府对于漕运的调控，无疑是十分重视的。据史料记载，清最初沿袭明代的民运之法，招募民船，不久又改为官运。然而官运依旧无法达到便利民众的目的，官府便下令漕船分帮。各省粮船分帮，每帮以卫所千总一人或二人领运，武举一人随帮效力。由此可见，官府对漕运的管控之严。

3. 漕运人群的生存状态与经营模式

“各卫既有千总领运，而漕臣每岁另委押运帮官，分为押重押空，一重运费二三千金，一空运费浮于千金，帮丁之脂膏竭，而浮收之弊日滋矣。”（见《清史稿》卷一百二十二）官府的管控使得底层的漕运人群与分管漕运的官吏们之间更多的是一种从属关系而非平等的契约关系。

漕运人群的生存压力无疑是巨大的，在这种压迫之下，成帮运营的他们也会采用一些非法手段来牟取暴利，这也与最初的管理体制有关：官府缺乏对最底层的漕运人群的直接监管，由此便加剧了民间漕运队伍中良莠不齐的现象，也易导致他们与官员互相勾结。2012 年 6 月，在镇江市中华路京口闸遗址槽附近，考古探方内清代地层出土一方青石残碑，残长约 120 厘米、宽 92. 5 厘米、厚 22 厘米。上下部均有缺失，存字 26 行。据连小刚、霍强考证，碑文内容是从事米豆贸易的商人给官府的一篇呈文。他们倾诉自己在镇江雇佣船户运载米豆，但不良船户勾结苏州当地痞氓，在航行途中作假，抵达枫镇后再偷走全部米豆。

无独有偶，2009 年 10 月，距离京口闸东南约一公里的古运河旁，京口驿遗址清代地层中同样出土过一方青石碑，连小刚、霍强考证后认为，碑文所示内容与前者基本类似：官差相互勾结，强抢商人货物。针对官差相互勾结现象，当时丹徒县采纳了商人们的建议，要求船民互相证明、担保，如有一人作恶，其余人均要承担连带赔偿责任，同时通过给船户发放县照的方式强化管理。由于此事关涉镇江与苏州两地，上级要求两地会同办理。镇江府向苏州府发放移会，苏州府向扬州江防发放关文，扬州江防官再向所属部门下发信牌。布政司所作批示也先后到达镇江府、丹徒县。官府因此便能直接监管底层的漕运人群。发现强抢商人货物现象后，当时的朝廷也是十分重视，兵部要求镇江府海防厅督促丹徒县在京口立石示禁。海防同知接到相关指示后，认为事关重大，建议会同镇江知府、粮捕通判协作办理。最终将犯人捉拿归案后，审结发配。

这两方碑刻，间接地例证了船夫及其所代表的漕运人群的运营模式——被雇佣。碑刻中提到的米豆商人与纸布商人都属于长途贩运的商人，和镇江本地的漕运人群并不一定存在长期稳定的合作关系，也许更多的仅仅是一种临时性的雇佣关系。

（三）信仰人群

1. 概说

姜师立等对运河文化的普遍性进行过概括，认为善于沟通、包容开放的宽广胸怀是运河文化的基本特征，扩散与开放带来的大交流是运河文化的另一特征，而不断扩大、延伸、创新和发展是大运河文化得以持续发展的又一特征。韩锋通过对扬州运河文化的分析，认为扬州运河文化具有包容性和开放性，不同文化在这里交融滋养、和谐共存，如佛教、道教、伊斯兰教、基督教及儒家文化，又如盐商文化、市民文化的丰富多彩。胡梦飞具体考察过明清时期徐州地区漕运兴废的全过程，阐释其与地方信仰风俗嬗变之间的关系，认为运河漕运在促进徐州商品经济发展的同时，也对当地民众的民间信仰和社会风俗产生了重要影响，引发了明清时期徐州运河区域强烈的社会变革。荀德麟以淮安市区清江大闸口为抓手，分析运河文化与宗教信仰的关系。在不到一平方千米的范围内，有儒家文化的清江文庙、佛教的慈云禅寺、道教的斗姥宫、伊斯兰教的古清真寺、基督教的福音堂。这正对应了淮安位处漕运枢纽及漕运文化的汇聚之地，突显出清江浦作为运河大都会其宗教文化的多元性与包容性，展示了运河文化开放性的典型特征。李倩以天主教在江苏境内的传播为例，探讨运河与天主教传播的关系，认为巨型线性遗产的大运河不仅承担着维系经济繁荣的职能，同时也是传播文化的重要途径。

由此可见，运河文化构建了运河沿岸民众的多元信仰，镇江自然也不例外。明清时期的镇江，在文化上无疑也是兼收并蓄的。镇江是国家级历史文化名城，宗教文化也是名城文化的重要组成部分。镇江的寺庙道观在国内有十分重要的位置。基督教和伊斯兰教在镇江的发展与明清时期镇江的变化和发展都有着密切的联系。

2. 伊斯兰教

明万历二十四年（1596 年）修纂的《镇江府志》曾有记载："清真礼拜寺系唐贞观二年始建于仁安坊阜民衔，明洪武年间毁后再建。"明朝后期，江南的伊斯兰教内部掀起了"以儒诠经"的活动，这场运动一直活跃到清代前期。出版书籍需要经费和发行渠道，明末清初的镇江具备了这方面的优势：首先，明清时期，到镇江定居的回民大多经营商业，生活安定，其中还出现了很多富家大族，他们有雄厚的资金可以支持经书的出版；其次，镇江交通便利，有利于经书出版后的流通。

3. 基督教

不同于伊斯兰教，基督教在镇江的发展更多依托于传教士的工作。元代，基督教已进入镇江。《大兴国寺碑记》中详细记载了马薛里吉思在镇江传播基督教的情况。《至顺镇江志》中也记录了天主教在镇江传播的详情。基督教在镇江的进一步传播得益于当时中西文化交流的第一人——利玛窦。机缘巧合的是，他久居镇江，与镇江结下了不解之缘，与镇江名流的交流大大推动了基督教在镇江的传播。

4. 本土信仰

当时的江南地区普遍存在着土神信仰、土地与城隍信仰等，这些大多被归入道家神灵体系中，因运河的影响衍生出一些新的神灵形象，例如苏州的"金总管"，便是漕运灵异的土神形象。譬如同样是土神信仰，苏州普遍有总管与猛将信仰，而常熟又有属于自己的李王与周神信仰。

（四）经商人群

镇江居长江以南，属于长江与大运河的交汇处，多山少田，农业发展不可避免地受制于当地的自然条件。但是镇江又是一个连接南北东西的交通枢纽，"水路为长江轮埠，上通武汉，下连淞沪，为中国轮航最便之区。复有运河流贯，北迄天津，南达苏杭……且陆路交通有京沪铁道，为中国营业最发达之路线"（见江苏省民政厅：《江苏省各县概况一览・镇江县》，1931 年）。交通的便利，使镇江以商业发达而著称。此前也提到过京口闸、京口驿出土的两方碑刻，这两方碑刻虽跨度 50 多年，但均表明了京口交通位置的重要性。

拥有得天独厚之利，镇江的商业发展态势整体来说是比较可观的。将目光从做长途贸易上移开，镇江内部的商业贸易也十分繁荣。据《乾隆镇江府志》记载，镇江当时共有数十条街巷；另据《光绪丹徒县志》记载，镇江市一年在酒醋上的课税为"一十二万五千四百四十六贯三百七十文"，丹徒一年在酒醋上的课税为“六万二千四百五贯二百文”，从商户被征收商税规模来看，镇江当时的商业很发达。范金民在其大作《明清江南商业的发展》中指出，清时镇江大致有十五个公馆会所，当时的经商者便依托公馆会所来售卖自己的货物。

二、地方文献视域下的镇江建设路径

（一）传播史志文化，塑造文化认同，助力科学发展

《南山集·史论》曾言：“夫史者，所以纪政治典章因革损益之故，与夫事之成败得失，人之邪正，用以彰善瘅恶，而为法戒于万世，是故圣人之经纶天下，而不患其或敝者，惟有史以维之也。”镇江作为一个历史文化名城，因其独特的地理位置，有着悠久的编纂地方志的历史，如宋《嘉定镇江志》、元《至顺镇江志》，再到清《乾隆镇江府志》等。镇江所编纂的方志数目繁多，且记载详细，特色各异，形成了丰富的文化资源宝库，为地方智库建设提供着重要的智力支持。今中共镇江市委市政府对史志工作高度重视，重新组建了市史志办公室，认真贯彻落实党和国家有关中共党史、地方志工作的方针、政策，在史志工作上取得了一系列喜人的成绩。

如今，镇江的史志工作已经达到了一个新的高度。而今的当务之急在于如何将理论资料顺利转化为现实成果。长期以来，地方志工作一直存在这样的困局：因其体例比较呆板，普通民众与地方志存在一定距离，地方志更多成为文史学者及专家们的研究资料；因其效用更多体现在学术领域，鲜有相关人员能将其应用在日常工作之中。

地方志是一个区域历史的记载，承载着当地的文化记忆。推进城市文化建设，民众参与度至关重要。而只有当民众对当地历史文化产生认同感与归属感，文化建设的相关举措才能更好地推行。因此，方志工作应与民众更为紧密地结合，创新表达方式，力求通俗化、大众化；同时，充分发挥内部职能，相关部门对方志做到活编活用，借鉴方志指导日常工作。

1. 完善地情资源平台，注重文娱并行

2019 年 8 月，中共镇江地方史馆、镇江方志馆开馆。这为方志工作提供了良好的地情资源平台，摆脱了以往场所设施缺乏的尴尬境地。在此基础之上，相关部门应增强“为党立言、为国存史、为民修志”的责任感和使命感，抓住机遇，整合资源，加强联动，用好用活党史、方志文化平台，不仅把党史、方志馆建设好，还要管理好，充分发挥其应有的功能和作用。

一方面，要完善与补充相关史籍，确保其专业性；另一方面，应积极加强其对普通民众的辐射力。可参照常州“淹城春秋乐园”的经营模式，依托两馆建立相关主题公园，用寓教于乐的方式让民众体会到镇江独特的历史文化气息。

2. 凝聚社会力量，编活历史方志

传统的方志因内容太过枯燥，体例过于僵化，难以引起普通民众的阅读兴趣。应号召社会各界力量参与地方志的编纂与修订工作，鼓励民间资本投入方志资源的开发利用中，倡导地方方志爱好者参与相关工作。力争在确保其权威性与专业性的基础上，能够整理出更易于普通民众传阅的地方志，便于民众了解当地历史文化及历史渊源。

3. 拓展传播平台，促进良性互动

地方史馆和方志馆的建成虽是一大突破，可线上线下并未形成良好的互动机制，传播平台的建设也有待推进。应更加重视在微信、微博等自媒体、新媒体、融媒体信息平台上对方志文化的传播，满足民众在不同阅读终端上的阅读需求；同时，构建良好的交流平台与反馈机制，加强民众与办公室之间的交流、民众内部的交流，在思维碰撞中对工作产生新的启发。

（二）宗族制度和家族文化、家风传承

在对镇江萧氏家族的研究中，我们不难看到宗族文化与宗族制对于一个家族延续及兴旺发达的推动作用。

2016 年 12 月 12 日，习近平总书记在会见第一届全国文明家庭代表时强调：“广大家庭都要弘扬优良家风，以千千万万家庭的好家风支撑起全社会的好风气。特别是各级领导干部要带头抓好家风。”（以上为习近平总书记在会见第一届全国文明家庭代表时的讲话，来源：《人民日报》2016 年 12 月 16 日 02 版）由此可见，在今天借鉴传统宗族的延续方式，持续推进优良家风建设，无疑对提升公民素养，推进和谐社会建设，培养中国特色社会主义社会建设所需要的优质人才，都具有促进作用。

1. 以史为鉴，以点带面

利用好镇江历史文化名城的身份，充分挖掘其文化意蕴。相关部门对萧氏家族等本地历史上的杰出家族进行宣传，解读其延续千年而依旧繁盛的文化优势，同时向民众展示相应史稿，依托方志馆等地情资源平台，使民众在耳濡目染中自觉形成正确的价值观与关于家风建设的优良观念；着力塑造典型，挖掘与表彰本市的模范家庭，宣传其杰出事迹，邀请其介绍家风建设的经验与心得。用模范典型来带动全市众多家庭的家风建设。

2. 注重故地保护，强化宗族观念

相关部门注重对当地家族宗祠、庙宇、墓地等文化遗址的保护与修缮工作，依托该类型场所使民众充分感受到家族高度的凝聚力与旺盛的生命力；增加对于传统节日的关注程度，借助各类文化活动强化民众的宗族观念，培养其家庭荣誉感。

3. 公职人员带头先行，家风建设带动党风政风建设

党的十八大以来，党中央对新时代领导干部在培育清廉家风方面提出了明确要求。从 2015 年做出进一步规范领导干部配偶、子女及其配偶经商办企业行为的规定，到 2016 年《中国共产党廉洁自律准则》第一次提出党员要“廉洁齐家，自觉带头树立良好家风”，再到 2018 年新修订的《中国共产党纪律处分条例》规定党员领导干部不重视家风建设，对配偶、子女及其配偶失管失教的处分措施，这些举措对于公职人员而言无不起到警钟长鸣的作用，廉洁修身、廉洁齐家自然问心无愧，“家风不正”“家门不端”必然祸患不远。

镇江市委市政府在注重廉政建设的同时，要认识家风建设的重要性。公职人员需要以身作则，通过学习优秀家风文化与典型案例，完善个人家庭的家风建设，并由此推动整个行政体系中家风建设的风潮。各部门可定期召开座谈会，各干部间可互相交流家风建设的经验与心得，充分发挥家风的德育作用。各级领导做到家风建设完备，无疑会为党风政风建设增加一抹亮色。

（三）聚焦“一带一路”，促进大运河经济文化带建设

2013 年 9 月和 10 月，习近平总书记在出访中亚和东南亚国家期间，先后提出共建“丝绸之路经济带”和“21 世纪海上丝绸之路”的重大倡议，得到国际社会的高度关注。2015 年 3 月 28 日，国家发展和改革委员会、外交部、商务部联合发布了《推动共建丝绸之路经济带和 21 世纪海上丝绸之路的愿景与行动》。文件中提到，利用长三角、珠三角、海峡西岸、环渤海等经济区开放程度高、经济实力强、辐射带动作用大的优势，加快推进中国（上海）自由贸易试验区建设，支持福建建设 21 世纪海上丝绸之路核心区。

京杭大运河自开航以来，对沿线的经济文化建设有着巨大的推动作用。江苏省是大运河沿线河道最长、流经城市最多、运河遗产最丰富、列入世界文化遗产点段最多的省份。京杭大运河镇江段具有独特的地域优势：长江与运河十字交汇，南北运河交融。自古以来，京杭大运河镇江段便在江

南运河中承担着重要的历史使命，并形成了独特的运河区域文化，分布着大量的国家级文物保护单位。保护京杭大运河镇江段，对响应国家“一带一路”建设的号召，带动大运河经济文化带整体建设，乃至于助力镇江的整体建设，都有着至关重要的作用。镇江市委、市政府对此高度重视，自20世纪90年代以来便成立运河管理处，组织了专业的团队对大运河进行保护、管理、建设。自2012年价值700万元的“运河之母”铜雕像建成，到2018年“263”环境专项整治行动，都对京杭大运河镇江段形成了有效保护，为接下来的开发与建设工作打下了坚实的根基。2019年2月，中共中央办公厅、国务院办公厅印发了《大运河文化保护传承利用规划纲要》。目前，我国正处于全面推进大运河文化传承保护工作的关键时期，虽有前期工作的基础，但成果转换方面仍存在一些问题，需要我们去突破与解决。

1. 重视污染防治，健全港口建设

污染防治一直以来是京杭大运河镇江段保护的一大难点与重点，是一项极其复杂的系统工程。镇江市委、市政府要有主动出击的勇略，创新方法，讲究谋略，以做好河长制工作为中心，以逐级做好各项污染防治工作为基本内容，打开京杭大运河镇江分段治理的新局面。各部门要落实主体责任，明确职能分工，齐心协力做好污染防治工作。

长期以来，京杭大运河镇江段港口缺乏科学有效的管理，港口资源未得到有效开发与利用。相关部门应分担更多精力到港口建设中去，做到统筹规划、远近结合，将其纳入协调、健康的发展轨道。

2. 以民为本，继续扩大古运河历史文化展示工作规模

2019年5月，位于京口闸一楼大厅的古运河历史文化展示室，经过两个月的更新改造顺利完工，已重新开门迎客，向广大市民免费开放，成为镇江市水利文化传播的窗口。这为本文提供了更加行之有效的思路：在治理与保护开发运河的同时，我们要明确大运河历史文化始终面向大众的导向。这不仅仅是将工作组的工作成果展示给群众，更是将京杭大运河镇江段独特的区域文化呈现给广大民众。为此，我们要继续扩大古运河历史文化的展示规模，建立更多的古运河历史文化展示室，同时定期更新与修正展示内容，同步提升规模与质量。应鼓励民间资本涌入古运河历史文化的开发与传播，号召当地的专家学者参与古运河历史文化的推广与普及工作。高校之间需要强强联手，增进合作，成立相关工作室与工作小组，为大运河历史文化推广、传承及传播工作提供智力支持与文化资源储备。

参考文献：

[1] 姚汉源.京杭运河史[M].北京：中国水利出版社，1998.

[2] 黄仁宇.明代的漕运[M].北京：新星出版社，2005.

[3] 吴琦.漕运与中国社会[M].武汉：湖北人民出版社，2007.

[4] 李伯重.江南农业的发展，1620—1850年[M].上海：上海古籍出版社，2006.

[5] 江苏省博物馆编.江苏省明清以来碑刻资料选集[M].北京：生活·读书·新知三联书店，1959.

[6] 吴建华.明清江南人口社会史研究[M].北京：群言出版社，2005.

[7] 镇江市史志办公室编，笪远毅、乔长富点校.嘉定镇江志[M].镇江：江苏大学出版社，2014.

[8] 俞希鲁撰，杨积庆，等校点.至顺镇江志[M].南京：江苏古籍出版社，1999.

镇江漕运文化的生态考察

张永刚 *

东汉许慎《说文解字》云:“漕，水转毂也。一曰，人之所乘及船也。”[1]唐司马贞《史记索隐》则曰:“车运曰转，水运曰漕。”[2]由此观之，“漕运”在不同时期有着不同的诠释，汉代特指以水运谷，唐代则水运皆可称“漕”。明代的丘濬指出:“自古漕运陆、河、海三种皆有。”[3]因此，漕运还不能简单地理解为运粮，且水运亦有河运、海运、河海联运等形式。对漕运的客观理解，应置于历史长河中去观照。镇江之漕运因其地利起始甚早，且历代呈现出不同的生态状貌，在中国漕运史上具有极其鲜明的特色。

一、河海联运的交通文化

漕运之始，上自春秋中期便已有之，此后作为封建王朝物资运输的主要手段之一，历代延续下来。就镇江来说，漕运不止有河运，更有一种河海联运的方式。历史上的镇江曾是海上丝绸之路的一个重要门户，有“海门”之称。《嘉定镇江志》卷三“攻守形势”记载“京城因山为垒，望海临江，缘江为境”、卷六“地理·山川”记载“焦山，在江中，去城九里。旁有海门二山”、卷六“地理·水”记载“京江水，在城北六里。东注大海”[4]。《至顺镇江志》云:“焦山，或亦谓之浮玉山，上有罗汉岩，旁有海门二山。”[5]更有众多的诗人在此留下了临江望海的诗词歌赋，体现了镇江的“海门”形胜。唐代王昌龄《宿京江口期刘昚虚不至》:“霜天起长望，残月生海门。”李涉《润州听暮角》:“惊起暮天沙上雁，海门斜去两三行。”南唐李中《秋日登润州城楼》:“水接海门铺远色，稻连京口发秋香。”北宋

* 张永刚，镇江市高等专科学校教授，主要从事地域文学与文化研究。

王安石《次韵平甫金山会宿寄亲友》：“天末海门横北固，烟中沙岸似西兴。”唐宋时，江海通道得以打通。到了南宋，镇江通江达海的交通港口地位日渐重要。《宋会要辑稿·食货五十》载，建炎三年（1129 年）三月四日，有官员指陈：“自来闽广客船，并海南番船，转海至镇江府买卖至多。”[6]直接反映了当时镇江河海贸易联运的盛况。元明以后，随着运河的全线贯通，承载了更多的漕运功能，镇江漕运枢纽的地位亦愈加重要。黄仁宇在《明代的漕运》中说：“明代宫廷对它（运河）的依赖程度是前所未有的，远远超过了以前的历代王朝。”[7]

二、江河交汇的渡口文化

镇江地处江南，隔江北望扬州，是南北交通中转的必经之地。王安石曾有《泊船瓜洲》：“京口瓜洲一水间，钟山只隔数重山。春风又绿江南岸，明月何时照我还。”描绘了当时由瓜洲渡船到京口，再到钟山这样一条交通线路。不仅如此，扬州到镇江这段过江通道，是西北到江南大通道的重要组成部分。史学家白寿彝指出，“上都—华州—潼关—虢州—东都（洛阳）—郑州 —汴州—宿州—泗州—楚州 —扬州—（瓜洲渡—蒜山渡）—润州—常州—苏州—杭州—越州—明州”这条线路是唐代六大交通干线之一。扬州一侧称为瓜洲渡，镇江一侧，在“唐时亦曰蒜山渡。宋置西津寨于此，俗谓之西马头，即江口也。亦曰京口港”[8]。更为重要的是江河在此交汇，“南唐徐知诰尝游蒜山，除地为广场”。交通的便利带来了南北往来贸易的繁荣。“乐史宋人，撰《坐知天下记》及《太平寰宇记》曰：京口西距汉沔，东连海峤，为三吴襟带之邦，百越舟车之会。”[9]西津渡地处长江与京杭大运河的交汇处，是漕运干线的必经之道。唐宋时期，京口以漕运为主体的水运进入鼎盛时期，“唐时漕运……最重者京口”“京口江淮之粟所会，是诸郡咽喉处”[10]。故西津渡有“七省粮道”“漕挽咽喉”之称。每到春季，漕船如过江之鲫，一片繁忙。自唐起，西津渡著称于世直至清代，长达 13 个世纪。

三、门类多样的商贾文化

隋炀帝大业六年（610 年），长江以南运河重新疏通拓宽，形成江南运河，从京口到余杭郡八百余里，水面阔十余丈，筑堤树柳，自此以后，“大江以南，黄河以北，转输无阻”[11]。镇江作为江南运河的起点，贯通长江南北，漕运转输功能大大增强。唐开元二十二年（734年），润州刺史齐澣“于京口埭下，直趋渡江二十里，穿扬州伊娄河二十五里”，以至于“岁利百亿，舟不漂溺”[11]。出于商品转运的需要，朝廷在京口设立常平仓，用于存储商货与调节市场，并设置众多机构征收贸易税，诸如榷货务、江口税务、都商税务、都酒务、都仓厅、江口税关厅、转般仓监厅、大军仓官厅、织罗务、贡罗务等。宋代镇江全府的商税排到全国第11位。商贸大宗往来，促使镇江出现了“大市、小市、马市、米市、菜市”，形成了专门市场，如“玻璃巷、木场巷、石灰巷、斗笠巷、腰带巷”[5]等，体现了商业种类的专门化趋势。

四、蔚然成风的救生文化

《至顺镇江志》记载西津渡：“乃南北冲要之地，江浙闽海悉由此以达京师，使命客旅，络绎往回，日不暇给。其渡北对瓜洲，东连海口，江面广阔，金山屹立中流，盘涡旋激……险恶尤甚。”且江上常有劫财不义之徒，“视人性命轻若蝼蚁”，对客旅“邀阻横索”，又“民间以小船渡载，每遇风涛，必有覆溺之患”[5]。自唐以后，船倾人亡事件屡屡发生，如唐天宝十年（751年），风大海潮高，数十艘渡江船覆于江。宋绍兴元年（1131年），西津渡一渡船载44人，离岸后还没有到金山，风作舟没，旅客和篙工无一生还。明万历十年（1582年）十月，大风坏漕舟、民船千余艘。为加强对西津渡的安全管理，宋乾道年间，镇江郡守蔡洸在西津渡“命置巨舫五，仍采昔人遗制，各植旗一，以‘利、涉、大、川、吉’为识，其受有数，其发有序。又别浮轻舫以送邮传，故鲜有风涛之患”[5]，这是兼具官渡与救生性质的水上机构。明正统年间，巡抚侍郎周忱“作舰二，佥水工三十余，以济渡”[12]。康熙二十六年（1687年），清政府“责令江镇道督率文武官，……催护过江。如遇大风，督令标兵操舟预备，如有江心船只不能近岸收口者，设法挽救”。同时仿效民间救生船的成式，官造护漕船10艘，分泊于长江南北两岸，如漕船遇风，出救护。康熙四十二年，京口蒋元鼒、朱用载、蒋尚忠、张迈先、林崧、吴国纪、左聃、毛鲲、钱于宣、何如椽、毛翥、朱之逊、蒋元进、赵宏谊等15人，力“劝邑中输钱，救涉江覆舟者”。他们共捐白金若干，在西津渡观音阁成立“京口救生会”[13]。其后官私救助蔚然成风，道光年间，焦山救生总局成立。清代阮元曾写

《宗舫》诗二首，序云："予旧造红船，取宗悫长风之义，名曰：宗舫，为金山上下济渡救生诸用，三面使风，最为稳速。"

五、复杂多元的宗教文化

镇江自古而今宗教多元，兼容并蓄，形成"和而不同"的共生格局，成为中国宗教史上特色鲜明的镇江现象，这与镇江交通便利的区位优势息息相关。尤其是漕运往来，带动了人员的交流，推动了宗教信仰的传播。如妈祖信仰原本为福建沿海渔民祈求出海平安的地方信仰，福建与镇江相去甚远，但到南宋淳祐年间，镇江已修建了祭祀妈祖的天妃庙，拥有了为数不少的信众。当时的太学博士李丑父对此做出解释："妃为莆明神，庙于京口之湄，且十余年，迁于江口土山龙津之西侧。淳祐辛亥闰十月既望，越一日壬申，经始京口。"[5]《镇江志》卷七载：长江中下游分为上、中、下三个水府：马当为上水府宁江王，采石为中水府定江王，金山为下水府镇江王。北宋祥符年间，金山下水府庙被赐额"显济"。南宋嘉定二年(1209年)，镇江大旱，守臣史弥坚于此庙中祈祷，有灵验，故重修此庙。西津渡更因江阔浪险成为宗教景观丛生之处，为祈求平安渡江，自唐起，先后在这里建有寺、观、教堂，如铁柱宫、观音洞、昭关石塔等，其中以昭关石塔最为突出。塔本是佛教建筑，而此塔有一定的藏传佛教色彩，外观呈圆瓶形，体现了文化的融合。

六、历史悠久的移民文化

地处长江南岸的镇江，由于区位因素，是移民历史较久远的城市。大约可追溯到公元前3000年，太伯奔吴，带来了中原的周文化，与当地的土著文化相融合，成为吴文化之渊薮。司马迁在《史记·吴太伯世家》中这样写道："太伯之奔荆蛮，自号句吴，荆蛮义之，从而归之千余家，立为吴太伯。太伯卒，无子。弟仲雍立，是为吴仲雍。"[2]到了六朝时期，由于战乱的影响，"永嘉南迁"给镇江带来了大量的北方移民，接受"北方移民最多最杂的是南徐州"[14]，南徐州其州治即京口。"南徐管辖下的流民除江北三个直属郡外，其余就分散侨居在江南七个县内。晋陵地区成为当时侨置郡县最多的一个地区，侨寓的户籍数约22万，超过了土著户籍数（约20万）。"[15]可见当时镇江移民数量之多。葛剑雄先生在《中国移民史》中指出当时的移民路线分为东、中、西三线，其中最重要的东线，“由今山东、豫东而下的流人一般居于沿泗水的彭城、下相、淮阴一带，或渡淮居于苏北，或由邗沟南下广陵，过江至京口（今镇江市），聚居于江南”[14]，由于水运交通的便利，镇江地区成为接受移民较多的地区。自隋唐大运河开凿以后，镇江成为漕粮集散中心，转运枢纽的地位日益突出，逐渐形成“舸帆林立，商业繁盛的景象，有‘银码头’之称”[16]。吸引了大量的人员往来，商贾辐辏，使得有些客商成为移民，定居在此处。宋元之际，北方的少数民族也因战乱，移民到镇江定居下来，使镇江的民族结构产生了异于前代的变化。明清时期，一方面由于镇江水陆交通更加发达，漕运经济更加繁荣；另一方面由于驻军的影响，镇江流入了大批的移民。清顺治元年，清兵占领镇江后，“强圈旗营，驻扎旗兵，称为京口驻防，郑成功北伐失败后，京口驻扎改为蒙古八旗，兵力加强，旗兵的家属和后代称为旗人”[16]。这些人及其后裔也留在了镇江。第二次鸦片战争后，咸丰十一年（1861 年）五月十日，镇江开埠通商，成为近代重要的对外口岸，出现了畸形的商业，北方的漕船大量“有由山东、苏北沿北运河南驱镇江，又由河北、皖北经淮河渡洪泽湖，再取北运河向镇江集中”[17]，随之而来的客商，在镇江形成了“北五省会馆”，包括河南、河北、山东、山西、安徽五省，其中“河南帮和山西帮在淮河、运河沿线，所设贩运北货的商号，如保泰昌、丰冶通、锦丰焕、三合成、两宜昌等十余户，都在四合公挂牌设社”[17]。

七、星光熠熠的文人文化

清张九徵重修《康熙镇江府志》并作序云：“镇江当大江南北之冲，而东际江流入海之尽境。其地控天下之枢，为第一阨塞，关系治乱之大势。视他郡为独重。”孙汝谋序说：“镇江之为郡，襟江带海，为建业藩垣、三吴门户。自历代以来，称为控扼要地。”[12]正是由于镇江地理区位颇为独特，为南北交通转运之枢纽，因此，众多的文人墨客都在此留下了咏景抒怀之作，丰富了镇江文化资源的宝库。

镇江自古为兵家必争的战略要地，在历代诗歌中多有体现。李白作《永王东巡歌》组诗，其六云：“丹阳北固是吴关，画出楼台云水间。千岩烽火连沧海，两岸旌旗绕碧山。”秦观写有《长相思》：“铁瓮城高，蒜山渡阔，干云十二层楼”词句。贺铸《鸳鸯语》：“京江抵、海边吴楚。铁瓮城、形胜无今古。北固陵高，西津横渡。”均强调了镇江作为军事要塞的重要地位。更为著名的是辛弃疾的《京口北固亭怀古》，上片写道："千古江山，英雄无觅孙仲谋处。舞榭歌台，风流总被雨打风吹去。斜阳草树，寻常巷陌，人道寄奴曾住。想当年，金戈铁马，气吞万里如虎。"

隋大业六年（610 年），隋炀帝杨广"敕穿江南河，自京口至余杭八百余里，广十余丈，使可通龙舟，并置驿宫、草顿，欲东巡会稽"[18]。京口成为连接长江与运河的交通枢纽，呈现出一派"舳舻转粟三千里，灯火临流一万家"的繁华景象。王侯将相、达官贵人、迁客商贾、文人雅士，南北往来皆以西津渡为通津，待渡时便登山临水，抒怀吟咏。许浑在西津渡留下了数首送别之作。如《京口津亭送张崔二侍御》："爱树满西津，津亭堕泪频。素车应渡洛，珠履更归秦。水接三湘暮，山通五岭春。伤离与怀旧，明日白头人。"又如其《将赴京师蒜山津送客还荆渚》："尊前万里愁，楚塞与皇州。云识潇湘雨，风知鄂杜秋。潮平犹倚棹，月上更登楼。他日沧浪水，渔歌对白头。"表达出了许浑送别友人时的离愁别绪。宋孝宗隆兴二年（1164 年）五月，陆游除左通直郎通判镇江府，期间多次到渡口送别友人。次年七月，他自己却将要渡船离开京口赴南昌任职了。离去之前，与友人前往西津渡不远处的金山浮玉亭把酒道别，从而留下了《浪淘沙·丹阳浮玉亭席上作》："绿树暗长亭。几把离尊。阳关长恨不堪闻。何况今朝秋色里，身是行人。清泪浥罗巾。各自消魂。一江离恨恰平分。安得千寻横铁锁，截断烟津。"

西津渡有"京口渡为天下险"之说，江风起时白浪滔天。张祜移居丹阳曲阿之地筑室隐居，从扬州途经润州时未能过江，写下了"金陵津渡小山楼，一宿行人自可愁。潮落夜江斜月里，两三星火是瓜州"的千古佳作。唐开元十三年（725 年），孟浩然赴京口途中，被大风阻于渡口，写下《扬子津望津口》："北固临京口，夷山近海滨。江风白浪起，愁杀渡头人。"表达了因浪高风急无法渡江而产生的焦虑心情。

八、卓有影响的民俗文化

明清以后，尤其是清代，随着漕运的繁荣，运河沿岸市镇的商业也出现了空前繁荣的局面，商品交易往来频繁，促成了江南庙会的日臻成熟与普及。其中，镇江的都天会兴起于康雍年间，是本地最盛大的庙会之一。庙会由各商业行会出资举办，时间在每年四月中旬，各家会堂都要有仪仗相随，在街上演会游行，抬着神像到都天庙"参庙"。如船业抬出的神灵是杨泗将军（道教水神），救生打捞业供奉的是晏公（妈祖部下），而依赖江河转运的木业则信奉龙王。都天会行会往往长达一个月，期间各路客商云集，本地商人借机交易，谋取利润。仅木材、京广杂货、洋货、五金、五洋等几个行业的洽谈贸易总额，便可达五六百万两。近代都天会高峰时，赴会者不下 20 万人，旅馆、公所人满为患，繁荣的景象可见一斑。道光十八年（1838 年），龚自珍辞官南归，逢镇江都天庙会，逗留数日，应邀作祈雨诗一首，即著名的《己亥杂诗（其一二五）》："九州生气恃风雷，万马齐喑究可哀。我劝天公重抖擞，不拘一格降人材。"

余论

漕运文化是漕运状况的表征，纵然是镇江漕运产生了特色鲜明的漕运文化，漕运对镇江发展的影响力不可小觑，漕运兴，镇江兴；漕运衰，镇江衰，有着直观的体现。据《至顺镇江志》的记载，元代时，将漕运改为海运，镇江"中为七隅，归附后亦颇仍旧"。到了明清时期，大力发展运河漕运，镇江又迎来了繁盛时期，出现了"舳舻转粟三千里，灯火临流一万家"[19]的盛况。因此可见，一部古代镇江的发展史，某种意义上也可以说是一部镇江漕运的发展史，对漕运的过于依赖，也使得镇江发展模式单一，易于产生瓶颈，这对今天的镇江来说无疑具有深刻的启示作用。

参考文献：

[1] 许慎.说文解字[M].北京：中华书局，1963：217.

[2] 司马迁.史记[M].北京：中华书局，1959：1422.227.

[3] 丘濬.大学衍义补[M].北京：京华出版社，1999：309.

[4] 卢宪.嘉定镇江志[M].北京：宣统二年(1910 年)，丹徒朱氏金陵复刻包氏本.

[5] 俞希鲁撰，杨积庆，等校点.至顺镇江志[M].南京：江苏古籍出版社，1999：270，15，47，46，333.

[6] 徐松.宋会要辑稿[M].上海：上海古籍出版社，2014.

[7] 黄仁宇.明代的漕运[M].北京：新星出版社，2005：15.

[8] 白寿彝.中国交通史[M].北京：团结出版社，2009：110.

[9] 顾祖禹.读史方舆纪要[M].北京：中华书局，2005.

[10] 王应麟.困学纪闻[M].上海：上海古籍出版社，2008.

[11] 郑肇经.中国水利史[M].上海:商务印书馆,1998:201,202.
[12] 张九徵等.康熙镇江府志[M].康熙十三年(1674 年),刻本.
[13] 冯泳.京口救生会叙,辑自冯夔飏.乾隆镇江府志[M].清乾隆十五年(1750 年),增刻本.
[14] 葛剑雄等.中国移民史[M].南京:福建人民出版社,1997:349,338.
[15] 严其林等.京口文化[M].南京:南京大学出版社,2001:35.
[16] 王骧.镇江史话[M].南京:江苏古籍出版社,1984:210.
[17] 镇江市政协文史资料研究委员会.镇江文史资料(15 辑),1989:6,104.
[18] 司马光.资治通鉴[M].北京:中华书局,1956:5652.
[19] 查慎行.查慎行选集[M].上海:上海古籍出版社,1998:168.

镇江大运河城区段沿线文化遗产

霍　强*

镇江城区段古运河，始凿于汉晋，拓于隋唐，代有兴废，迄今已两千多年。围绕漕渠和运河，在漫长的历史发展过程中留下了丰富的运河文化遗产，其中包含河道、古代运河设施、管理机构遗存、水利工程设施、交通附属设施等物质遗产。为了积极响应大运河文化带建设，我们结合文献资料和回顾之前的考古发现，梳理出城区段与古运河相关的水工遗迹分布。

古运河城区段根据历史时期不同，可分为唐宋漕渠和明清运河两个阶段，其流经路线也不尽相同。

一、古运河河道

（一）河口：位于京口闸闸口的长江与运河交汇处，亦是江南运河起始点。2013年，在中华路旧城改造工地上，考古发现了唐至明清时期的京口闸遗址。京口闸闸口即为河口与江口的交界（见图一）。

图一　明清京口闸河口

* 霍强，镇江博物馆考古部副研究员，从事考古研究。

（二）元《至顺镇江志》载：“漕渠自江口至南水门九里”，是古代运送物资供应的专设河道。它穿越润州城而过入江口，亦是漕运的重要枢纽，在我国漕运史上有着举足轻重的地位。宋史弥坚《浚渠记》载：“通渠底阔至十余丈，深至一丈余。”漕渠底宽不少于30米，深不少于3米。明代虽然仍沿用此段穿城河道，但其已主要是为城区居民服务，名称改为关河。2010年在现今双井路拖板桥东侧，考古发现了宋至明清时期古河道遗迹。宋代河道（漕渠），宽30余米，大致呈东西走向。河道经过拖板桥向西近百米与现今运河（明清时期运河）转弯处相接，向东约60米，折向北而去。明清河道（关河），宽约12.5米，南北两岸用块石垒砌成堤，宽约1.3米，外侧较整齐，内侧杂乱，坡底用直径10至14厘米的木桩抵护。

（三）新河：北宋时期，在京口港东侧开凿的一条河道，史称新河。河南北走向，长约里许，南端与穿城运河连接，北入江口。宋《嘉定镇江志》载，北宋“天圣七年（1029年）五月，两浙转运使言：润州新河毕工。降诏奖之”（见图二、图三）。

图二　宋代河道

图三　明清石砌河岸

（四）海鲜河：《京口山水志》载：“海鲜河在甘露寺西。宋嘉定八年（1215年）郡守史弥坚浚，以泊防江之舟。”《宋史·陈居仁传》：“镇江大旱，又移居仁守镇江……因饥民治古海鲜界港，为石础丹徒境上，蓄泄以时，以通漕运。”南宋黄震的《乞浚甘露港状》中述“海鲜河甚浅，见系江西纲作坝，截大汛潮以剥米”。所谓截大汛潮，即大汛时潮水越过坝头蓄于坝内，待潮船抵达坝边，再由小船短驳入仓。位于今解放北路北端西侧。

二、古代运河水利工程设施遗存

（一）京口澳闸：北宋元符年间由两浙运判官曾孝蕴主持修筑京口澳

闸。所谓澳闸，就是集复式船闸与蓄水设施于一体的系统工程。其中，复式船闸包括京口闸、腰闸、上闸、中闸及下闸等 5 座水闸，组成一组四级船闸。同时，还在近旁开挖积水澳和归水澳，用来调节船闸水位。澳闸兼有通航、蓄水、引水、引潮、避风等多种功能，京口澳闸亦是古代运河中的标志性设施，具有很高的历史文化价值（见图四）。京口闸，又名大闸、头闸、潮闸，自唐代开始即在江口河道上设置，它是古代江南运河上重要的水运设施之一，堪称江南运河上的第一道闸。元《至顺镇江志》载："京口闸，在城西北京口港口，距江口一里许，莫究其所始。唐撤闸置堰，开元中徙漕路由此。"《新唐书》载："瀚徙漕路繇京口埭，治伊娄渠以达扬子，岁无覆舟。"由此说明京口闸的设置要早于唐代开元时期。

图四　唐代京口闸（堰）夯土遗迹

2013 年在现中华路陆小波故居北侧考古发现唐代闸（堰）及北宋至明清时期的京口闸东闸体。其中，唐代闸（堰）由黄褐夹青灰色夯土构成，残体厚约 1.65 米（见图五、图六）。

图五　北宋京口闸木板、木桩及夯土遗迹

图六　北宋京口闸内侧结构

北宋闸体，位于唐代闸（堰）的西侧，由板墙、木桩、木方三者榫卯相接形成了一大型木框架，内填黄色土和黑灰色夯土。

南宋闸体，由石墙和夯土两部分构成：外侧用大小不一条石铺设，条石内侧填筑黄褐或泛灰色夯土（见图七）。

图七　南宋京口闸闸体遗迹

明清闸体，平面大致呈“八”字形，南北走向，北通长江，南接运河；全长 54 米。闸的结构由闸口、上下迎水、雁翅、分水、上下裹头五部分组成。闸体外侧光滑平整，采用条石“一顺一丁……十顺一丁”错缝叠砌，外侧自下而上逐层收 2 厘米；条石上下间用掺和糯米汁的石灰紧固；顶面铺设两排块石，纵横之间凿有燕尾槽，并用铁锔扣加以固定，其西侧边缘凿等距长方形孔槽，推测为栏杆所用；闸体内侧凹凸不平并填筑大小、形状各异的块石，贴附于条石上，块石间用掺和糯米汁的石灰灌浆，再填筑黄褐色和黑灰色夯土（见图八）。

图八　明清京口闸东闸体遗迹

闸口设有闸门槽、闸墩、绞关石柱等设施。

闸门槽，位于闸口中部偏北，平面呈“凹”字形；宽 0.29 米，进深 0.22 米，高 6.25 米。

闸墩，位于闸口中部，呈长方形，东西走向，采用大小不一的块石交错叠砌，内填黄土夯实，属跨闸的桥墩。

绞关石柱，置于闸门槽南北两侧，两石柱间距 1.57 米，呈长条形，上薄下厚，底端呈前倾式插入闸身，顶端内侧设圆形孔，用于安装绞索桶启闭闸门。

腰闸：元《至顺镇江志》载“在京口闸东南……河侧有石刻：‘腰闸至转般仓前拖板桥，长一百九十丈、河面阔十丈’”，得知腰闸至拖板桥之间距离约合当今 600 米，河宽约 30 米。京口闸至拖板桥之间距离约 830 米，由此推算出腰闸至京口闸的距离约 230 米。位于现今中华路小学附近（见图九、图十）。

图九　清代京口闸在明代基础上加修痕迹

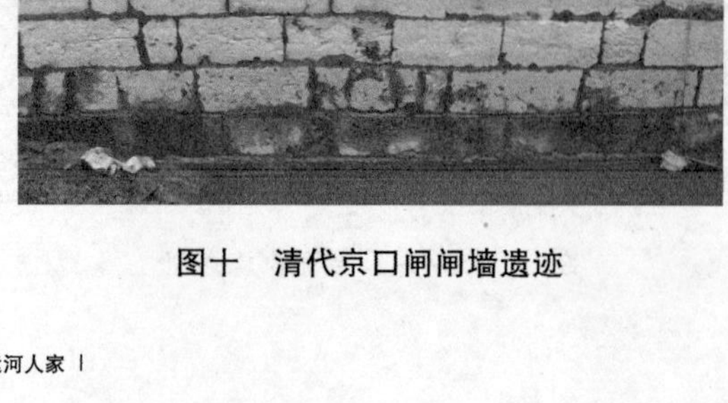

图十　清代京口闸闸墙遗迹

下闸：元《至顺镇江志》载“程公下坝东，……河侧有石刻：‘转般仓东南墙角至下闸，七十九丈五尺，河面阔九丈’”，经考古得知转般仓东南墙角至拖板桥距离约 60 米，推算出下闸至腰闸之间距离约 910 米，河面宽约 29 米。位于今得胜街北端。

中闸：元《至顺镇江志》载“在今香糯仓，后废。……河侧石刻：‘中闸至上闸，长三十九丈，河面阔二十七丈’”。中闸至上闸之间距离约 123 米，河面宽约 89 米。位于今会莲庵街（见图十一、图十二）。

图十一　明清京口闸闸板槽遗迹

图十二　明清京口闸绞关石遗迹

上闸：元《至顺镇江志》转引《嘉定镇江志》载“在程公桥团楼北”。位于今会莲庵街。

归水、积水澳：位于下闸至上闸的北侧，宋《嘉定镇江志》载“积水在东，归水在北，皆有闸焉”，又清《光绪丹徒县志》载“归水澳，长二百丈，水面宽狭不等，广至五十丈，狭亦不下十丈，深丈有五尺”。长约 600 米，宽 30~150 米，深 1.5 米。归水澳主要担负闸内的排水，积水澳主要担负闸内的供水。位于今会莲庵街西北。

（二）小闸：又称小京口闸。《光绪丹徒县志》载“小闸在新河，康熙元年（1662 年）重建。今在新城下”。是指太平天国新城依小闸跨新城而过。位于今大埂街西端。

（三）椤栳闸：元《至顺镇江志》载“在旧州教场至西南”，属甘露澳闸系统中的一闸。曾孝蕴修建京口澳闸系统，保障了漕渠之舟出江北上的航道，甘露澳闸系统主要担负江船入漕渠南下的通行。位于今会莲庵街东北。

（四）内闸：内闸又称上闸。据《北固山志》载“甘露内闸亦弥坚，筑初为木闸，后改建登仙桥”。由于南宋时期镇江城内渠岸狭窄，很多宽不满一尺。嘉定十一年（1218 年）南宋知府史弥坚在修复甘露港的过程中，调整了入江水渠布局，不再沿用上闸之东的北上旧道，而是移至下闸以东，再转向东北一线入江，并又在水渠上建了上下两个闸，这样可以靠近归水澳及转般仓，便于取给水及转运航行。2020 年，内闸遗址在镇江会莲庵街旧城改造项目考古中被发现（见图十三）。

图十三　考古发现明清内闸遗址（2020 年摄）

（五）宋代堰堤：古时镇江驻军中有一支特设的军种叫“堰军”，其重要职能是筑坝修堰、保卫漕渠，管理机构称“监堰”。宋初《祥符图经》记载：“监堰在州西南二里”。又元代志书记载有“堰军巷”（现演军巷），两者方位接近。1993 年秋，在解放北路拓宽工程的四牌楼段考古发现，西南侧砌有石墙内侧用黄土夯筑的宋代堰堤遗迹，呈东西走向，宽近 20 米，高约 1.5 米。在堰堤遗迹南侧还发现有呈斜坡状的漕渠河床遗迹（见图十四）。

图十四　四牌楼北侧发现宋代堰头遗迹（1993 年摄）

（六）南水关、北水关：明代府城

南垣和北垣跨越穿城运河，设置的水门为明清镇江城南、城北重要的水上门户。南水关长约11米、腔宽6米、高约5米，1998年被考古发现，位于现今南水桥排污管理站内。北水关，闸内宽约6米，高约5米，长约11米。1999年考古发现地点位于现今太平寺巷50号1幢之下。

三、交通附属设施

其中，包含港口、桥梁、码头、街道。

（一）京口港：元《至顺镇江志》载："在城西北江口。"在唐代以前，润州（镇江）与扬州之间长江水面宽有40余里，瓜洲位于江心。但在唐代前期，此段长江主航道发生变迁，造成江岸北涨南坍，致使扬州与瓜洲之间淤涨连成陆地。《太平寰宇记》载开元二十二年，润州刺史齐澣以润州北界临江为限，漕船绕瓜步（瓜洲）江沙尾迂回六十里，多为风涛所损。刺史请于京口埭下，直裁渡江二十里，开伊娄河二十五里，即达扬子县（扬州），无风水之灾，岁收利百亿。朝廷"徙漕路由此"。自此，京口港成为漕运的重要港口。

（二）甘露东、西港：北宋后期，由于漕运的发展需要，曾孝蕴除兴建京口澳闸外，还将运河引至北固山西侧入江，形成甘露西港。南宋嘉定年间，史弥坚又扩大了甘露西港的规模，使之"入出取道，实为径易"。甘露东港是利用六朝时期的北固东河（润浦）入江。

（三）鳝鱼港：元《至顺镇江志》载："在通津门外"。南宋黄震在《乞浚甘露港状》中曾述"鳝鱼港尤浅，亦江西纲乘大汛潮隐舟此地，隔塘搬米"，便于米船转般作业。

（四）拖板桥：在南宋大军仓旁，旧名浮桥。元天历二年（1329年）废，至顺二年（1331年）重建。明代改名镇西桥，正统中，侍郎周忱重建，清康熙初，耆民高拱斗重修。民国时期桥废。2010年被考古发现，位于现今如意江南小区西侧，为单拱石桥，南北长38米、东西宽8~9米、桥墩高7米、桥拱直径8.7米（见图十五、图十六）。

图十五　考古发现的元代拖板桥遗迹（2010 年摄）

图十六　明清千秋桥遗迹

（五）程公桥：在上闸南，宋嘉定前已废。

（六）渌水桥：在千秋桥西，唐以来有之，俗称高桥。宋乾道庚寅，郡守蔡洸重建。明洪武初重修，曾改名鼎新桥。清末湮没地下。位于现今四牌楼北侧。

（七）千秋桥：位于千秋桥街东端。此桥甚古，“晋王恭作万岁楼于城上，其下有桥，故以千秋名”。宋嘉定甲戌，“待制史史弥坚既浚漕渠，横木阻舟，抉之则圮。夏五月重建”。明清两代亦多次重修。20 世纪 50 年代拆除。位于现今第一楼街与千秋桥街交汇口。

（八）嘉定桥：位于千秋桥之南，旧名利民桥。南宋淳熙年间（1174—1189年）郡守钱良臣重建，时称钱公桥。嘉定初，郡人复以石建，易名嘉定桥。清康熙初邑人高拱斗重修，俗称网巾桥。1998年与2014年，两次考古发现嘉定桥东北一角及东西两侧桥墩遗迹，两对称桥墩各长6米左右；桥孔直径约10米，推测桥总长22米。位于现今第一楼街与中山东路交汇口（见图十七、图十八）。

图十七　考古发现的嘉定桥东侧桥墩（2014年摄）

图十八　考古发现的范公桥西侧桥墩（1998年摄）

（九）梦溪桥：位于朱方门外。水源自梦溪园内梦溪入漕渠，故名。南宋嘉泰中，郡守辛弃疾重修。清末湮没地下。2014年，在梦溪园考古时，发现江苏大学梦溪校区大门东南侧有梦溪桥遗迹。

（十）范公桥：位于嘉定桥南，原名清风桥。北宋仁宗景祐年间润州太守范仲淹重建，俗称范公桥。南宋嘉泰、开禧间，镇江知府辛弃疾以石重修。清咸丰年间，桥石、栏杆拆毁。1998年，在正东路拓宽时考古重现，桥址长40余米。位于现今正东路与下河头交汇口。

（十一）长桥：在清风桥之南，宋嘉定乙亥重建。清代废弃。

（十二）通济桥：在南水门上。延祐三年（1316年），守臣太平因水门旧址创建。

（十三）丁卯桥：位于镇江丁卯路新华电大厦西侧，系单孔石拱桥，东晋元帝时运粮出京口，于此立埭，桥名丁卯。宽约 4 米，孔径 6 米，桥长 10 米。距今已有 1600 年历史。丁卯桥于乾隆道光年间曾两次修缮，是镇江古运河段现存年代最久远的古桥遗址，亦是运河历史变迁的见证。1982 年初，在丁卯桥附近出土唐代银器窖藏九百五十多件，其中的鎏金龟负“论语玉烛”酒令器具等最为著名（见图十九）。

图十九　清代丁卯桥遗迹

（十四）石浮桥：又名利涉桥。位于迎江桥之西，中华路和上河边的连接线上，是横跨运河的明代万历年间古桥。因地处新城出入要津，昔日两岸行栈林立，商贾云集，为南来北往必经之道（见图二十）。近代重建。

（十五）通阜桥：位于明清府城金银门。“旧为板桥，明万历易以石桥”，俗称老西门桥。

图二十　明代石浮桥遗迹旧影

（十六）虎踞桥：明清府城虎踞门口，跨运河而立。“明万历丙子，知府张纯易之以木……民大不便。后知府苏兆民易以石，更名泰运。”俗称南门桥。西为镇江通衢要道之一（见图二十一）。

图二十一　明代虎踞桥遗址

（十七）登仙桥：《北固山志》载“登仙桥跨港通衢，由内闸改建，嘉庆丙寅，官匠马仁治成石桥，碑记今存”。2020 年在“会莲庵街旧城改造项目”考古中，发现登仙桥桥墩，并出土一块“登仙桥碑记”石碑，碑记载：“因此路往登仙桥缘见木板朽烂行人险沉，且此桥乃系文武各宪车骑往来之……为往来要路……捐桥修路……俟该桥落成再行给巨奖奖励……”从碑文了解该桥原为木桥，后捐资由官匠马仁治修缮为石桥（见图二十二）。

图二十二　考古发现的清代登仙桥遗迹（2020 年摄）

（十八）溧阳码头、丹阳码头、三阳码头：是运河边的码头，是开往丹阳、溧阳客运及坛子砂锅、水缸、柴草、砖瓦等土杂品货运码头（见图二十三）。

图二十三　运河北岸考古发现宋代石砌码头遗迹（1998 年摄）

（十九）宋代石砌码头：1998 年，在江苏科技大学南侧运河北岸，考古发现宋代石砌码头遗迹。

（二十）上河街：宋代称上河巷，元以后称上河街，位于范公桥至网巾桥之间，穿城运河西岸，后改名梳儿巷。1997年，在梳儿巷西侧小商品超商市场工地，考古发现宋元时期的砖铺道路遗迹。

（二十一）下河街：宋代称下河巷，元以后称下河街，位于范公桥至南水桥之间，穿城运河西岸，后改名下河头巷。

（二十二）税务街：因宋代在此街设有“都商税务”，后改名千秋桥街。2003年，在城隍庙街南端西侧清风门遗址考古中，发现城门外宋代东西向的砖铺道路遗迹，该路向西与嘉定桥、千秋街相接；2005年，在万古一人路扩建工地东端，发现唐宋西夹城内南北向土路遗迹，该路向南与千秋街相接。

（二十三）运河堤路：1997年，在运河新村北侧一工地，考古发现宋代石砌东西向河堤岸，其堤岸顶面为石铺道路，道路中间有车墩（见图二十四）。

图二十四　运河南岸考古发现宋代石砌堤路遗迹

唐宋以来，随着江南经济的不断发展，南粮北运渐成定制。镇江地处长江南岸，长江和运河在此交汇。得天独厚的地理位置，使得镇江成为江南运河的首发站，亦成为我国沟通东南水路运输的枢纽。大规模的漕运成为镇江水运的主体，太湖和钱塘江地区的漕粮、贡赋都是由江南运河运至镇江，再转运到北方。甚至两广的物资也从镇江转运北上，因此镇江被称为漕运咽喉。宋《嘉定镇江志》载京口当南北之要冲，控长江之下游，国赋所贡，军需所供，十分重要。

便捷的水运交通使天下富商齐聚于此，带来了四面八方的丰富物产，因“运”而兴的镇江成为南北的商埠重地。在经济上，漕运起到了平衡南北经济的作用，对全国经济平衡发展做出了重大贡献；在政治与军事上，历代王朝开辟和控制漕运咽喉，以便运兵运粮，巩固了历代封建政权；文化上，在运河尚未贯通之前，北方文化远远超过了南方。大运河将黄河、长江两大流域贯通，促使了南北文化的大交融、大发展。

当前，国家对大运河文化遗产的保护力度逐渐增强，各级政府及社会各界高度重视。在此背景下，摸清大运河镇江段文化遗产资源的家底、保存状况，并加以有效的保护与利用，这将为进一步弘扬和传承大运河文化，提升镇江历史文化名城的知名度，打造镇江大运河文化带建设提供科学依据。

明清时期镇江府城段大运河水道变迁考

高逸凡*

镇江地处江南运河与长江交汇之处，地势险要，凭此可节制南北，控扼大江①，历来是中国大运河的军事和商业重镇。明清时期国家相对稳定统一，南北交通往来较之唐宋时期更为密切，大运河也更多地发挥了其国家经济大动脉的作用。作为江河交汇处的枢纽重镇，镇江的城市发展与大运河的水道路径息息相关，而明清时期大运河镇江府城段的水道变迁，不仅是明清时期镇江大运河经济文化的基础性问题，也是明清以降镇江城市格局逐渐形成今日形态的关键之一。

此前学界对这一问题关注较少，仅刘建国的论著《守望天下第一江山》②、《北固山铁瓮城及两门古道——镇江古代城市的心脏与主脉》③，以及林家豪的论文《明清镇江水运交通与城市发展》④ 等少数研究有所涉及，且其中的相关论述都较为简略，对明清时期镇江府城大运河水道的具体演变过程缺乏细致的梳理，甚至将明、清不同时期的情况混为一谈，不利于我们全面认识镇江城区大运河水道的变迁史。有鉴于此，本文将通过进一步的史料分析与整理，针对这一问题展开更为深入的探讨。

---

* 高逸凡，镇江市高等专科学校教师，研究方向为江南地域史、百越民族史。

① 南宋知镇江府兼沿江安抚司公事刘宁止谓：“本府控扼大江，为浙西门户，请拨常州、江阴军及平江之昆山、常熟二县隶属本司，庶防秋之际，沿江一带，号令归一，可以固守。”李心传：《建炎以来系年要录》，中华书局，1956：1491.

② 刘建国：《守望天下第一江山》，江苏大学出版社，2014 年。

③ 刘建国：《北固山铁瓮城及两门古道——镇江古代城市的心脏与主脉》，江苏大学出版社，2017 年。

④ 林家豪：《明清镇江水运交通与城市发展》，华东师范大学学位论文，2018 年。

一、明代：新、旧水道并用

大运河江南段开凿自隋大业六年（610 年），“自京口至余杭八百余里，广十余丈，使可通龙舟”①。此后历唐、宋、元，大运河镇江城区段又被称为漕河、漕渠②，其河道基本稳定在今南水桥—酒海街—梦溪园巷—梳儿巷—第一楼街西侧—万古一人路南侧—旧大西路北侧—钓鱼巷—北水关—会莲庵街—拖板桥—今古运河河道—中华路一线，其上有长桥、清风桥（范公桥）、嘉定桥、千秋桥、渌水桥（高桥）、通济桥、程公桥、拖板桥八桥③，可为其走向之参照，其中拖板桥、嘉定桥、清风桥均已经考古发现，千秋桥直至 20 世纪 50 年代才最终拆除④，而“千秋桥街”“高桥北”等地名沿用至今。

然而镇江城区地势高仰，如同龟背，运河河水难以驻留，向北则泄入长江，向南则流向常州，一旦失于疏浚就会逐渐淤浅⑤。为保漕运畅通，宋元时期的镇江官守对城内大运河河道屡作淘浅浚治⑥，故明初洪武时“舟经此者尚众”，但很快就变得淤塞不通了，以致漕船只能从武进孟河出江，常遭风浪倾没⑦。

---

① ［宋］司马光编著、［元］胡三省音注：《资治通鉴》卷 181《隋纪五》，中华书局，1956 年，第 5652 页。

② 大体南宋以前多称漕河，南宋始称漕渠，参见［宋］史弥坚修、卢宪纂：《嘉定镇江志》卷 6《山川》，（影印）宣统二年金陵朱魁光覆刻包氏本，收《镇江文库方志编府志卷（一）》，广陵书社，2016 年，第 54–58 页。

③ 渌水、通济、程公、拖板四桥系《至顺镇江志》明确记载为跨漕渠者，其原文为“以上八桥皆跨漕渠”，但渌水桥以上今本有阙，其“渌水桥”条谓其“在千秋桥西”，按照原文中同一河流之上桥梁依次以方位排列的记载逻辑，则千秋桥亦应是跨漕渠八桥之一，案《嘉定镇江志》中有载史弥坚浚漕渠而重建千秋桥事，可知千秋桥确系跨槽渠之桥。又《嘉定志》载嘉定、清风、长桥三桥亦是自千秋桥起依次向南排列，与他桥不同，故可推知《至顺志》谓“以上八桥”之所阙者即系此四桥。参见［元］俞希鲁编纂：《至顺镇江志》卷 2《桥梁》，江苏古籍出版社，1999 年，第 30–31 页。［宋］史弥坚修、卢宪纂：《嘉定镇江志》卷二《桥梁》，第 27 页。

④ 参见刘建国：《守望天下第一江山》，江苏大学出版社，2014：39–41、53–56.

⑤ “惟郡境高印，势赑屃，若鳌伏，水不可以潴，北泄于江而南注于毗陵，失时不疏，淤淀日甚。”［宋］史弥坚修，卢宪纂：《嘉定镇江志》卷 6《山川》，第 56 页。

⑥ 参见［明］王应麟修、王樵等纂：《万历重修镇江府志》，卷 3《山川志下》，（影印）万历二十五年刻本天启间增刻本，收《镇江文库方志编府志卷（二）》，广陵书社，2016 年，第 37–38 页。

⑦ 参见［明］吴节：《镇江重开漕河记》，载［明］张国维编著、蔡一平点校：《吴中水利全书》卷 25，浙江古籍出版社，2014 年，第 1177 页。

英宗天顺初年，明廷开始着手改变这一局面，“欲于丹徒七里港开道以接旧河”。朝廷派遣左副都御史崔恭会同巡按御史郑祐、镇江知府林鹗前往现场“相其地势，载询父老”，结果他们一致认为“止浚旧河则工用较省”，意见也得到了朝廷的采纳。于是朝廷动用三万人从京口闸疏浚至吕城闸，又修葺了“京口、甘露、吕城、奔牛旧闸”，还在府城西、南二门“各置浮桥，以通往来”，用时三月而完工①。

这就是《万历重修镇江府志》（以下简称《万历府志》）卷三《山川志下》“漕渠”条所载的“国朝天顺中重浚，复凿社稷坛西隙地，以通壕堑达于漕河”② 一事。这次工程实际完成了两条河道的整治：一是“旧河”，即宋元以来旧有的漕渠河道，其中对甘露旧闸的修葺也说明了这一点③；二是在社稷坛以西所凿的沟通了壕堑与漕河的“新河”。依《万历府志》卷首《郡城总图》，社稷坛位于明代府城的西门以北、拖板桥南④，约当今大西路与双井路十字路口北侧的位置，这次开凿将镇江府城西、南两面的城壕与漕河连通了起来，为漕河提供了来自南郊鹤林诸山的新水源⑤，而这条由城壕充当的漕河支流，就是今日镇江城区古运河的雏形。

自此大运河水从东南至镇江府城时就分为了两途：一支北流入府城南水关，由宋元漕渠故道经城中出北水关，盘曲绕城北而过拖板桥下，最后与城壕之水合流由京口闸入江；另一支则折而向西流入南面城壕，复由西城壕北去，过西门而与穿城漕渠水重新汇合入江⑥。

然而此时的西、南城壕水道应当尚未成为镇江府城段大运河的主航道，因为府城西、南二门外的城壕河面上还设有浮桥，这显然是不利于通行漕舟的。明天顺五年（1461 年）成书的《明一统志》也记载镇江府漕渠“在

---

① 参见［明］吴节：《镇江重开漕河记》，载［明］张国维编著、蔡一平点校：《吴中水利全书》卷 25，第 1177 页。

② 其注云“详见《漕河记》”，所指应即是吴节此记，参见［明］王应麟修、王樵等纂：《万历重修镇江府志》，卷 3《水》，第 38 页。

③ 甘露港闸系南宋史弥坚为保漕渠通航所置，位于转般仓（即“宋元粮仓”）东北，参见［宋］史弥坚修、卢宪纂：《嘉定镇江志》卷 6《山川》，第 63-64 页。

④ ［明］王应麟修、王樵等纂：《万历重修镇江府志》卷首《郡城总图》，第 7 页。

⑤ 宋元时期镇江城区西南本有源自城西和南郊的两条市河，明代镇江府城西、南城壕或正利用了旧有河道，参见刘建国《守望天下第一江山》，江苏大学出版社，2014 年，第 57-58 页。

⑥ 参见［明］王应麟修、王樵等纂：《万历重修镇江府志》卷首《郡属总图》《郡城总图》，第 6-7 页。

府城内”[1]，应即崔恭、郑祐、林鹗等当时刚刚主持浚毕的宋元旧河。此前的研究皆谓明清时期镇江府城段的大运河主航道已改为西、南城壕水道[2]，这显然忽略了该段新水道出现的早期情况。

到了明代中期，镇江府城段大运河水道的主次地位开始出现变化，嘉靖间吕光洵所作的《镇江府境水利说》谓：

> 漕河又经上、下夹岗，抵郡城之南，乃折而西流，枝分贯于城中，北出复合流以入江[3]。

从这一叙述可以察知，此时穿城旧河的地位已下降为了漕河的间道，而西、南城壕水道似乎成了漕河的主流，但二者的关系既然用“枝分”“合流”来表述，则二者理应仍同属漕河的水道系统。

镇江府城段大运河水道分为两途的格局，迨至明末依然没有太大的变化。成书于崇祯十二年（1639 年）五月前[4]的《吴中水利全书》，作者是在江南操办水利多年的时任应天巡抚张国维，其《镇江府城内水道图说》曰：

> 镇江府……土势崇隆，遍地皆山，足通渠一线从南水关而入，蜿蜒数折，自东南转趋西北，出北水关，是为城中贯水大道……城外南闸进河绕城，经唐颓山后，西出京口闸者，乃南、北二面之……即今之漕渠[5]。

“城外南闸进河绕城，经唐颓山后”，即西、南城壕水道，北面之壕堑，即“城中贯水大道”出北水关后过拖板桥下之水，系宋元漕渠旧道，二者在社稷坛西北合流，西出京口闸入江[6]。张国维作为应天巡抚，于崇祯十一年（1638 年）刚刚主持疏浚了镇江府的漕渠[7]，他所记述的当时情况可以算是较为可靠的一手资料。

---

① 李贤，等：《明一统志：卷十一镇江府》，影印文渊阁本四库全书：472，台湾：商务印书馆，1983 年，第 268 页。

② “明初疏通了砖城西南侧的护城河（原罗城内市河修建而成），作为江南运河镇江段的新航道。运河水道从南水关向西流至唐颓山外侧，再北折至府城西门，最后与京口闸相连，从大、小京口入江。明清运河水道不再流入城内，而是如护城河般绕城入江”，林家豪：《明清镇江水运交通与城市发展》，第 41 页；“明初运河改道，绕至府城外侧，河段亦称转城运河”，见刘建国：《守望天下第一江山》，江苏大学出版社，2014 年，第 56 页。

③ 吕光洵：《镇江府境水利说》//载张国维编著、蔡一平点校《吴中水利全书》卷 20，浙江古籍出版社，2014 年，第 956 页。

④ 张国维编著，蔡一平点校：《吴中水利全书》卷首《点校说明》，第 3–5 页。

⑤ 张国维编著，蔡一平点校：《吴中水利全书》卷 1《图（系说）》，第 71 页。

⑥ 王应麟修，王樵等纂：《万历重修镇江府志》卷首《郡城总图》，第 7 页。

⑦ 张国维编著，蔡一平点校：《吴中水利全书》卷首《点校说明》，第 4 页。

由此可知，明代大运河的镇江府城段（或称漕渠、漕河），实为穿城旧河与城壕新河所组成的水道系统，二者在南水关外分流，又于社稷坛西北（今古运河过老西门桥下后由北流转而西流处）合流，所以《万历府志》中只记漕渠而不另叙穿城之河，两水道所经桥梁也并于一处记载①。而刘建国、林家豪的研究中所谓明清时期贯穿镇江府城南、北水关的“关河”②，在明代文献中其实尚未出现，从洪武初到崇祯中，穿城的宋元漕渠旧道一直都还是明代镇江府城大运河水道的一部分。

我们还可以为这一观点找到一处旁证，《万历府志·寺观》“道林寺”条载：

> 国朝洪武壬寅③，僧月庭徙创于梦溪之南漕河上，成化十九年惠性重修④。

梦溪之南的漕河，只可能是穿城的宋元漕渠旧道，而《万历府志》如此记述，说明万历时人对此并无疑义，明代镇江府城段大运河水道仍存穿城一路。

二、清代：运河、关河二分

相较于此前的历代方志，清代《乾隆镇江府志》关于大运河的记载出现了不小的变化。从南宋《嘉定镇江志》到元《至顺镇江志》，再到明《万历镇江府志》，镇江府（路）城段漕渠的两端都是“江口”和“南水门”或“城之南门”：

> 盖渠自江口行九里而达于城之南门……于是郡委壕寨官通行打量，自江口至南水门共长一千八百六十九丈……⑤
>
> 漕渠水，自江口至南水门九里，又南至吕城堰百二十四里⑥。
>
> 漕渠，自江口至南水门九里，又南至吕城堰百二十四里⑦。

但是到了《乾隆镇江府志》“漕渠”条的正文中，却连如此基本的内容

---

① 王应麟修，王樵等纂：万历重修镇江府志卷3《津梁》，第54–55页。

② 刘建国：《守望天下第一江山》，江苏大学出版社，2014年，第56页；林家豪：《明清镇江水运交通与城市发展》，第43页。

③ 案：洪武无壬寅年，疑是壬申之误，即洪武二十五年，公元1392年。

④ 王应麟修、王樵等纂：《万历重修镇江府志》卷33《寺观》，第464–465页。

⑤ 史弥坚修，卢宪纂：《嘉定镇江志》卷6《山川》，第56、57页。

⑥ 俞希鲁编纂：《至顺镇江志》卷7《山水》，第277页。

⑦ 王应麟修，王樵等纂：《万历重修镇江府志》，卷3《水》，第37页。

都不见了，只剩下了“旧志不载渠所自始，今谨按王《志》① 而参考之”这样的话语，其后就是对历代方志的摘录，以及明末至当朝镇江府漕渠疏浚情况的相关记载②。

与之相对，紧接其后的“关河”条就记载得非常合乎体例：

> 关河，旧志未详所始，自北水关达南水关，穿城计一千二百丈③。

显然，这条“关河”就是明代镇江府城漕渠系统中穿城旧河的城内段，之所以“旧志未详所始”，正是因为直到清代以前镇江府境内都还不存在“关河”之说，而所有关于这条河道的记载，其实都在历代方志的“漕渠”条或漕渠相关内容中。由此可见，康乾时人对于穿城的镇江府漕渠旧道已经茫然不晓了，此时镇江府城段大运河所通航的水道，应该只剩下了明代所开的城壕新河。造成这一局面的，应该是清初的一次事件：

> 国朝顺治十六年，因海警闭南北两水关，于是河为粪土瓦砾所淤。康熙十一年，知府高得贵、同知孙汝谋募工开浚，早暮按视，凡三月工告竣，启两关通行舟楫④。

从顺治十六年（1659 年）到康熙十一年（1672 年），穿城水道的两关之间断绝了十三年之久，在此期间这条水道的漕运功能自然无从谈起，大运河只能从城外的城壕新河通航。自明代天顺年间新河凿通以来，穿城的宋元漕渠旧道就已不是大运河镇江府城通航漕船的唯一水道，至此其通漕的作用又进一步遭到了削弱。在康熙十一年疏浚重开之后，这条水道的主要功能也发生了变化，乾隆二十八年（1763 年）丹徒县令贵中孚重浚关河，其记曰：

> 旧志有关河一道，贯城之内外，民间薪米所需，悉藉此以资转运。当粮船拥挤之际，则由江达河重载，又得以间道取济。其便利之处，邑父老尚能言之⑤。

由此可知，穿城的宋元漕渠旧道在此时已经转变为了主要服务城内百姓生活的水路干道，但有时也仍会承担分流漕船的任务，而后者可谓是其漕运功能的最后残余。或许正是因为清初以来长期的断流和漕运功能的大

① 即王应麟修，王樵等所纂《万历重修镇江府志》。

② 高龙光、朱霖等修，张九徵等纂：《乾隆镇江府志》卷 2《山川上》，（影印）康熙十三年至乾隆十五年递修本，收《镇江文库方志编府志卷（三）》，广陵书社，2016 年，第 75–77 页。

③ 高龙光、朱霖等修，张九徵等纂：《乾隆镇江府志》，第 77 页。

④ 高龙光、朱霖等修，张九徵等纂：《乾隆镇江府志》，第 77 页。

⑤ 杨棨撰：《京口山水志》，（影印）清道光二十四年刊本，收《中国方志丛书 · 华中地方 · 第六号》，（台北）成文出版社，1970 年，第 526 页。

幅弱化，这条水道与漕运的关系日渐疏远，以致民间最终以“关河”之名来称呼这条沟通南北两水关的重要河道。习惯日久，府城段漕渠之名就独归了城壕新河，而关河与漕渠的关系就被人们所遗忘了。所以清人在编纂镇江府志时，面对漕渠“自江口至南水门九里”这条历代旧志相沿的记载，就会因其与现实明显不符而无法因袭。

至《光绪丹徒县志》编纂之时，跨府城段漕渠旧道八桥中的千秋桥等六桥，已全部被明确记载为“城内关河跨河之桥”，而拖板桥（镇西桥）则成了“跨通江支河”之桥；与此同时，西、南城壕水道上的虎踞桥和通阜桥（老西门桥）已是毋庸置疑的“跨运河”之桥①。可见历经清一代，镇江府城段大运河原有的两条水道已彻底分为了城外的运河（漕渠）与城内的关河两条不同的河流，面对北水关外至拖板桥的漕渠旧道，清人就只能以“通江支河”之名来敷衍了。至此镇江府城段大运河水道独归西、南城壕水道，而这条水道也就成了后来镇江市区“古运河”的主体部分。近现代镇江划分市区、郊区，以至京口区、润州区，一是皆以此“古运河”为界，孰知此运河之“古”严格来说仅可溯及清代呢？

结语

明代初年，大运河镇江府城段的水道还沿袭着宋元漕渠的旧道，亦即大运河开凿以来的固有水道，从府城内穿城而过，经甘露港、转般仓、拖板桥后由京口港入江。后镇江府城此段漕河逐渐淤塞，至明天顺年间始由知府林鹗等重新主持开浚，此次工程还在西门北社稷坛西开凿新水道，沟通了府城西、南城壕与重开的漕河。此后直至明末，西、南城壕水道逐渐成为镇江府城段大运河的一条新水道，而穿城的宋元漕渠旧道也仍然被视为大运河水道的一部分，新、旧水道并用是明代镇江府城段大运河水道系统的特点。

清代初年，穿城漕渠旧道的城内段受南、北水关关闭的影响，淤塞消失长达十一年，此后虽经疏浚重开，却也逐渐转变为了主要服务城内百姓日常生活物资转运的“关河”。穿城旧道断流期间，明代凿通的城壕新道独立承担起了府城段大运河水道通漕的任务，于此奠定了其作为府城段大运河唯一水道的地位，而主体部分变身“关河”的穿城旧道只有在这条“正

---

① ［清］何绍章、冯寿镜修，吕耀斗等纂：《光绪丹徒县志》卷4《关津》，（影印）光绪五年刻本，收《中国地方志集成·江苏府县志辑㉙》，江苏古籍出版社，1991年，第102-103、104页。

道”过于拥挤时，才会偶尔发挥分流漕船的作用。时光流转，长期习惯运河、关河二分的清人，已不能正确认识关河与大运河的关系，以致在方志中谓其“未详所始”；而其在记载漕渠（运河）之时，也因现实中的城壕新道与宋、元、明历代旧志所载的穿城旧道差异过大，而无法因袭“自江口至南水门九里”的旧说，只能照录旧志沿革以备参考。

明清时期镇江府城段大运河水道的变迁，就是从隋代开凿以来的穿城旧道，逐渐转移到明代出现的城壕新道的过程，这一过程发端于明，完成于清，而今日镇江城区古运河的走向，体现的正是这一最终定型于清代的水道格局。

余论

相比于清代以来新“扶正”的古运河，城内两水关之间的关河及北水关外直达拖板桥的“通江支河”，才是大运河镇江城区段自隋开凿以来一直沿袭至明末的旧有水道，其历史价值当在今“古运河”之上。

事实上，这条清代以前的大运河旧道，直到民国末期都基本保存完好，在 1949 年 3 月苏北军区参谋处测绘队印制的《镇江市区图》上，南、北水关之间的关河仍然完整存在，而北水关之外的水道则可达登仙桥下，唯拖板桥下通运河主道之水道已不见。

1949 年后，城中关河逐渐淤塞，城北通江河道也不复通畅，但在 1962 年 11 月出版的《江苏省镇江市地形图》上，关河断流段的河床依然清晰可见，而东门坡与县学山（今江苏大学梦溪校区）之间的河段、仓巷北端至于北水关的河段，以及北水关至于登仙桥的河段甚至还有水体留存。

也就是说，这条千年大运河水道的完全消失，距今尚不满一甲子。即使是在今天的镇江市区里，也仍保留着拖板桥、北水关、高桥北、千秋桥街、下河头、南水桥等一系列与这条水道有关的地名。

城市山林、江河交汇是镇江这座城市最独特的魅力，而千年大运河串联起了镇江古城区大量的文化遗存与历史空间，更是镇江城市的根脉所在。如今清代以来的古运河河道尚存，而隋开凿以来的大运河故道（穿城漕渠旧道）及其入江口（大京口，即今中华路一线）却已掩埋地下，知者寥寥。虽然无法完全令其恢复旧貌，但只要今天的我们在地面上对其走向和相关桥梁关津等有明确的标识，也足以使这条使用了一千余年、存续了一千三百余年的大运河故道，在镇江这座城市的生活空间与历史记忆里继续留存下去。

镇江大运河文化带建设研究

张国平　叶兆国　戴　芸*

厚重、壮美、辉煌的大运河是中国古代人民创造的一项伟大工程，千百年来，滋养广袤大地，哺育亿万民众，传唱着中华民族奔腾浩荡的历史壮歌，积淀着深厚丰富的文化内涵，蕴含着悠久历史文化的“根”和“魂”。2014 年 6 月 22 日，中国大运河成功列入世界非物质文化遗产名录。2017 年 6 月，习近平总书记对建设大运河文化带作出重要指示：“大运河是祖先留给我们的宝贵遗产，是流动的文化，要统筹保护好、传承好、利用好。”2019 年 2 月，中共中央办公厅、国务院办公厅印发《大运河文化保护传承利用规划纲要》，大运河文化带建设上升为国家战略决策部署。建设镇江大运河文化带，是增强民族文化自信心的战略选择，是满足人民美好生活新需要的重要方式，是探索区域协同发展经济带的重要路径，是实施文旅品牌战略增长极的重要支撑。多年来，镇江市委、市政府及辖区（市）高度重视大运河文化传承、保护、治理工作，深入挖掘大运河文化的历史价值和现实价值，提升了城市文化品牌，让人们在寻觅中找回了厚重的历史文化记忆，古老的运河也正在展现喜人的新姿。

一、镇江大运河文化带建设的资源沉淀

大运河镇江段区位独特，沿河区域分布着众多文化类别和非物质文化遗产，浓缩了大运河文化的精髓，承载着中华民族的伟大创造、卓越智慧和集体记忆。

（一）积淀的历史文化资源。镇江段目前有全国重点文物保护单位西津

---

* 张国平（执笔），镇江市史志办公室原调研员，市地方志学会副会长，市地方党史学会副会长、秘书长，从事镇江地方党史和历史文化研究。叶兆国，镇江市史志办公室年鉴处处长。戴芸，镇江市史志办公室秘书处副处长。

渡古街、宋元粮仓遗址、昭关石塔、镇江英国领事馆旧址、大运河镇江段、江河交汇处、虎踞桥、新河街一条街、丹阳南朝陵墓石刻（陵口段）、丹阳葛城遗址等10处；省级文物保护单位有冷遹旧居等4处；还有众多市、县级文物保护单位。2019年6月，谏壁船闸、西津渡、万善塔已被评为“江苏最美运河地标”。

（二）丰富的生态文化资源。1992年以来，通过政府棚户拆迁改造、持续的河道综合整治、全线的亮化绿化美化，运河风光带已具规模，河道三曲九弯，岸线顺直，曲线优美；建成了覆盖主城区的污水截流工程、金山湖整治工程、京口闸水利枢纽等一批投资规模很大的水利设施；配合精美镇江的建设，沿岸修建了一批仿古亭台廊阁，新建了纪念诺贝尔文学奖得主赛珍珠的珍珠广场等一批供市民休憩的游园和街区文化传承场所。大运河通航段沿线也完成了违章建筑的拆除、岸线码头的清理整顿、污染企业的大规模搬迁等综合整治工程，以及沿线桥闸改扩建、航道四改三、直立式水泥混凝土挡墙、岸坡植被整治等一系列工程，呈现出较好的生态面貌。2012年，古运河中段整治工程完成，恢复了丁卯桥、许浑别墅、石淙精舍等景点，形成了夹岗岚浮、虹桥揽古等运河景观。2016年，平政桥至西门桥段古运河整治工程全面完成。2017年，古运河下段整治工程启动。

（三）厚重的非遗文化资源。大运河镇江段被列入国家级非物质文化遗产名录的有9项，省级名录23项，市级名录42项，最具代表性的有水漫金山寺、董永与七仙女传说等民间文学，梅庵派古琴等民间音乐，华山太平泥叫叫、丹阳正则绣、扬中竹编等民间工艺美术，丹阳黄酒、镇江香醋、肴肉与锅盖面等传统美食，还有老地名、船工号子、风俗习惯、俗语等非物质文化。

二、镇江大运河文化带建设的存在问题

在现代化进程中，镇江同样渴望创新和发展，不断改造大运河沿岸的历史建筑和遗迹，其中也有些待改进之处。

（一）部分古运河交汇口难觅踪影。由于长江河床的自然变化，泥沙淤积，或因城建需要，加上历史原因，徒儿浦早为秦始皇所废，甘露港民国初年淤塞，1933年大京口填筑为路，这三处昔日舟船穿梭的古江河交汇口消失在视野中。因运河功能多样，防洪、排涝、供水、航运、生态等各方面的功能时有冲突、矛盾较多。古运河段已失去通航能力，从运输转向排洪。

（二）部分著名遗迹还未完全修缮。名闻遐迩的京口驿，其遗址至今还静静地躺在地下；铁瓮城等全国重点文物保护单位，虽进行了考古，拟定了保护方案，但尚处在启动阶段。历史上跨越古运河的桥很多，且风格各异，留下了很多诗文佳话，目前仅剩下明代的虎踞桥，难以全面体现历史文化内涵。在发展经济、旅游开发过程中，部分遗存被损毁、侵占的现象时有发生。有些地方重视地面景观，忽视考古发掘保护。

（三）生态文化建设需要不断加强。古运河岸线虽进行了修复，但水质有时达不到标准；运河通航段沿线的绿化美化有些地方标准不高，部分沿河企业的排放还未完全达标；居民生活污水处理设施不够完善，船舶污染还很严重。

（四）文化资源利用质量有待提升。对古运河文化资源的内涵与特色挖掘深度不够，文化品牌形象不够清晰，文旅产品体系不够健全，缺少集聚效应，没有让遗产文物真正“活起来”。目前，大部分物质文化遗产、非物质文化遗产保护项目在产业化开发利用上明显滞后，对运河文化、运河非遗的展示、传播和营销效果不佳，难以满足人民群众多元文化旅游的新需求。

（五）统筹协调统一管理机制不完善。对运河遗产保护工作的重要性和紧迫性认识不足，协调机制不够健全，统筹协调难度极大，缺少整体研究的机制和协调各个区域、部门协作的有效平台，仍存在各自为政、条块分割的现象，难以形成大运河文化带建设的合力。

三、镇江大运河文化带建设的实现路径

镇江大运河文化带建设的总体要求是：深入挖掘和丰富大运河文化内涵，充分展现大运河遗存承载的文化，活化大运河流淌伴生的文化，弘扬大运河历史凝聚积淀的文化，深入理解大运河文化的内涵和外延，突出大运河的历史脉络和当代价值，共同创造丰富多彩的运河文化、良好的运河生态和完善的运河产业，形成一个无形而强大的磁场，满足人们文化、生活、旅游、休闲的新需求。建议如下：

（一）精心整体规划设计，让大运河文化功能得以有效发挥。整体战略规划设计决定着大运河文化带建设的战略重点、建设方向和长效机制。

1. 宏观定位要准。要树立系统思维、整体观念和前瞻构想，着眼经济社会发展全局总体谋划，依据中办、国办印发的《大运河文化保护传承利

用规划纲要》，按照“河为线，城为珠，线串珠，珠带面”的思路，围绕“立足原创、保持原貌、凝固原迹”的原则，坚持“以人为中心”的价值标准，找准历史定位，提出设计战略，勾画路径图谱，体现物质文明、精神文明、生态文明内涵，彰显镇江大运河文化带建设的宏伟蓝图，把大运河构建成为“高品位的璀璨文化带、高颜值的绿色生态带、高水平的缤纷旅游带”。

2. 谋划起点要高。要妥善处理好保护与利用的关系、遗产管理与水利航运管理的关系、文化功能与航运功能的关系，在已出台《镇江市大运河文化保护传承利用实施规划》的基础上，与镇江“十三五”规划和城市总体规划相衔接，统筹考虑防汛、环保、产业等功能建设，形成互联互助、借鉴支撑、优势互补、资源共享的战略格局，统筹推进生态、文化、经济、社会全面发展，打造高品位的镇江历史文化名城，切实把大运河文化带塑造成中华民族伟大复兴的文化标志性品牌。

3. 建设质量要优。要举全市之力、聚多学科之智、博采大众之见，引入高端智库，聘请专家学者，举办学术会、研讨会和认证会，利用大数据、互联网等新媒体技术，广泛征求、听取和吸纳市民、专业人士的意见，发挥咨询源、思想库、智囊团的作用，规划设计要充分反映民意、适应时代、面向未来，把镇江段率先打造成大运河文化带建设的先导段、示范段、样板段，就像娄勤俭同志说的那样：要让人一提到运河就想起江苏，想起江南运河之首——镇江。

（二）挖掘文化遗产资源，让大运河文化内涵鲜活起来。镇江运河文化遗产分布广泛，体量巨大，多样复杂，多姿多彩，只有运河记忆“活起来”，才能让人们了解和敬畏。

1. 摸清家底。要以大运河文化遗产为载体，以其承载的文化价值和精神内涵为核心，依托互联网、大数据、人工智能等技术认真摸清大运河文化遗产的家底，全面收集，梳理脉络，科学归类，分析汇总，建立档案，明确保护项目。同时，要设计鲜明、醒目、易记的标识，亮出文化标签，清晰表达大运河文化遗产的地理位置、建筑风格和重要特征。

2. 修缮保护。要坚守文化遗产保护红线，凡是大运河历史文化遗产、遗迹、遗存都要科学合理地保存下来，做到该保护的保护起来，该修缮的修缮起来，该活化的活化起来，把一个个文化遗产、遗迹、遗存“原汁原味”串联起来，变成城市一条明亮的珍珠项链，体现“自然、透露、清新、现代”的新文化、新特色、新风貌。

3. 活化利用。要发掘大运河文化遗产中的精华，重点以运河入江口变迁史为主线，串联沿江物质文化资源；以市区古运河沿线景观为亮点，构造休憩型生态文化景观廊道；以衍生的大运河非遗文化为类别，挖掘大运河文化旅游资源，潜移默化地输出文化产品，寻找更多文化表达的新方式，打造更富诗情画意、更具历史个性、更显文化张力的鲜活特色文化品牌，使人们对大运河文化遗产有一种深刻的感受、清晰的认知、永恒的记忆，使运河文化在被观赏、被分享、被追捧中得到保护、诠释和延续。

（三）提升运河航运功能，让大运河文化命脉畅通起来。大运河因水而生、因水而畅、因水而兴。随着国家战略部署中对长三角经济带的开发，要充分发挥大运河镇江段的航运作用。

1. 提升航运功能。要着眼发挥京杭运河镇江段作为国家水运主通道的功能，围绕打通大运河主线瓶颈，大力发展江海河联运、公铁水联运，构建更加顺畅高效的沿运河综合交通运输大通道，在经济社会发展中发挥“黄金水道”作用，实现镇江“江海河联动 港产城融合”的发展愿景。

2. 推进河道治理。要以恢复整体河道的基本属性为主，属于自然河道的要注重保持其自然性，是人工河道的要保护其科学性、生态性，在保护各类文化遗产、人文景观风貌真实性、完整性的基础上，推进运河河道治理。要加强日常养护，按照通航标准维护好通航水深和航行宽度，建成畅通、高效、平安、绿色的大运河。要把运河治理同周边生态环境保护和全线关联的主要江河湖溪治理统筹起来，尽可能恢复运河水系的自然属性，产生泽润镇江的生态效果。

3. 开发好古运河。要在保护、修复、开发上做文章，重点是保护遗产、恢复古迹、绿化环境、治理水质和开发产品，使众多文化瑰宝通过古运河这一条金丝线串联在一起，成为一条流动的文化带、风光带、旅游带，让人遥想起当年“商贾迤逦，一河渔火，歌声十里，夜不罢市”的繁盛景象，“再现运河繁华”，感受漕运船队“舳舻转粟三千里，灯火临流一万家”的场景。

（四）坚持生态优先原则，让大运河文化生态恢复起来。绿色是大运河文化带建设的重要支撑，是相互依存、紧密联系的有机链条，是构建“林水相依、绿廊相连、绿块相嵌”大运河生态文化的重要绿色长廊。

1. 坚持生态文化绿色空间管控。要以大运河沿河景区公园、湿地、山体等为重点，在沿线两岸超前谋划建设绿色生态廊道，持续推进大运河河道的生态环境修复，实现见空补绿、应绿尽绿、增绿护绿，推动大运河沿线绿色发展见实效。要把运河两岸防护林体系与城市绿地系统结合起来，落实好大运河河道水系治理和生态空间管控任务，建立多样化的乡土生态系统，恢复河道的自然形态，切实维护好大运河沿线绿色风貌，让大运河在葱茏绿廊中缓缓流淌，成为一条名副其实的生态之河、绿色之河和美丽之河。

2. 加强绿色生态环境保护力度。要以生态环境治理保障大运河文化带的建设，推动大运河沿线地区共管生态保护和环境治理工作，协同促进生产空间集约高效、生活空间宜居适度、生态空间山清水秀，培育壮大节能环保产业、清洁生产产业、清洁能源产业等，严格控制对大运河沿线景观环境有负面影响的产业产能，对污染产业实行整改或腾退管理，关停一批沿线的工业企业，禁止周边工厂的工业污水、居民生活污水进入运河，防止水体污染，像保护眼睛一样保护大运河生态环境，共同建设美丽的大运河。

3. 实行严格的生态环境保护制度。要建立归属清晰、权责明确、监管有效的生态资源资产产权制度，建立覆盖全面、科学规范、管理严格的资源总量管理和全面节约制度，建立以优化环境质量为导向，监管统一、执法严明、多方参与的环境治理体系，建立充分反映资源消耗、环境损害、生态效益的生态文明绩效考核和责任追究制度，为大运河生态环境提供保障。要严格执行大运河河长制，对沿线水环境按月监测，及时掌握水质、水量、环境等情况，使游客和沿岸人民群众的幸福感指数不断提高。

（五）打造文化旅游品牌，让大运河文化风光亮丽起来。大运河的地域特色、自然景观、文物古迹、地名沿革、历史变迁、社会发展及民间艺术、民俗风情、名人逸事等为镇江文化带建设提供了点多面广、丰富多彩、优秀独特的文化旅游资源。

1. 塑品牌，打造文旅品牌体系。要创新开发理念、运作手段和推广方式，选取最具文化内涵、最具文化特色、最具观赏价值的文化旅游资源，把古运河和现代苏南运河各具特色的景区景点、传统村落、特色小镇和古城古街等优质独特的文化旅游资源有机联系起来，着力打造一批精品旅游景区、精品旅游线路、精品旅游商品，加快形成“江河交汇看镇江”的品牌效应，提供更多多元化、品质化的优秀文化产品和优质旅游产品，使文化旅游品牌产生一种让人“眼热心跳、心头一震、难以忘怀”的效果，增强文化旅游品牌的认识度、美誉度和忠诚度，使之成为人们旅行的热门选择。

2. 重基础，完善文旅景观条件。要加快推进现有的文化旅游项目建设，为游客提供更加多元和个性的旅游服务，努力把运河文化转变为促进经济转型发展、满足人民美好生活需要的重要资源，形成集食、住、行、旅、购和娱于一体的完整旅游产业链。要将水上浏览与岸上观光相结合，以提升沿岸的建筑形象、灯光亮化、绿地铺设、引进商铺等形式，完善旅游产业链，让人们感受到历史积淀和时代气息。要通过河道清淤、垃圾清理、拆迁拆违、生态修复，构建起大运河文旅景观展示区，成为人们亲近自然、感受运河的“人气”场所。

3. 亮特色，促进文旅产业融合。要坚持文旅产业融合，组织研究人员编写大运河历史景观、人文底蕴、自然风貌、风俗传统等介绍文本，加大文旅品牌营销，突出镇江特色旅游项目的知识功能、文化传承功能和景点观赏功能，让人们领略大运河文化带厚重的历史与秀丽的美景，感受超凡品质和个性，从而给人带来知识、收获和喜悦。要加强博物馆文化、宗教文化、红色文化、民俗文化、美食文化等产品的开发，丰富旅游文化产品种类，营造浓郁的运河文化气息。要在不破坏历史遗产的前提下，合理规划开辟运河历史文化特色名城、大运河名胜古迹、山水镇江、滨江风光等富有镇江特色的旅游品牌项目和旅游线路。

（六）推进文化产业发展，让大运河文化带厚实起来。大运河是因漕运而形成的共有文化长廊，既要活化百态文化，也要筑起经济长廊，使大运河文化产业成为绿色产业、低碳产业和幸福产业。

1. 把大运河遗产资源转化为具体的文化产品。要利用运河文化开发创意产品，如将运河的历史符号印制在日用品、工艺品、服饰上，既保留运河文化的本真性，又将文化内涵和运河价值融入物质产品中，打造运河文化产业，让民众既能感受到运河厚重的历史文化和精神品质，又能将其实用价值融入现实生活，从而造福民众，使古老的大运河焕发生机，创造出新的文化形象和符号。

2. 把大运河文化资源转化为经济产业。要在保护、传承的基础上进行合理的利用，利用大运河的交通动脉和文化廊道功能，深入挖掘，充分整合运河资源，发展高端产业，努力把生态资源、文化资源和旅游资源逐步产业化，提升经济发展层次和水平。要统一制定政策，强化监督管理，把大运河文化产业、旅游产品变成一个富有投资价值的平台，广泛吸引民间资本参与投资和开发，实现生态文化产业发展的融合共享。要加快拓展大运河产业发展的新空间，推动互联网、大数据、人工智能与大运河产业发展的深度融合，以新一代信息技术改造传统功能，促进产业数字化、数字产业化，不断形成大运河产业高质量发展新动能。

3. 把大运河文化资源转化为共同协作的力量。要推动建立政府投入和社会力量共同协作的机制，聚合大运河沿线的文化元素，在大运河沿线城市共建运河文化圈，从而形成一个推动运河文化、主题文化、创意产业发展的长效机制，联手建设运河文化带。要探索建立运河文化保护基金、运河生态保护基金等平台，用现代化的资本运作手段，规划建设一批大运河保护利用项目，推动大运河文化带建设。要在大运河沿线建立区域合作信息共享、利益共享和利益补偿机制，推进大运河文化带建设共建、共创、共享、共赢，形成发展文化产业的长效机制。

（七）完善法规、健全机构，让大运河文化协作管理运行起来。健全机构，完善法规，建章立制，是大运河文化带建设宏伟蓝图实施的重要保障。

1. 立章法治化。要在认真落实已经出台的《镇江大运河文化保护传承利用实施规划》的基础上，研究、制定和完善条例体系，全面覆盖大运河的整体保护，确保大运河文化带建设有法可依、有章可依、有制可依。

2. 协调权威化。已经成立的镇江市大运河文化带建设工作领导小组是大运河协调、整治、管理的权威领导机构和协作平台，应做到科学决策、精准施策、跟进问策，最大限度地发挥总揽全局、协调各方的核心作用，凝聚大运河文化带建设的正能量。要在市发改委、自然资源和规划局、住建局、交通运输局、生态环境局、水利局、文化广电和旅游局、城管等部门及京口区、润州区、镇江新区和丹阳市的有关机构共同主抓、协作和参与下，统一思想，配合协调，整体联动，心往一处想，形成一盘棋，拧成一股绳，防止形成各自为政、条块分割的局面。

3. 管理精细化。要加强城市水利管理处、谏壁船闸管理处、古运河风光带管理所等单位部门的建设，发挥其在大运河文化带建设中的职能作用，切实做到会管、善管、严管，在细节上追求尽善尽美，从点滴处入手、由细微处着眼，做到“像绣花一样精细”。要吸引、鼓励和倡导全市人民“全面支持、全力参与、全程监督”大运河文化带建设，形成“珍惜、爱护、参与、共享”大运河文化遗产的浓厚氛围。

镇江大运河文化带建设是一项常态化、系统化、精细化的工作，我们现在做的每一项事情都应成为精品，能够在历史上留下一个深深的脚印，让千年流淌积淀的大运河充满生机地走向未来。

参考文献：

［1］中共中央办公厅，国务院办公厅.大运河文化保护传承利用规划纲要［N］.人民日报，2019-05-10.

［2］中共江苏省委党史工作办公室，编.走近大运河（江苏篇）［M］.北京：中央文献出版社，2005.

［3］钱永波.中国历史文化名城镇江研究丛书［M］.南京：江苏人民出版社，2004.

［4］镇江市历史文化名城研究会.镇江历史文化大辞典［M］.镇江：江苏大学出版社，2013.

价值意义传承

“流动的歌声”

——大运河文化带建设视域下镇江民歌研究

孙 伟*

中国大运河源远流长，运河文化博大精深。2014 年 6 月 22 日，中国大运河申遗成功，标志着我国对大运河的保护与利用进入了一个新阶段。2017 年 2 月下旬，习近平总书记在视察京杭运河通州段治理工程时指出：要古为今用，深入挖掘以大运河为核心的历史文化资源。保护大运河是运河沿线所有地区的共同责任。同年 6 月 4 日，习近平总书记又在中共中央办公厅调研室《调研要报》中作重要指示：大运河是祖先留给我们的宝贵遗产，是流动的文化，要统筹保护好、传承好、利用好。

当下，大运河文化带建设正在从提高思想认识阶段向规划实践阶段过渡。如何以系统性思维和协同发展的理念，通过大运河文化带建设与各地区域发展战略相结合，推进区域文化、生态和经济的共同发展，是当前理论界高度关注的热点问题。

一、大运河文化带建设视域下镇江民歌研究的意义

（一）对镇江民歌进行研究，是大运河文化带建设的重要组成部分

镇江是大运河文化带上的重要城市之一，交通的便捷使运河和长江交汇处的镇江发展成为一座著名的历史文化古城。大运河承载了镇江从古到今的财富与文明，记载了镇江的历史变迁，孕育了镇江独特的传统文化，民歌文化就是其中重要的组成部分，对其进行研究，具有重要的学术价值和

---

* 孙伟，江苏大学艺术学院副教授，硕士研究生导师，中国音乐家协会会员，中国教育学会高等音乐教育专业委员会理事，江苏省非物质文化遗产评审专家，江苏省文艺评论家协会会员，镇江市音乐创作研究学会副会长，镇江市音乐家协会理事，镇江市文艺评论家协会理事，镇江市非物质文化遗产评审专家，研究方向：声乐表演与教学研究、中国传统音乐研究、非物质文化遗产学研究。

实践意义，在彰显镇江地域特色、坚定区域文化自信、构建大运河文化带的过程中发挥着不可替代的作用。

（二）有助于在全球化的局势下更好地对镇江民歌进行保护、传承和传播

民歌体现了特定民族与群体的审美个性和文化精神，其独特性是其他依附现代工业社会产生的文化所不能取代的。在某种意义上，它的消亡意味着民族个性、民族特征的消亡。在全球化的局势下，如何保持镇江地域文化的独立性，如何使镇江民歌得到很好的保护、传承和传播，在社会结构的演变中得到创造性转化和创新性发展，焕发新的生机和活力，是一个值得高度重视的课题。

（三）有助于培育和弘扬社会主义核心价值观，加强区域文化自信，建设中国特色社会主义文化强国

镇江民歌是镇江地区历史发展的见证和不可再生的文化资源。本课题的研究，从局部来看，对于研究和理解镇江区域文化的产生、发展和延续有积极意义；从整体来看，对于保护文化多样性，坚定区域文化自信，建设中国特色社会主义文化强国具有重要的现实意义。

二、镇江民歌之地域特征和生存传承现状

江苏镇江地处“吴头楚尾”，“吴头楚尾”即指镇江处于江苏地区的吴文化与楚汉文化的交界处，当地农民劳动伴歌已成习俗。镇江民歌可追溯至7000年前的耕作文化时期，是劳动人民创作的民间音乐的活化石[1]。今天的镇江民歌经历了长期的演变、发展，形成了格调清新、风格多样、语言简洁明快、乡土气息浓郁的艺术特色。其音韵、歌词、旋律既有吴文化的柔美，又有楚文化的豪放，独树一帜[2]。镇江民歌的主要形式是田歌，2007年，镇江丹徒田歌以其独特的艺术魅力被列为江苏省首批省级非物质文化遗产，故本文将以丹徒田歌为例，对其展开深入研究。

田歌又称秧田歌、田山歌、插田歌、薅草歌等，“是一个既古老，又流行面广，而且艺术性很高的民歌品种”[3]，是长江、珠江流域广大稻农插秧、除草、车水、挖地时传唱的一种民歌。为了充分认识丹徒田歌的非物质文化遗产价值，笔者以自2006年以来多次田野考察和收集的资料为基础，试从丹徒田歌之地域特征和生存传承现状、丹徒田歌之文学特征、丹徒田歌之音乐特征等三个方面对丹徒田歌进行剖析，略陈管见，旨在挖掘丹徒

田歌的精髓和价值。

（一）独特的地域特征

丹徒，地处美丽富饶的长江三角洲上海经济圈沿江产业带的轴心位置，位于江苏省西南部，东接常州、无锡、苏州和上海，西临省会南京市，是连接苏南苏北的重要交通枢纽。丹徒是一座具有三千多年悠久历史的江南古城，西周称“宜”，春秋时属吴国，名朱方。战国时属楚，改名谷阳，秦统一天下后改名为丹徒。从历史地理上考证，丹徒襟吴带楚[4]。丹徒有着底蕴深厚的文化渊源，它不仅是吴文化的源头，同时也受到楚文化的深刻影响，有“吴头楚尾”之说。丹徒还有着独特的地貌，《齐书·周郡志》称其地域“因山为垒，望海临江，缘江为境”，有山有谷、有丘有圩、有湖有洲的地貌，使丹徒兼有北方的雄奇与江南的秀美，显示出独特的神韵。丹徒田歌主要分布在丹徒南乡的上党、宝堰、荣炳、三山、上会、黄墟一带，这里向来有歌乡之美誉。

（二）丹徒田歌之存在现状与传承

1. 濒临流失的存在现状

丹徒田歌形式丰富，耕田有“耕田嘞嘞”，插秧有“插秧山歌”，打麦有“打麦号子”，耥草有“耥草山歌”，车水有“车水号子”……然而目前田歌的生存状况不容乐观，一是农村青年人口逐渐城市化，即使还在农村的年轻人也不愿意接受和学习田歌。二是农村的土地种植状况有了很大改变，丹徒田歌赖以生存的载体正逐渐消失，高强度的农田劳作大部分已被机械化所代替，不能形成田歌生成的环境。三是职业性的歌班子几乎绝迹，既没有人学唱，也没有市场，会唱原汁原味的田歌的老人大多 80 岁上下，加之演唱的即兴性，田歌文化形态正在逐渐消亡。

2. 目前已采取的相关保护措施

为了挖掘文化资源，保存祖国的文化遗产，1996 年，镇江民间文艺资料库、丹徒文化馆和镇江市电视台组成联合采风队，深入丹徒的上党、宝堰、荣炳、三山、上会、黄墟等乡镇，行程 400 千米，采访了百名山歌手，抢录了包括“打麦号子”“车水号子”“挑担号子”“荡湖船”等多首珍贵的劳作山歌。近几年来，镇江市丹徒区文体局致力于申请保护丹徒田歌的专项经费，专门用于田歌的抢救和研究，并成功申报了江苏省非物质文化遗产，建立了南乡田歌档案库和南乡田歌艺术档案库，并编成了《丹徒南乡田歌集》一书。同时还开展了“丹徒田歌节”，恢复发展地域性田歌传统等活动。

3. 丹徒田歌的传承谱系和代表性传承人

丹徒田歌目前形成了老年、中年和幼年三个年龄层的传承队伍。

老一辈的代表人物有三山东湖村的康秀英（83 岁）、头村的范桃英（89 岁）等。

现在的代表性传承人有三山镇的孙阿英（53 岁）、上党海燕村的付福莲（61 岁）和徐正英（62 岁）等，其中孙阿英是省级非物质文化遗产传承人，在首届江、浙、沪吴歌大赛上荣获“山歌女王”的称号。

幼年传承目前主要集中于丹徒区三山艺术幼儿园和三山小学两个地方，三山艺术幼儿园的丹徒南乡田歌传习班和三山小学的丹徒田歌乡土音乐教材为丹徒田歌的传承起到了很好的作用，由三山小学排练的《田歌联唱》荣获江苏省“第二届少儿艺术节”创作表演二等奖。

三、丹徒田歌之文学特征

丹徒田歌发源于稻作文化，也是古吴文化的流风，民间习惯性称之为“山歌号子”“喊号子”，记叙了一年中农事的生产过程和生产习俗，是丹徒人历史和文化最真实的反映。丹徒田歌属口头文学，歌词清新质朴、抒情言志、形象鲜明，极具文学价值，以其易学、易记、易唱、易传的特点而广为流传。其唱词格式一般为七字句、八字句，以七字句居多。内容分为传统歌谣、即兴创作和新民歌三种，主要有以下四个特征：

（一）抒情言志，真情流露

例如，流传于上会镇一带的《耥草山歌》这样唱道（文章中选用的所有歌词均选自丹徒民间文学集成办公室主编的《丹徒传说与歌谣》）：

耥草好比姐梳妆，梳落杂草好长粮，可惜稻好无我份，一年到头替“鬼”忙。

这首山歌具有一种天然的朴素美，言简意赅，比喻形象生动，是旧社会丹徒人民心声的自然流露，也是丹徒人民对剥削阶级强烈的愤恨的真实写照。可以毫不夸张地说，这首田歌与《诗经·伐檀》有异曲同工之妙。

（二）一问一答，格调清新

丹徒田歌经历长期的演变、发展，融汇了丹徒人民的聪明才智，继承了民间文学的优良传统，尤其是较多地运用了一问一答的形式，形成了格调清新、乡土气息浓郁的特色。例如流传在大路、姚桥、丁岗等东乡一带的放牛山歌《对花》就是一个典型的例证：

甲："什么花开一条线？什么开花一大片？什么花开一盆金？什么花开白如银？"

乙："扁豆花开一条线，豌豆花开一大片，葵花花开一盆金，荞麦花开白如银。"

这一问一答轻松活泼，意趣盎然，且具有一定的知识性，因此流传颇为广泛。

（三）虚词铺垫、意趣盎然

丹徒田歌常常使用虚词，往往以实词做骨架，虚词来铺垫，或是借以烘托气氛，使场面更趋热烈；或是为了使唱词神通气顺，音韵优美，犹如烹饪作料，味道浓烈，咸甜皆妙。例如流传在丁岗、宝堰、黄墟一带的打麦山歌《大麦上场小麦黄》：

大麦上场小麦黄（来），（唷好来唷好来），（号子来号子来），

男女老少下田忙（来），（唷好来），（小连枷，唷好唷打外外）。

打麦山歌是一人领唱、众人合唱的山歌。"双抢"季节，抢收抢种是农家最忙的时刻。俗话说，"稻上场，麦进仓，才算丰收粮"。为了打麦进仓，往往是全村男女老少齐上阵。人们在连枷噼啪声响的伴和下，应着连枷上下翻飞的节拍，唱着简洁明快、铿锵悦耳的山歌，打麦场上洋溢着紧张热烈的气氛，跳跃着丰收的喜悦。

还有的田歌全是用虚词构成，如《耕田嘞嘞》，这是农民驾牛耕田唱的歌。"耕田嘞嘞"是农民与耕牛的对话，也可以说是农民对耕牛下达的音乐命令，耕牛听到这歌声，即知是要前进还是停止，是要向左还是向右，是要加快还是放慢。

（四）形式多样，娓娓动听

丹徒山歌形式多样，三四句的短歌虽然不少，但也不乏十几句、几十句乃至上百句的长歌。歌词的长短主要根据歌唱的内容而定，有话则长，无话则短。例如，流行在谷阳镇一带的砌房山歌《挂红布》就只有四句唱词：

挂块红布结两个球，好比狮子滚绣球，滚到前檐生贵子，滚到后檐砌高楼。

流传在高资石马一带的种棉山歌《十二月棉花》歌词比较长，从正月选种，二月下苗，一直唱到九月收新棉，十月纺新纱，十一月织棉花，十二月做衣裳。前后十二段，每段四行，每行七字，娓娓唱来，情趣跃然字里行间，它既是前人种棉的经验总结，又是向后人传授植棉生产技术的活

的教科书。

四、丹徒田歌之音乐特征

（一）体裁特征

丹徒田歌虽然与劳动号子一样用于劳动场合，同样具有驱除疲劳、鼓舞精神的实际作用，但又不同于一般的劳动号子，它基本上不受劳动的强度、速度和节奏的限制，很多田歌也不需要靠歌声来统一劳动者的动作，因此在体裁上更具有复杂性。这种复杂性“表现在田歌以山歌体裁特征为基础，又常常综合有号子和小调的体裁因素”[5]。

1. 以山歌为基本体裁特征的丹徒田歌

像耥秧号子《石榴开花叶儿青》或者《长号》，一般为一句歌词或者全是衬词，先由一人领唱，幅度宽阔，衬词和润腔装饰较多，然后由一到三个人接唱。接唱者有时重复领唱的最后两三个字，有时只唱衬词或者一个长音，接唱者要在一个长的音符上尽量延续。领唱和接唱的部分节奏都比较自由，这种田歌不完全受劳动条件的束缚，声调高亢嘹亮，传得很远，大多节奏自由，变化灵活，编唱自由，内容直白。

谱例1：《石榴开花叶儿青》

2. 具有号子特征的丹徒山歌

其一，有些田间劳动和生活劳动很艰苦，如像打麦、打硪的时候，要求所唱的田歌有驱除疲劳、解闷散热等实用性功用，从这一点看，田歌具有了号子的因素。

其二，像《打麦号子》《打硪号子》等田歌，领部唱正歌词，和部唱劳动呼号性的衬词的一领众和的歌唱方式和铿锵有力的节奏，乐段独立性不强，便于不断反复、连续唱用的结构特点，使之具有了号子的体裁特征。

谱例2：《打硪号子》

3. 具有小调特征的丹徒山歌

像《玉堂春》《采石榴》《种棉花调》等，规整匀称，旋律性强，音乐形式更加规范，音乐手法更加丰富，易于传唱，同时有小调的体裁特征。

谱例 3：《采石榴》

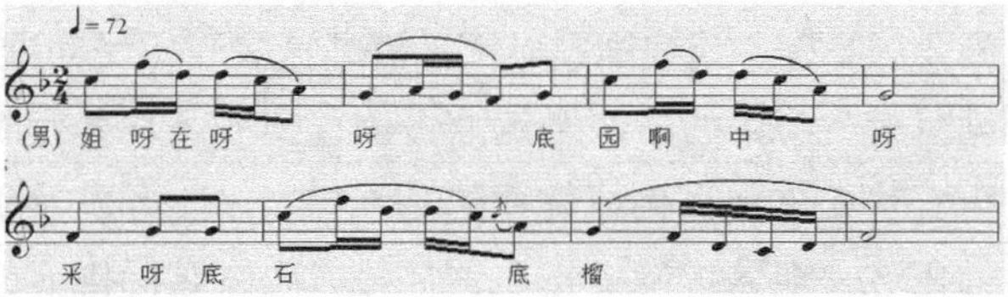

（二）结构和曲调特征

1. 结构特征

丹徒田歌的曲体，大多是两句体、四句体或多句体的段式结构，如《长号》《四句头山歌》等。除采取领合形式的部分曲目为规整性节奏外，其他一律为自由疏散的节奏节拍，例如《耕田嘞嘞》。这种特有的结构形式使田歌的音乐更显得自由奔放，无拘无束。

谱例 4：《耕田嘞嘞》

2. 节奏特征

丹徒田歌既有二拍子按“强、弱”交替的，三拍子按“强、弱、弱”交替的，也有四拍子“强、弱、次强、弱”进行的。然而最有特色的就是在很多的田歌中混合拍子的频繁运用。在一首乐曲中二、三、四拍子混杂，二、三、五拍子混杂，如《长号》便是二、三、四、五、六拍子混合使用。在劳动过程中，由于劳动强度及操作过程所用的力度规律等关系，田歌中的强弱规律也会随之改变。如果不改变将无法很好地配合劳动操作程序，歌曲的实用性也会丧失。这些拍子的混合使用可以让歌曲忽快忽慢、轻松活泼、整齐统一，从而更适应劳动者的劳动节奏。

谱例 5：《长号》

3. 旋律特点

（1）音阶运用方面

在苗晶、乔建中两位老师著的《论汉族民歌近似色彩区的划分》一书中，在论及江浙平原民歌近似色彩区中说道：“由五声音阶构成的级进型乐汇，是本区大多民歌旋律的基础。就我国东半部沿海地区来看，民间歌曲由辽、浙、鲁等地那种刚健粗放、明快的格调经江淮一带直到本区才算完成了由北到南的转变。这种转变首先体现在构成旋律的基本材料——音阶及乐汇上。可以说，五声音阶已在这一地区民歌中占压倒优势，而由它们构成的乐汇，也多以级进为主。”[6]笔者通过对丹徒区 60 多首田歌进行分析，也发现丹徒田歌五声音阶的运用非常明显，尤其以徵调式五声音阶为主，羽和商调式次之。多以徵、羽、商三音为骨干，随调式的不同，又往往突出羽—商（羽调式），因此都有一种明亮清丽的特征。例如薅草耥稻山歌《薅草》，就是一首五声徵调式单段体田歌，旋律主要在徵、羽、商上进行，清新质朴，自由洒脱。

谱例 6：《薅草》

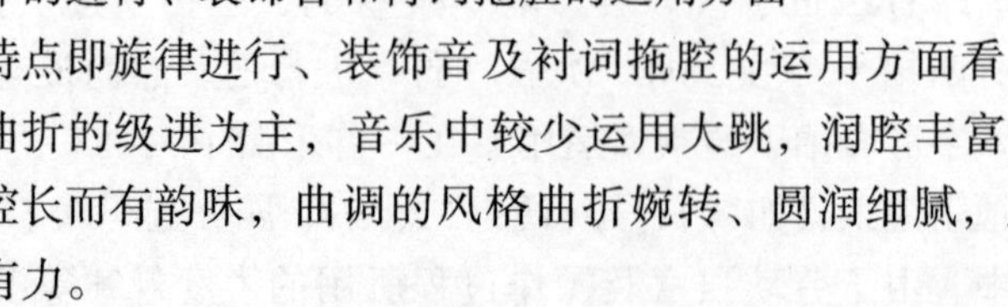

（2）旋律的进行、装饰音和衬词拖腔的运用方面

从旋法特点即旋律进行、装饰音及衬词拖腔的运用方面看，丹徒田歌的旋法是以曲折的级进为主，音乐中较少运用大跳，润腔丰富，装饰音多而细密，拖腔长而有韵味，曲调的风格曲折婉转、圆润细腻，又不乏豪放大气、铿锵有力。

例如上面提到的《薅草》田歌，该曲为五声音阶，旋律的进行基本上是级进，装饰音使用频繁，节奏舒缓，充分运用拖腔，充分体现了南方民歌的婉转，但是在歌曲的第二小节“商—徵”两音和第八小节“羽—商”两音的纯四度进行中，又能让人体会到北方民歌的直爽豪迈。

在装饰音和衬词的使用方面，丹徒田歌可谓风格独特，丰富的装饰音和衬词的使用，使得丹徒田歌更加细腻和有韵味，例如《车水号子》中，全曲自始至终全是衬词，中间频繁使用了装饰音，一唱一和的演唱形式，刚中带柔，柔中带刚，使歌曲显得舒展、悠扬，又富有劳动的热情。

谱例 7：《车水号子》

（三）演唱特征

“歌唱方法的确立与经济生活、文化生活和社会生产力的发展水准相适应，在歌唱的实践中，不同地区的人们形成了各自的协作方式和审美习惯，它使歌唱方法趋于稳定，并带有强烈的地方色彩。”[7]丹徒田歌是在特有的地形地貌和语言的环境下，丹徒人民在长期的稻作劳动中形成的，因此在歌唱方法、演唱风格、演唱形式等方面都有其独特的个性。

1. 真声唱法：丹徒田歌的音域不是很宽，基本都在小字组的 a 到小字二组的 f 之间。由于特殊的演唱形式和场合，演唱时以真声唱法为主，民间称“霸音”“宽音”。特别是有一种“震颤音”的真声歌唱方法，用得尤为多。

2. 假声唱法：丹徒田歌的演唱环境大部分是无际的稻田，人们隔田相望抒情表怀，有穿透力的声音才能跨越广阔的空间，这种声音尖锐、狂放，体现出了普通农人的呐喊和对美好生活的向往。尤其在唱一些挑逗、打趣的田歌时，又是一种情感欲望的表露，它使那些从事繁重体力劳动的男子为之振奋。

3. 真假声并用的唱法：由于丹徒田歌中拖腔和衬词丰富，特别是在一些没有旋律的衬词喊号时，农民常常将真声唱法、假声唱法混合使用，唱音域不高的小曲或一首歌的中声区时用真声唱法，到了高声区就换假声唱法，使声音显得洪亮、流畅、婉转、悠长。

4. 在演唱形式上，丹徒田歌既有单独的演唱、两人的对唱，又有一领众和的集体性咏唱；既有劳动者自身的演唱，又有职业歌班的演唱；既有无伴奏的清唱，又有加伴奏的演唱；等等。

结束语

镇江民歌是劳动人民创作的民间音乐的活化石，然而，随着全球化趋势和现代化进程的加快，其生存环境受到了严重威胁。当下，在大运河文化带建设的契机下对镇江民歌进行深层的挖掘、整理、保护和研究迫在眉睫，保护和传承这一古老的文化，对于延续镇江传统音乐的人文脉络和守住我们民族的精神家园，有着极其重要的理论意义和现实意义。

参考文献：

[1] 康新民,主编.民间风采[M].南京:江苏人民出版社,2004:175.

[2] 张国金主编.古宜春秋[M].南京:江苏古籍出版社,2002:6.

[3] 江明惇.汉族民歌概论[M].上海:上海文艺出版社,1982:164.

[4] 苗晶,乔建中.论汉族民歌近似色彩区的划分[M].北京:文化艺术出版社,1987.

注：本文音乐部分的分析参见孙伟《吴头楚尾 田歌悠悠——江苏丹徒田歌艺术特征研究》(《民族艺术研究》2011 年第 6 期）一文。

镇江运河文化海外传播文献考据*

朱晨舒　任晓霏**

2014 年 6 月，纵贯南北、博大灵动的大运河被正式列入世界遗产名录，标志着中国大运河拥有了世界文化遗产的身份，丰富了世界文化遗产宝库，成为中国文化遗产“走出去”的标志性品牌。镇江地处长江与运河交汇处，作为运河沿线的主要城市，承载了运河文化的历史变迁，孕育了镇江运河文化的宝贵遗产。镇江的运河文化历史悠久，融合了大陆文化与海洋文化、北方文化与南方文化、楚汉文化与吴越文化，极具研究价值。因此，研究镇江运河文化的传承传播对于大运河文化带建设，具有重要的学术价值。而关于研究镇江运河文化传承传播的学术成果相对单薄，论著甚少。本文通过收集整理有关镇江运河文化海外文献资料，研究镇江运河文化的海外传播及其在不同时期传播的内容和影响，希冀为提升大运河文化海外传播力提供支撑。

一、镇江运河文化海外文献纵览

我们借助知网、百度学术等搜索引擎，搜集整理出七类相关文献，见表一：

*本研究受国家社科基金重点项目“中国古代蒙学典籍的海外传播及其影响研究（17AZS012）”资助。本文系 2018 年度镇江市社科应用研究课题（2018YB010）研究成果。

**任晓霏，江苏大学文学院院长，语言文化中心主任，教授，主要研究方向为跨文化交际、翻译学；朱晨舒，江苏大学京江学院讲师，主要研究方向为跨文化交际、翻译学。

表一 相关文献表

书名	作者	创作时间	参考版本	备注
《参天台五台山记》	成寻（日本高僧）	1072—1073 年	《新校参天台五台山记》	王丽萍校点
《马可·波罗游记》	马可·波罗	1298—1299 年	《马可·波罗游记》	李季译
《漂海录》	崔溥	1488 年	《崔溥〈漂海录〉评注》	葛振家著
《入明记》	策彦周良（日本高僧）	1540—1549 年	《策彦周良入明史迹考察记及研究》	夏应元、夏琅著
《利玛窦中国札记》	利玛窦	1639 年	《利玛窦中国札记》	何高济、王遵仲、李申译
《乾隆英使觐见记》	乔治·马戛尔尼	1793 年	《1793 乾隆英使觐见记》	刘半农译
《英使谒见乾隆纪实》	斯当东	1793 年	《英使谒见乾隆纪实》	叶笃义译

文献涉及自然风貌、民生宗教、商业漕运、军事政治等运河文化的方方面面。

（一）运河民生的繁荣景象

《马可·波罗游记》是 1298 年威尼斯冒险家马可·波罗撰写的东游沿途见闻，内容涉及地理学史、中西交通史等诸多方面，有着重要的历史价值。在游记中，作者不惜笔墨描述了京杭大运河的繁荣景象。但无论是记载的事实还是蔓延的传闻，运河文化昔日的兴盛繁华仍可见一斑。

《利玛窦中国札记》是意大利天主教耶稣会传教士利玛窦在明朝万历年间来中国传教的见闻笔记，极大地推动了中国文化在欧洲的传播。利玛窦沿途经过许多运河城市，其中就包括镇江、扬州、淮安、徐州等运河沿岸城市。在该书第四卷第二章中，利玛窦写道："从南京到北京沿途经过南京省、山东省和北京许多著名城市。除去城市外，沿河两岸还有许多城镇，乡村和星罗棋布的民宅，可以说……沿途各处都不缺乏任何供应，如米、麦、鱼、肉、水果、蔬菜、米酒等等，价格都非常便宜。"书中生动地再现了当年运河盎然的民生景象。书中还记载道："（在中国新年）利玛窦神父和瞿太素乘船前往镇江，去观看盛大的民间表演……在镇江他们还受到许多政府官员和文化名流的热情接待。"虽然书中没有对新年的情形进行直接描写，但从利玛窦的言辞中不难让人联想当时镇江热闹非凡的新年画面。

1793年乔治·马戛尔尼作为访华使团的特使被派往中国。他先携使团抵达天津，然后沿运河进京。他回国时，使团分水陆而行，经京杭大运河南下，最终到达广州。回国后，马戛尔尼将其访华日记整理成《乾隆英使觐见记》，因此，马戛尔尼的沿途见闻都是运河文化的反映和展现，是不可多得的史料。记中记载道："6日礼拜三。拂晓即渡扬子江。渡口阔可一英里半。既渡，抵镇江，镇江为扬子江下游胜地，人口甚繁。"

（二）佛教文化的胜地

11世纪70年代，日本高僧成寻为了追寻先辈的足迹，渡洋跨海，开始了在中国佛教圣地的巡礼之旅，并留下了一部详细记录旅途见闻的日记《参天台五台山记》。这部作品描述了成寻从日本到中国的沿途见闻，记载了当时宋代的宗教、政治、经济、文化等内容，既是研究中国古代历史文化的宝贵资料，也是记录中日关系的珍贵史料。有相关史籍记载，成寻在第二年从北方沿运河返回杭州的路上便去了金山游览。《参天台五台山记》有云："午时，乘小船，崇斑、都衙、通事相共渡扬子江，参金山寺，一名浮玉岛，江中孤绝山也。"此外，成寻对金山寺庙的建筑和僧侣做了非常详尽的描述："诸堂绕山，有行廊，内有诸堂，庄严甚妙，宛如众香城城，以绀青、绿青、朱砂等贵丹皆悉画，处处高栏，或有黑漆涂，或有朱涂，如悬镜……寺主大师储斋供，珍膳美果，尽善极妙。"并称赞金山寺为"第一庄严寺也"。由此可见，金山佛教文化极大地震撼了成寻的内心，使他不由自主地为其赞叹感慨。

马可·波罗也对金山寺描述道："岛上有一个大寺院，住着二百多个和尚，敬奉着众多佛像。这里是偶像教的圣地，地位高于其他寺庙。"

策彦周良是日本京都高僧，明嘉靖年间曾两次率团使来华朝贡，将其两次经历分别撰写成《初渡集》和《再渡集》，合称《入明记》，其内容包含了明代社会面貌的各个方面，尤其保留了许多关于明代京杭大运河的资料。《入明记》对镇江寺庙的建筑结构、匾额内容等都有详细的描述。书中记载："午时至镇江府京口驿。即刻同正使和上游金山寺。上岸则有长廊，廊壁上有额，横揭'观澜'二大字，又其次横揭'中流砥柱'四大字……入此门则左胁有石额，竖镌'金山'二大字。佛殿横揭'大雄宝殿'四大字，本尊释迦，中央有'皇帝万万岁'之牌，左牌有'皇后齐年'四字，右牌有'太子千秋'四字，殿左右有十六罗汉像。"第二日，策彦周良又去甘露寺、北固山等地游玩，意犹未尽，感慨良多。通过对《入明记》中有关佛教寺庙的解读，不难看出运河沿线佛教与世俗之间的频繁互动，且佛教寺庙中的匾额文化更是体现了昔日佛教文化的内涵，镇江寺庙的建筑文化也略见一斑。

1793 年，乔治·伦纳德·斯当东成为英国访华使团的副使（正使为乔治·马戛尔尼），以庆贺清朝乾隆帝八十大寿为名出使中国。后来，斯当东将沿途的所见所闻详细记载下来，撰写成《英使谒见乾隆纪实》。在该书第十六章（由北京沿运河到杭州）中记载道："在穿过扬子江的时候，我们注意到一个岛屿在江中心。这个岛名为金山，耸立于江面。岛上有花园、有漂亮别墅。人工和自然结合把这里造成一个引人入胜的地方。岛的最高处建有寺庙和宝塔，皇帝在这里有一很大而漂亮的行宫。岛上还有一个很大和尚庙，里面住了很多和尚。江口船只往来如梭。"通过对周围风景的描述，《英使谒见乾隆纪实》凸显了金山寺在佛教文化中的地位。

（三）运河的漕运、军事和商业文化

明朝末年，漕运处于鼎盛时期，形成了颇具盛名的运河商业文化圈。策彦周良两次沿运河行走，对运河沿线城市的商业活动很感兴趣。在路过镇江金山寺时，他注意到一酒店招牌曰："人世光阴花上露，江湖风月酒中仙。"在丹徒云阳驿站的弄堂里，"满堂和气"四个大字亦赫然入目。由此可知，明末运河沿岸的商业招牌文化极具感染力，吸引着往来游客，展示了当时镇江绚烂的商铺招牌文化，为进一步探知镇江运河文化提供了详细而丰富的材料。

马可·波罗也记载镇江人民"以工商业维持生活，他们织造金线布匹和绸缎，各种食物也极其丰盛，各种狩猎活动，在这里十分盛行"。

《乾隆英使觐见记》中有运河军事记载："昔时曾筑一巩固之城以卫之，今城已旧敝，无裨兵事矣。过镇江时岸上有华兵二千人，左右整列，鼓乐而过，有军旗导之，观其状，似此间方举行阅兵式也。"马戛尔尼在路过镇江时，看见岸上约有两千骑士兵，齐整如一，鼓乐齐鸣，军旗飘扬，声势浩大。他认为这是镇江在举行阅兵仪式，而事实上，英国使团一路经过的重要城镇皆有军队阅兵，大概一是为了礼节，二是为了示威。

（四）运河两岸的大好风光

15 世纪，朝鲜官员崔溥因外出在海上遭遇暴风，在海上漂流 14 天，从济州岛漂至中国浙江。后来，崔溥沿京杭大运河旅行回国，途经嘉兴、吴江、苏州、常州、镇江、扬州、高邮等地，在中国停留 4 个半月，将自己在中国的见闻用汉文日记体的形式撰写成《漂海录》。崔溥作为明代第一个行走运河全程的外国友人，其作品生动形象地展示了当时大运河的交通面貌和沿岸风光，富有极大的历史价值和学术价值。在《漂海录》卷一（二十日至二十二日）中，崔溥描述道："孙权涉丹徒筑铁翁城之镇江府即润州城。""北固山在西北，即梁武帝所名也。戴公山在西南，即宋武帝所游也。甘露寺、多景楼俱在城东北。焦山、银山俱建巨刹，在城北。金山在大江之中，与银山相对，上有龙延寺，即宋真宗梦游之地……金山下，江豚戏浪，若战马群奔然。至西津渡码头石堤，建水竿于水中以为长桥，往来者皆缆舟于桥下，缘桥登堤岸。"在崔博详尽的记录中，镇江美丽的山川地貌、河流建筑尽收眼底，"缆舟"一词更是凸显了当年镇江运河的盛况。

马可·波罗沿京杭大运河南行，辗转于苏杭，在书中第二卷提到："瓜州城的对面，即江的中心，有一座完全由岩石构成的岛屿（即金山）。"

《英使谒见乾隆纪实》和《乾隆英使觐见记》两部作品，对乾隆盛世下的中国社会进行了细致入微的观察，京杭运河的倩影在其中也频频出现，斯当东还对运河沿线的桥梁及"水闸"技术赞赏有加。

二、总结

有人称中国为"运河帝国"。大运河是古今中外文化交流的桥梁通道，也是对外开放的前沿和经济窗口。日本访学僧，朝鲜半岛官员，意大利使者、传教士，英国使臣都曾在大运河上留下珍贵的足迹。

总而言之，镇江运河的名声海外遍及日本、威尼斯、朝鲜、意大利、英国等欧亚地区，传播的内容涉及镇江的宗教文化、商业文化、景观文化、历史文化、商铺招牌文化、建筑文化和传统节日文化等，分布之广，范围之大，令人惊讶。希望本研究为镇江运河文化的传承传播提供参考，让镇江运河文化跟随时代的步伐传播得更远更久。

参考文献：

[1] 成寻.参天台五台山记[M].上海:上海古籍出版社,2009.

[2] 丛振.《入明记》所见运河区域字牌文化研究[J],兰台世界,2016,11(47):115-117.

[3] 葛振家.崔溥《漂海录》评注[M].北京:线装书局,2002.

[4] 胡梦飞.明清京杭大运河留给外国人的印象[J].珠江水运,2016,11(30):49-51.

[5] 利玛窦.利玛窦中国札记[M].何高济,等译.北京:中华书局,1983.

[6] 马戛尔尼.1793 乾隆英使觐见记[M].刘半农,译.天津:天津人民出版社,2006.

[7] 马可·波罗.马可·波罗游记[M].李季,译.上海:上海亚东图书馆,1936.

[8] 斯当东.英使谒见乾隆纪实[M].叶笃义,译.上海:上海书店出版社,2005.

[9] 王健.大运河:当之无愧的世界文化遗产[N].中国社会科学报,2014-04-04.

[10] 王玲真.京杭大运河与镇江城市文明的兴起和发展[J].南通大学学报(社会科学版),2008(1):21-24.

[11] 夏应元,夏琅.策彦周良入明史迹考察记及研究[M].北京:中国社会科学出版社,2016.

[12] 韦明铧.英使与扬州擦肩而过[N].扬州晚报,2013-12-19.

丹阳练湖湿地的开发与大运河文化传承

王佳好 *

古练湖是丹阳的著名地标，练湖济漕济运文化历史悠久，是大运河上重要的水利工程，是运河风光带上最典型的江南水乡代表。

一、练湖的历史演变过程

丹阳的练湖是一个人工湖，地处宁镇丘陵和太湖平原的交界处，西北部是镇江的长山、高骊山、赣船山余脉形成的丘陵地带，地势由西北向东南倾斜，练湖正好处在倾斜面的分界线上。春夏雨季，练湖西北部 255 平方千米区域的降水，汇成延湖、幸福、中沟三条河，在河阳马陵村北进入练湖，大自然的鬼斧神工，为练湖的形成创造了自然条件。

西晋永兴年间，陈敏据有江东，令其弟陈谐主持开挖练湖。练湖临江南运河，在历史上具有调蓄山洪、灌溉、济运等作用。南北朝时其周围号称 120 里，练湖被人开渎口泄水，筑堤分上、下练湖，湖面大幅度减小。转运使刘晏上疏朝廷《奏禁隔继练湖状》，被准后，当时的润州刺史韦损，顶住多方压力，毅然决定下令整治练湖，他“增理故塘，缭而合之，广湖为八十里”。原本幅员四十里的练湖，一下变为八十里，储水、灌溉、济漕功能大大增强，当时放水济运河，“湖水放一寸，河水长一尺”，练湖风光更加绮丽，从此成为江南名湖。南唐昇元五年又大修斗门堤堰。北宋两次大修，湖北设分洪堰坝，节制山水入湖流量。西南堤上设斗门、石跶涵洞，控制蓄泄。后此由于建筑物损毁及占湖为田，不断维修改建。大约在南宋，规模稍大的浚湖及修堤不下五六次，当时仍称湖周长 40 里；元代不下三四次，明代不下六七次，清代不下七八次，民国时也有。明清时练湖也以济

---

* 王佳好，丹阳市委党校，高级讲师，镇江市大运河文化带研究中心研究员，丹阳市历史文化研究会会员。

运为主，有“七分济运，三分灌田”之说。历代经常维修管理，斗闸的启闭、湖堤的养护、湖水的调节运用，均有成规定制。湖禁极严，“盗决者罪比杀人”。但元明以后，由于淤积和围垦，湖身逐渐浅狭，作用也逐渐减小。明末清初，上练湖围垦殆尽；清末，下练湖也大部被垦辟为田。1949年以后，政府整治了古练湖周围的农田水利，开发建设为综合的国营练湖农场，这个千年名湖于1970年1月在丹阳大地上消失了。

历代为练湖做出贡献的官吏数不胜数，如南唐的吕廷祯，宋代的向子堙、苏京、沈度，元代的毛庄，明代的刘辰、董其昌、周枕、陈谊、周来学、高谦、海瑞、郭思极、陈世宝、饶京、史余城、王范，清代的秦世祯、于准、黎世序、陶澍、林则徐、陈炳泰、王仁堪，等等。他们开疏练湖，筑堤储水，灌溉利民，济漕为国，眼光远大且现实。丹阳人民永远怀念这些为民办实事的古人。

二、练湖是江南历史上最重要的水利工程

和国内其他名湖相比，练湖最大的特点是它不是一个天然的自然湖，而是人工湖，是1700多年前西晋初年为解决丹阳一带的水患和农田灌溉而修建的一项水利工程。据史料记载为“西晋广陵相陈敏令弟陈谐遏马陵溪水以灌云阳”。《丹阳县志·水》载：练湖形成时“周四十里，受句容高骊山、丹徒长山八十四派之水，汇为巨浸”，周长40里，面积10.3万亩。唐代，刺史韦损扩湖为周长80里，形成了一个颇为壮观的人工湖泊。由于当时丹阳称曲阿，故被称为“曲阿后湖”，也被叫过“开家湖”“丹阳湖”。练湖的形成，使丹阳及周边的丹徒、武进、金坛等县的数十万亩农田受益，以丹阳为中心的江南一带经济发展因此大大受益。

隋朝京杭大运河开通，古代中国经济中心逐渐向江南转移，而政治中心却仍在北方，封建王朝每年都要通过运河转漕大量的南方粮食，大运河便逐渐成为历代封建王朝南北政治、经济、军事和文化的交通大动脉。练湖紧邻大运河，地处镇江至常州之间，由于这一带地势较高，丹徒、丹阳地段的运河常常因水浅而使漕运受阻。据历史记载，隋炀帝的四重龙舟高45尺，宽50尺，长200尺。要使这样的龙舟能够通行无阻，运河的河宽、水深、弯曲半径等方面必须满足其要求。由于练湖是人工湖，湖底较高，和大运河仅一堤之隔，于是就有人提出了“以练湖之水，济漕运之厄”的重大举措。唐广德二年，转运使刘晏派遣官吏主管练湖。唐永泰年间扩湖

蓄水，禁筑湖堤和滥垦湖田，于旱时引湖水注入河中，“禁引灌，自是河漕不涸”。同时，对练湖用水管理极严，明令“盗决（泄水）者，罪比杀人”，且严禁豪强耕湖为田。

在唐引湖济运的基础上，宋朝对练湖更是多次整治。淳熙年间，先后三次浚治练湖，其中工程最大的一次，用工 126397 人，耗米 8800 石，耗钱无计。北宋 167 年间浚修练湖 3 次。南宋 152 年间浚修练湖 8 次。宋代是练湖济漕功能发挥最大效能的时期，“湖水放一寸，河水涨一尺”，也是运河漕运最发达、最繁忙的时期。元代虽然政治中心由宋代都城汴京（今开封）和临安（今杭州）迁到北京，但当时经济中心仍在江南。元朝为加强对练湖的管理，增设湖兵（最多时有 100 多人），专门管理湖水和修筑湖岸，并委任镇江路达鲁花（官名）协管练湖，同知（官名）掌练湖斗门之启闭。

明朝时期，北方对南方的财赋依赖愈重。明代继承唐宋遗法，借练湖蓄水济运，多次修治练湖济运工程。由镇江知府刘辰主持，全面整治练湖，政府还颁布禁令，严禁豪民侵吞湖滩。弘治、嘉靖年间，多次处置侵湖活动，退田还湖，以利蓄水。万历年间，郡守在练湖中修埂一座，隔湖为上下，埂上建闸三座，下湖与运河连接处，又建闸三座，石跶一座，用以调节运河之水，并立“钦依湖禁”石碑。元明期间，侵湖与复湖之争便不断涌现，为保持练湖对运河水源的供给，政府不断加强管理力度，从采用“验亩加税”的经济处罚到实行严刑峻法，依律处治，轻者戍边远，重者下死狱。这些措施的实施，对侵湖活动有所遏制。

清代，因练湖蓄水逐渐减少，济漕功能日趋减弱。尽管清政府对大运河和练湖的整治极其重视，采取诸多对策，但运河阻塞、漕运衰落的总趋势终难避免。同时，由于练湖水源减少，滩涂大量出现，加上封建社会根深蒂固的小农思想影响，不能正确处理水利与农业的关系，更谈不上生态平衡的长远发展。康熙十九年，吏部长官张鹏与江苏巡抚慕天颜以“裕固便民”为由，上奏将上练湖改为农田以增加农业税收。此例一开，众皆效尤，下练湖也渐被侵占，练湖水面更加萎缩，运漕水源枯竭。康熙四十六年，康熙南巡，有官民申奏练湖垦殖之危害，修复练湖之利是。康熙听之有理，决定开发练湖以资漕运。康熙四十七年，丹阳地方乡绅及滨湖居民为感谢皇上赠银复湖之恩，在下练湖湖心高岗处筑墩修亭，以示纪念。道光年间，两江总督陶澍、江苏巡抚林则徐在练湖黄金坝及东岗筑堤蓄水，固圩 2880 丈，增减水石坝，改 27 处古涵洞为水门，新建石闸一座，对蓄水、泄洪、济漕设施做了全面调整和综合利用，“漕运民田，咸臻利赖”。

另外，还改造和迁移了张官渡闸。

民国时期，国民政府和江苏省政府也十分重视练湖。1936 年，由省水利厅主持修建了练湖五孔闸。练湖五孔闸的修建对练湖的蓄水灌溉和济漕及丹阳城边水系的维护都起到了重要作用。同时作为丹阳水利工程的形象代表，其宏伟壮观的闸身和开闸放水时的轰鸣为古老的练湖又增添了一个著名景点，成为丹阳不可多得的又一旅游资源。

三、练湖是运河文化带的历史名湖

大运河是中国历史上最重要的水利工程，是封建时代中国南北交通的大动脉。大运河贯通后，对运河两岸的经济、政治、文化的发展起到了极大的推动作用，尤其是加速了江南地区的经济文化发展，使原先相对落后的江南得以快速发展。城以水兴，从而形成了我国历史上独特的运河经济带、运河城市群、运河文化带和运河风光带。练湖是大运河经济带上重要的水利工程，是运河风光带上最典型的江南水乡代表，因而逐步成为大运河文化带上的历史名湖。

练湖济漕济运历史悠久，在经学、史学、经济、科学、文化、宗教、戏曲、美术、建筑、民间艺术等各个方面都有杰出贡献。应该说，此时之练湖，不仅是丹阳之名湖，也是国家之名湖。

20 世纪 90 年代，中央电视台播放《话说运河》历史专题片，其中在谈及大运河的历史作用和文化价值时，提到运河文化带最著名的几大历史名湖时，就有练湖，并把练湖与太湖、洪泽湖、西湖、玄武湖等相提并论。

《幼学琼林・卷一・地舆》中有这样一段：“东岳泰山，西岳华山，南岳衡山，北岳恒山，中岳嵩山，此为天下之五岳。饶州之鄱阳，岳州之青草，润州之丹阳，鄂州之洞庭，苏州之太湖，此为天下五湖。”这里的“润州之丹阳”就是指镇江之练湖。中国人喜欢用“五湖四海”和“三山五岳”来表示中国之博大。《幼学琼林》是明代以后儿童入学的必读课本，可见练湖当时在天下的知名度和其独特地位。

练湖作为历史名湖，不仅因为其水域之辽阔、地势之险峻，还有一个重要的原因是它在形成后，逐渐展现出来的秀美的水乡田园风光，从而使其成为江南水乡文化和田园文化的杰出代表。由于它地理位置独特，毗邻大运河，又处于江南众多历史文化名城扬州、镇江、常州和苏州之间，交通便利，故而吸引了历朝历代无数文人墨客、帝王将相到此游玩观赏，从而有了许多名人轶事、诗词歌赋，为练湖的兴旺起到重要的催化作用和放大效应。

在古代帝王中，从南北朝的齐、梁帝王，宋文帝刘义隆，到清朝的康熙、乾隆都多次驾临练湖。尤其是乾隆在六下江南中两次驾游练湖，并即兴赋诗。

在文人墨客、名臣名将中，有南朝的颜延之，有唐朝的李白、许浑、李华、权德舆，有宋朝的陆游、杨万里、陈东、陈师道、苏庠、葛胜仲，有元朝的萨都剌、宋褧，有明朝的姜宝、张珍、丁鸿阳，有清朝的王士祯、彭澧、于震、孔尚任，有近代革命志士彭炎、徐锡麟等一大批诗词名家、文豪名士，都在练湖边留下足迹。尤其明清时期，游练湖、歌咏练湖的风气极盛，几十位文豪留下了近百首脍炙人口的优美诗词歌赋。一个历经千年以上被历代名人讴歌赞美之湖泊，在中国湖泊史上也是屈指可数的。

在长达1700年的历史长河中，围绕练湖兴废变迁，留下了相当多的碑记碑刻，并先后留下清朝版、中国台湾版及练湖农场编印的《练湖志》。史志上一篇篇关于练湖整治、重修的“碑记”，记述了练湖灿烂辉煌和沉甸甸的历史文化价值，是丹阳最重要和最珍贵的物质和非物质文化遗产。

对丹阳而言，练湖不仅带来了运河文化带上的历史名湖的光环，更重要的是丹阳人农田水利的天平，是丹阳人游玩消闲的后花园。城以水兴，丹阳城的发展无不和练湖的兴盛紧紧相连。练湖的蓄水灌溉功能，使丹阳的农业有了相对稳定的水利资源；练湖对大运河的济漕功能，使丹阳为历朝历代帝王、中央政府和地方政府所倚重，从而大大提升了丹阳的知名度和历史地位。

练湖以优美的水乡田园风光成为丹阳人消夏避暑之胜地，练湖丰富的水产资源更是丹阳人灾荒之年救灾之依托。在练湖及周边村庄，经湖滨居民和丹阳人的努力，许多美丽的传说流传下来，丰富了练湖的文化内涵。如关于练湖起源中的“金脸盆”的传说，丹阳封缸美酒的传说，练湖二十四景及道人墩、湖心亭等都留下了深深的历史印记；“梅子与丁郎”的故事成为丹阳最美的民间故事；张官渡、龙城、东岗、居安、花园村等许多村庄都拥有自己的传说故事，这在中国乡村中也是不多见的。

下练湖湖心岗地——湖心亭到清代更是名气极盛，先后建有圣恩亭、文昌阁、关帝庙、刘猛将军庙、练湖书院，并有纪念为整修练湖做出重大贡献的江苏巡抚林则徐等人的祠堂等。当时的湖心亭，楼阁亭榭辉映在碧波荡漾的湖水之中，百年的古黄杨葱郁繁茂，在丹阳人心中无疑是一处人间仙境。民国时期在湖心亭之东，西门古运河边，由民国政府水利厅主持修建的练湖五孔闸气势恢宏，傲立湖岸，开闸放水时溅起的巨浪水花及发出的轰鸣声至今还深深留在老一辈丹阳人的心中。

四、练湖湿地的开发设想

作为拥有独特区位优势和历史底蕴的练湖，是丹阳市乃至镇江市区域特色化发展的重要载体。恢复练湖，将练湖建造成生态保护、旅游休闲、人文历史相结合的湿地公园，是丹阳人几十年来的心愿，也是城市发展的必然需求。丹阳市练湖湿地开发，要在尊重历史文化基础上恢复水工设施，凝聚生态、景观、休闲、文化、安全等多重内涵，是京杭大运河文化带沿线生态保护和价值提升的重要节点，是丹阳市历史文化的保护继承与发扬的重要区域，是丹阳市美化城市形象、调整产业结构、优化用地布局、提升土地价值的重要保障，具有重要的历史与现实发展的意义。丹阳市练湖湿地开发能够改善区域生态环境，构造“河湖聚合生态，生态滋润城乡”等独具特色的水域和湿地保护生态系统，对流域面积达220平方公里的区域生态安全格局、生态廊道的构建、防洪防涝、提升蓄洪能力具有重大意义。

（一）练湖湿地开发的目标

融合生态、历史、文化、现代等多种要素，强调特色与创新发展，借助于练湖湿地的再造与重塑，通过对练湖湿地的修复，重构具有多元复合功能的水网络，凝聚生态、景观、休闲、文化、安全等多重内涵，建设以高品质的服务、优美的生态环境、丰富的历史文化资源为特征的练湖湿地保护区域，建设诗意栖居的练湖湿地保护区域，使其成为沪宁线上的“名珠”，从而推动“因湖而名”的丹阳城市地位与生活品质的再一次提升。在练湖湿地开发中，要传承大运河文化，不断丰富丹阳市的城市价值，提升城市影响力，使练湖湿地区域成为丹阳完善城市结构、转型提升城市功能的核心战略空间，成为集历史文化、区域保护、旅游休闲、绿色生态、和谐宜居为一体的高品质新空间。

（二）练湖湿地开发的思路

紧紧围绕“历史文化，旅游休闲、湖城合璧”三个城市发展主题，把练湖湿地开发与大运河文化带建设密切联系起来，集中体现丹阳在文化传承、生态环境、产业创新、公共服务、城市活力、人文关怀及城市形象等方面的追求。

练湖湿地开发的区域东至沪宁铁路、西至国道 G312、南至北二环路、北至通港公路，总用地面积约 2342.22 公顷。

练湖湿地的开发主要涉及三个层面。第一是国家层面——“大运河世界文化遗产的窗口”。作为大运河江南段的唯一“水柜”，练湖拥有沟渠、闸等人工建筑，是运河文化遗产的重要组成部分。大运河是世界文化遗产，国家提出了大运河文化带建设战略，而练湖湿地的恢复是大运河历史文化价值的重要节点。在传承运河历史文化的基础上，追溯大运河及练湖的历史脉络，将其建设成为大运河世界文化遗产展示窗口，充分展现运河文化的独特价值。第二是区域层面——“多元湿地保护区域的江南生态休闲目的地”。江南拥有传统的“小桥流水人家”的古韵，也拥有现代丰富的滨水商务休闲、游览等要素。在江南地区旅游休闲目的地中，既有水乡古镇，也有依水而建的商务休闲地和游览区。而练湖湿地的恢复既不同于一般的水乡古镇，也区别于现代化的流水楼宇绿地景观，而是依托于练湖、大运河及其历史文化遗产（书院、闸、沟渠），兼容江南水乡古韵，并蓄现代活力元素，形成具有多元滨水特色的生态旅游休闲目的地。第三是城市层面——“丹阳城市品质提升与文化复兴的引领区”。“导水润城、合璧城湖”，通过练湖湿地的开发，改善丹阳的城市风貌，打造练湖特色名片，提升城市整体品质，提高丹阳在区域、国家乃至国际上的特色城市地位。

（三）练湖湿地开发的步骤

第一期，第一阶段以主湖（下练湖）、练湖河、弯河、上练湖湿地为开发建设的重点，包括弯河、主湖挖湖及中央岛群堆山、主湖堤岸建设、水利设施建设、主湖引水、市政基础设施建设、重要道路建设、绿化植被及树种培育（中央岛群），着重做好挖湖、湖区堤岸建设、水工设施、湖链引水、市政基础设施建设、重要道路建设、引水润城及绿化植被、土地出让等工程。

第二期，第一阶段以上练湖为主，开发建设重点是挖上练湖、堤岸建设、水利设施建设、引水、市政基础设施建设、重要道路建设及绿化植被。第二阶段以湾河湿地周边地区建设、丹溪湿地建设、西门运河南段改造为主，包括水工设施、重要道路、市政基础设施建设及绿化植被。

第三期，以中央岛群开发建设为主，包括堤岸建设、水工设施建设、道路建设、市政基础设施建设及绿化植被等。

（四）练湖湿地开发的空间。

以运河、弯河为特色轴线，以轴线为核心，形成三大综合发展片区，构成“两轴一心三片区”的空间结构。

1. 两轴：指大运河生态文化轴和湾河湿地生态轴。大运河生态文化轴是丹阳历史文化的核心载体，也是丹阳城市拓展的主要轴线。弯河湿地生态轴是练湖湿地区域的重要生态廊道，是展现江南水乡特色的重要地区。

2. 一心：指以上练湖片区、下练湖片区、湖链及周边地区构成的练湖核心区。上练湖片区由上练湖、上练湖湿地及上练湖湿地创意园构成，重点发展水质净化、生态景观和创意产业功能；下练湖片区包括下练湖、中央岛群、湖心岛及滨湖地区，是练湖最核心的部分，重点发展旅游休闲度假、生态景观功能；湖链及周边地区由湖链、文化艺术、湖链企业园构成，重点发展生态公园、文化休闲及高端产业功能。

3. 三片区：指围绕练湖形成的三个综合发展片区。湖东综合发展片区位于运河以东，以居住生活功能为主，包括一处片区级商业中心和一处市级商务中心；湖西综合发展片区位于练湖以西，以居住生活功能为中心，包括湾河湿地核心区和一处片区级商业中心；湖北综合发展片区位于沪宁高速以北，以居住生活功能为主，包括两处湿地公园。

上练湖片区以静谧、自然、产业为特征。其中，上练湖展现多样湿地，以现代水质净化处理工艺展示为特色，上练湖湿地创意园呈现小尺度创意产业与湿地形式相融合的现代化景观化特征。

下练湖及中央岛群地区以生态、文化、主体湖泊为特征，是练湖湿地保护的核心区域。重点突出下练湖的生态、文化、历史等景观特征，中央岛群的练湖阁、练湖书院等文化场所充分展现练湖的文化底蕴。

湖链地区以湖群和小尺度的江南水乡特征为主要特色。大小湖泊依次相连，滨湖两侧是特色化的城市文化、旅游休闲设施与场所。

大运河及大运河公园地区以还原历史风貌、生态为特征。大运河延续其历史风貌，保持原有的运河的水道和水文，展现运河文化。大运河公园是以生态特征展现运河主题文化、融合运河与练湖的空间和场所。

结束语

大运河斜贯丹阳全境，境内运河长度为28.6千米，集水面积为543平方千米，是全市的主脉，沟通了全市的水系，形成了全市水系网络。古练湖是丹阳的著名地标，是丹阳的历史名片，是丹阳这座历史文化名城无限魅力的重要组成部分，丹阳市练湖湿地开发建设能改善区域生态环境，构造“河湖聚合生态，生态滋润城乡”湿地保护生态系统。

参考文献:

[1] 中国农业百科全书总编辑委员会水利卷编辑委员会:《中国农业百科全书 · 水利卷》,农业出版社,1986.

[2]《太湖流域水环境综合治理总体方案》(2013 年修编),国函〔2008〕45 号).

[3] 江苏省生态红线区域保护规划,苏政发〔2013〕113 号,2013-08-30.

[4]《丹阳市城乡一体化规划(2015—2030)》(2011 年版).

[5]《丹阳市城市总体规划(2008—2020)》(2009 年版).

[6] 丹阳市旅游业发展总体规划(2006—2020)(2006 年版).

[7] 中共中央办公厅,国务院办公厅.大运河文化保护传承利用规划纲要.2019-02.

译介学视角下镇江大运河文化遗产外宣翻译与对外传播

杜　冰　王　栋　康　芬*

大运河是我国古代创造的伟大工程，是祖先留给我们的宝贵遗产。十八大以来，习近平总书记高度重视大运河文化带建设工作，并在《打造展示中华文明的金名片——关于建设大运河文化带的若干思考》的报告中作出重要批示："大运河是祖先留给我们的宝贵遗产，是流动的文化，要统筹保护好、传承好、利用好。"为推进大运河文化遗产保护利用工作指明了方向。大运河镇江段是江南运河的屋脊、南北航运的枢纽、水利工程技术的典范。

在新时代背景下，江苏省委、镇江市委领导多次调研部署，大力推进大运河文化带建设，并制定大运河镇江段文化遗产保护工作的总体指导纲领：一方面，要保护好文物遗存、水工遗存等物质文化，手工技艺、饮食习俗等非物质文化；另一方面，要注重文化旅游品牌化，大运河的"根"在文化，要着力打造一批精品旅游景区、精品旅游线路，加快形成"江河交汇看镇江"的品牌效应。做好大运河文化遗产的对外传播，讲好中国运河故事，有利于国家文化及镇江地方文化影响力的提升，传播好中国声音。

一、镇江大运河文化遗产项目的外宣综述及实地调研

（一）大运河镇江段文化遗产项目的发展历史与对外宣传

镇江是一座濒江临河的城市，其兴起、发展和繁荣与长江密不可分，

---

* 杜冰，江苏科技大学外国语学院副教授，江苏省外国语言学学会会员，研究方向为应用语言学、跨文化交际研究。王栋，江苏科技大学外国语学院副教授，研究方向为教育学。康芬，江苏科技大学外国语学院讲师，研究方向为翻译学。

更与运河休戚相关。京杭大运河镇江段全长42.6千米，是运河历史上最早开凿的地段之一。

历史上，意大利著名旅行家马可·波罗于1271年，沿丝绸之路来中国游历，写下了著名的《马可·波罗游记》。马可·波罗在中国期间曾被忽必烈派往中国东南地区巡视。他乘船沿运河而下，途经现今江苏的徐州、淮安、宝应、高邮、苏州等城市，从扬州到镇江来，正是在西津渡登岸的。马可·波罗在他的书中对镇江、扬州、苏州等运河城市做了精彩的描述。

如今，大运河对外宣传影像资料能够真实直接地记录大运河文化，能让受众直观地感受到中国大运河的魅力。如讲述徐州运河古镇——窑湾故事的纪录片《一条河，一座城》在CCTV-9国际频道向全球播出；2017年CCTV-10的《味道》栏目制作播出了《寻找运河味道》，来到江苏运河沿线城市无锡、镇江、扬州，以及运河古镇窑湾和邵伯，对运河特色美食进行了挖掘；2016年年初，央视丝路纪录片团队拍摄了大型历史纪录片《国之大运》；江苏省排演了歌剧《运之河》，用西方人喜闻乐见的形式讲述运河故事，在欧洲一些国家演出后好评如潮，大大扩大了中国大运河文化的对外传播。

2018年6月1日至3日由江苏省文化和旅游厅主办的“运河传情 匠心筑梦”——中国大运河文化带城市非遗大展在淮安举行。此次大展邀请了大运河流域8省36市组团参加，展厅规模约6000平方米，按大运河流经区域设置多个展区。镇江市精心挑选了扬中箫笛制作技艺、天鹅绒织造技艺、扬中竹编、太平泥叫叫和封缸酒传统酿造技艺共5个项目参展，受到了国内外宾客的高度赞扬。

（二）大运河镇江段文化遗产外宣翻译现状调研

大运河镇江段历史积淀深厚，文化遗产丰富。项目组成员走访了镇江市文化局、旅游局，拜访参观了镇江博物馆和镇江民间文化艺术馆，以及销售种类比较丰富的商店商铺，对我市现存有文字记录的文化遗产进行了艺术品文字资料收集、调研后发现，大运河镇江段的文化遗产在对外翻译与传播上仍存在一些亟待解决的问题。首先，我市大运河镇江段文化遗产文字资料严重缺乏。目前已编辑成册，较为完整、全面的文化遗产介绍出版物相当有限。大部分遗产缺乏详细的文字描述，更不用说外文文本资料。现存部分译文也存在过度直译、缺少文化底蕴、晦涩难懂的缺憾。还有些译文随意删减原文信息，对基本的文化常识缺乏调查研究，出现或多或少的一些误译。其次，大运河镇江段文化遗产文本材料复杂，其中一部分未经提炼整理的文本元素无法准确地翻译成外文。

二、译介学视角下镇江大运河文化遗产项目翻译研究成果

（一）运河镇江段文化遗产外宣翻译现状及译介学探索

在中国文化“走出去”的背景下，基于大运河镇江段文化遗产现存外宣资料现状，被视为最有效的文学、文化传播方式之一的译介学成为本项目研究的全新切入视角及理论支撑。所谓译介学，就是指从文化层面上对翻译进行的一种跨文化研究。该理论关注的重点在于两种文化转换中的译介内容、译者采用的策略及其主体性。文化遗产对外译介正是以中国文化走出去为目的，以汉语为信息源，以英语为信息载体，以外国受众为传播对象，最终打造理想的文化遗产外宣资料。

（二）译介学视角下大运河镇江段物质文化遗产外宣文本研究成果

镇江区位独特，长江与运河十字交汇，淮扬文化与吴越文化交融。大运河镇江段地处南北运河交界处，通航段全长 42.6 千米、城区段 16.7 千米，沿河区域分布着大量文保单位和旅游景区，浓缩了大运河文化的精髓，是我市重要的文化带、经济带和生态带。

大运河镇江段存在多种遗产形式，主要包括水利设施、古建筑、古城、古街等物质文化遗产，以及与大运河相关的非物质文化遗产和一系列文化景观遗产。在查阅文献、实地考察及调研走访所掌握文本资料的基础上，笔者对其现有英译文做出译介分析及思考，对现有翻译文本提出修改参考意见，针对还未提供英文外宣文本的文化遗产进行了译介翻译尝试，以期为大运河镇江段文化遗产项目外宣工作做一份贡献。

1. 物质文化遗产的全新译介版本

（1）水利工程遗产的翻译——大运河江河交汇处

目前，国际上也有一些处在江河交汇处的城市或地点，但主要是自然河流交汇而非人工运河，且大多直接被译为“River Junction”，放在这里显然不够严谨，也无法突显镇江特殊的地理位置，改为“The Junction of Grand Canal and Yangtze River”，尤其是加注国外受众较为熟悉的长江与大运河的名称，可以更准确地传递出镇江处在江河交汇处的重要位置的信息。

（2）公署等运河管理机构——西津渡古街

西津渡古街救生会、昭关石塔、观音洞获联合国教科文组织 2001 年亚太地区文化遗产保护杰出项目奖。该景点介绍属于信息类文本，主要是向

读者介绍西津渡古街地理位置及重要的历史地位等。原译本问题：第一，“西津渡”音译为“Xijin Du”，英语读者对“Du”很陌生，解释性地加注“Xijin Ferry”才能清晰地体现古渡的历史作用。第二，译文谬误。破山栈道中翻译的“依附于”及“栈道”显得不够准确，可替换为“It is a historical relic attached to a broken mountain plank road”。第三，对于“文脉”一词的翻译“context”过于笼统。习近平总书记在中国文学艺术界联合会上指出“文运同国运相牵，文脉同国脉相连”。因此，我们可以此为鉴，考虑到译介受众和译介效果采用“civilized context”来区分“national context”，以强调它所蕴含和代表的文化精髓。

2. 非物质文化遗产的全新译介版本

非物质文化遗产的外宣资料融口头文学与民俗艺术等特性于一体，既具静态的人文研究价值，又具动态的文化传播功能。非物质文化遗产项目的文本属于信息型主导的文本，其起源、特点、表现形式、文化价值和保护情况是需要译介的主要内容。诸如丹阳马灯阵舞、丹徒南乡田歌等传统戏剧、音乐和曲艺类非遗项目，融舞蹈、口头文学与民俗音乐等特性于一体，含有文化专有项，如具有民族特色的台词、典故、乐器名、表演形式和角色，便是翻译的重点，需要运用恰当的翻译方法和策略对外传播。

（1）民间文学

《华山畿》的传说　The Legend of *Huashan Ji*（Ji：areas near the capital）

该文本需加注:《华山畿》诗中的华山不是指五岳的华山（Mount Hua），而是指镇江市镇江新区境内的华山。大部分中外译介受众都会将五岳华山与之混淆，更鲜有人知道家喻户晓的“梁祝”故事正是起源于此。

董永与七仙女传说　Love Story between Dong Yong and the Seventh Fairy of the God

“七夕节”源于《天仙配》，《天仙配》中董永与七仙女的传说发源地就在镇江市丹徒区谷阳镇槐荫村。2006 年，槐荫村申报的《董永与七仙女的传说》被镇江市人民政府列入镇江市首批非物质文化遗产名录；2007 年，又被江苏省人民政府列为江苏省非物质文化遗产名录。如今，槐荫村正在积极申报国家级非物质文化遗产。

（2）民间音乐

丹徒区文化馆——丹徒南乡田歌　Dantu Rural Farm Song

南乡田歌是江苏省镇江市传统民歌，是劳动人民创作的民间音乐的活化石。

主要有耕田时的“耕田嘞嘞”，插秧时的“插秧田歌”，打麦收获时的“打麦号子”，耥草劳作时的“耥草田歌”等。如：Dantu Rural Folk Song is a traditional folk song of Zhenjiang City, Jiangsu Province. It mainly includes “ploughing field whine” when transplanting rice seedlings, “beating wheat chant” when harvesting wheat, “weeding field song” when working grass, and “turning water chant” when driving water and so on.

译文除了需要向英语读者介绍丹徒南乡田歌的起源和特点以外，还需体现当地的民歌文化。全新译介版本运用译介的转换之道，使用了三个并列式结构的状语从句，进行了信息重组、结构调整，按照英文歌曲方式将民歌的画面感生动地呈现在读者眼前。

镇江梦溪琴社——中国古琴梅庵琴派　Mei'an Ancient Musical Instrument School

梅庵声远，梦溪韵长。2010 年，镇江古琴艺术的代表——梅庵派古琴荣获了联合国社教文组织颁发的人类非物质文化遗产名录项目，从此，梅庵派古琴就成为弘扬镇江文化的一张名片。目前，梅庵派古琴在海外传播也取得了初步的效果，在英国和美国都设置了琴社，也有外国人来中国专门学习古琴。本项目译文文本极具中国诗意和美感，将梅庵的盛名与古琴的意境相结合，着重介绍了古琴作为联合国非物质文化遗产项目所发挥的弘扬中国文化及镇江地域文化的作用。

（3）民间舞蹈

春城马灯阵舞　The horse lantern dance

春城马灯阵舞是江苏省句容市春城乡（现茅山镇）敬德、朱巷等村开展的一项民间艺术活动。马灯舞表演形式奇特新颖，具有浓郁的民族特色，以及一定的观赏性和娱乐性。作为一种民俗娱乐活动，马灯舞祈求风调雨顺、五谷丰登，表达了人们美好的愿望，同时也给乡村带来了欢乐与喜悦。

（4）传统戏剧

镇江市艺术剧院——扬剧（金派艺术）　Yangzhou Opera

扬剧，俗称“扬州戏”，作为江苏主要地方剧种之一，流行于扬州、镇江、南京、上海等地，迄今已有三百年的历史。扬州经过历代艺人实践和创造交流，积累了十分丰富的艺术财富，并形成了融表演、唱腔、舞台语言等的独特风格，长期以来受到广大人民群众的欢迎。扬剧的唱腔曲调有 100 多种，常用的有 20 多种，传统保留剧目有 300 多个。2006 年 5 月 20 日，扬剧入选第一批国家级非物质文化遗产名录。

丹阳市文化局——丹剧　Danyang Opera

丹剧以丹阳地方方言为唱念用语，以“啷当”“云阳”“花名”及其一整套板式为基本唱腔，在表演技艺、演出形式上较接近于京剧。丹剧的语言音调柔和，曲调朴实优美，既有清新的抒情色彩，又有浓郁的地方韵味。在江苏省、市文化主管部门和地方政府的重视和扶持下，经过丹剧四代人的努力，丹剧渐渐形成了自己独特的艺术风格。有关行家认为丹剧既有京剧的阳刚之气，又兼有越剧的阴柔之美。

（5）民间美术

镇江市太平民俗民艺馆——华山太平泥叫叫　Huashan Clay Flute Call

“太平泥叫叫”是发源于镇江市姚桥镇华山村的一种传统玩具，类似于陶笛。“泥叫叫”用黄泥土捏制而成，可以吹出响亮的哨声。这种传统而古朴的小玩具，已经流传了千年，是老祖宗留下来的“宝贝”，并且只能使用当地的黄泥捏制，已被列入镇江市级非物质文化遗产。

扬中市文化馆——扬中竹编　Yangzhong Bamboo Weaving

扬中竹编起源于宋朝，由外地移民引入，因扬中竹资源丰富，所以带动了竹编行业的发展。最初扬中人用竹子编成生产、生活用具，后来在编制中加入图案。当今竹编代表人物耿月新的竹编则是以纯工艺品为主，具有相当高的艺术价值和收藏价值。

（6）传统手工技艺

丹阳酒厂——丹阳黄酒酿造技艺　Danyang Brewing Techniques of Yellow Rice Wine

丹阳黄酒色橙黄，清澈透明，香气浓郁，鲜甜香美，醇和爽口，刺激性小，风味独特。丹阳黄酒以优质糯米为原料，采用淋饭法工艺精酿而成。其色香味别具一格，是中国甜黄酒的典范。丹阳黄酒文化内涵丰富，既有美丽动人的历史传说故事，又有大量的文献古籍记载，还有众多历史名人的诗文题咏，它们均反映出这是极具地域文化内涵的传统工艺。

扬中市长鸣乐器厂——扬中箫笛制作技艺　Yangzhong Vertical and Horizontal Bamboo Flute Production Technic

扬中“巨笛”长3.14米、孔径4.9厘米，上过央视，在北京人民大会堂演奏过，更获得国家进步三等奖和国际“吉尼斯”证书！

镇江宴春酒楼有限公司（镇江肴肉）的制作技艺　镇江老宴春饭店有限公司——镇江水晶肴蹄　Pork Trotter Aspic Jiangsu Style

水晶肴肉，又名水晶肴蹄、镇江肴肉，是镇江市一道传统名菜，属于苏菜系。成菜后肉红皮白，光滑晶莹，卤冻透明，犹如水晶，故有“水晶肴肉（肴蹄）”之美称，具有瘦肉香酥、肥肉不腻、酥香嫩鲜等特点，佐以姜丝和镇江香醋，更是别有一番风味。2018 年 9 月 10 日，“中国菜”正式发布，“水晶肴肉”被评为江苏十大经典名菜。

镇江市饮服行业协会——镇江锅盖面的制作技艺　Pot Noodles

锅盖面是中国十大名面之一，被誉为“江南天下第一面”。据传，乾隆皇帝下江南时，到镇江张嫂子伙面店时，张嫂子忙中出错，误将汤罐上的小锅盖当成大锅盖摺到面锅里，煮出来的面条却很可口，还被乾隆皇帝夸赞。

目前，关于其制作工艺及传说故事的翻译版本比较多，但其官方译本始终没有发布。因此，在翻译时应加注一些必要的文化背景信息，并选取恰当的关键词，避免大篇幅标注。用简练的语言介绍主要历史人物和地点，满足阅读者的文化需要，同时缩短篇幅，凝练语言。

三、大运河镇江段文化遗产项目对外传播译介建议与策略

大运河镇江段的文化遗产具有鲜明的特点，历史底蕴丰厚且乡土气息浓厚。对外宣传是保护和传播镇江市文化遗产的有效方式之一，基于以上对大运河镇江段文化遗产项目的译介分析与思考，现提出几点建议。

（一）发挥政府主导作用

建议成立相关职能部门对镇江段大运河文化遗产的译介进行规范化管理。组织部门专门负责具体翻译工作和译文质量的审核。继续开展未译文本的翻译实践；创建大运河镇江段外宣翻译语料库，为后续的翻译实践和研究工作常态化奠定基础。近年来，镇江市社科应用课题专门设立了“大运河专项课题”，诚邀更多学者、专家参与其中。

（二）重视高水平翻译人才

本地各高等院校着力培养能够适应镇江地区社会经济和文化发展需要的实用型人才，以解决当前镇江市旅游对外翻译人才紧缺的问题。近年来，江苏科技大学外国语学院先后成立了 JUSTService 义工站。其宗旨是结合镇江市对外翻译宣传的实际需要，不断探索、创新，摸索出一条具有地方特色的人才培养模式，培养出了一批能够适应镇江地区社会经济和文化发展需要的实用型在校志愿者人才，解决当前镇江市旅游对外翻译人才紧缺的问题。谨以此希望各级部门重视非物质文化遗产外宣翻译，希望有更多的

人参与到翻译工作中来，展开深入、具体的翻译研究。通过钻研、实践，提高外宣资料译文质量，突出大运河镇江段文化遗产优势，为文化遗产传承、创新，为镇江市旅游业和经济文化发展做出贡献。

2019 年 4 月，美国犹他州考察团一行十余人参观镇江历史文化名片——西津古渡。外国语学院 JUSTService 义工站负责全程的英文讲解和引导服务。义工站志愿者们从“丰富的历史蕴含”“深厚的文化蕴藏”“浓厚的宗教氛围”“悠远的文物建筑”等方面向外国友人们娓娓诉说着这条千年老街，详细讲解了西津渡昭关石塔、待渡亭、小码头遗址等建筑文化和状元饼、锅盖面、镇江特产等民俗文化，并重点参观了江苏省非物质文化遗产——太平泥叫叫。这些集历史文化、民间智慧和风俗趣味为一体的历史文化产物博得外国友人的喜爱和珍视。

（三）创新多元化传播手段

借助当代便捷的新媒体传播条件将大运河镇江段文化遗产推向世界的舞台。可将外宣材料制作成动态信息，开发博物馆 App，利用 VR 全景技术，将出土文物、古村落、古建筑等图片上传到 App 上，附以标准精美的英文翻译，供全世界游客观赏；抑或开发类似马可 · 波罗历险记等益智类、科普类的角色冒险游戏、探险寻宝游戏等，在青少年中普及文化遗产项目文化知识。

四、研究成果的学术价值、应用价值及研究展望

（一）研究成果的学术价值

大运河镇江段历史积淀深厚、文化遗产丰富，保护传承工作具有一定基础。然而，在当今国际化对外传播背景下，关于大运河镇江段的文化遗产对外翻译与传播研究数量甚少，相关文化遗产项目资料还相对匮乏。因此，本项目致力于本土文化，对大运河镇江段文化遗产进行了缜密梳理并全面展开对外译介研究全新版本，为进一步推进镇江市大运河文化带建设做出一份贡献。

（二）研究成果的应用价值及实践意义

为切实即时检验本研究译介文本的对外传播效果，项目组尝试将译介文本作为对外汉语中国文化教学补充内容，对驻镇高校江苏大学、江苏科技大学来华留学生进行了教学实验，通过问卷调查、访谈及课堂反馈等教

学方式后得到数据，并借助 SPSS 科学统计软件对数据进行对比分析，以此得到对外传播效果的一手数据资料并及时调整译介策略，以期推进下一步的对外传播。

（三）研究成果的不足和存在问题

在项目研究中的走访和调研中发现，目前大运河镇江段文化遗产项目的外宣资料还缺乏规范性管理，部分译文存在错误和问题，甚至一些项目无法找到相对全面的中文介绍，不仅给译介工作带来了诸多不便，也无益于镇江涉外旅游业的对外宣传与发展。项目组期望相关部门能从政策、资金、人力、物力等各方面给予大力支持，组织人员进行资料的收集、整理、编写、出版，在此基础上，组织专家、学者展开深入调研，进行文化遗产翻译研究，开展各种形式的文化遗产翻译研讨活动，探索出一套适合文化遗产外宣翻译的标准。

（四）尚需深入研究的问题

本项目尚需深入研究的内容包括对现有的译介英文翻译资料进一步加以完善、纠错、更正，请专家对译文质量进行指导和审核；继续探索以译介学、生态翻译学等翻译理论和跨文化交际理论为指导的翻译实践，准备下一步的译法研究和受众调查；继续科学有效地开展对以来华留学生及来镇海外游客为代表的目的语受众的问卷调查并进行数据统计与分析；创建大运河镇江段外宣翻译的语料库和数据库，为后续的翻译实践和研究工作常态化奠定基础；遇到难度较大的外宣资料的翻译，邀请专家、学者及高水平的翻译人员共同研讨。

结语

大运河文化对外传播，有利于中国文化经济的发展，有利于增强中华民族文化自信，提升国家软实力，增强国际话语权，提高海外华人的向心力。在未来的传播过程中，要突显地方特色，寻找合适的传播媒介，注意文化遗产项目外宣文本转化中的统一性与规范性；在“一带一路”倡议背景下，利用人类命运共同体、文明互通、历史遗迹保护、水资源保护等的共同话语，寻求文化共鸣。只有这样，才能高效率地进行文化对外传播，加快中国大运河文化走出去的步伐。

大运河镇江段文化遗产外宣工作亟待进一步整理和开发，且将是一项系统、长远的工程。如何保护传承与开发利用，将文化遗产的人文艺术价值与社会经济价值统一起来，对于镇江市保护好、传承好大运河文化遗产项目这一人类共有的精神财富具有深远意义。利用好、发挥好镇江市大运河文化遗产的现代服务价值与经济效应，对传播地方文化、促进地方经济发展具有重要的启示意义与参考价值。

参考文献：

[1] Munday J. Introducing Translation Studies: Theories and Applications [M]. London and New York: Routledge, 2001.

[2] Venuti L. The Translator's Invisibility: A History of Translation [M]. Shanghai: Shanghai Foreign Language Education Press, 2004.

[3] 陈芳蓉.文化多样性与非物质文化遗产的译介[J].浙江师范大学学报,2013(3):64-69.

[4] 陈芳蓉.中国非物质文化遗产英译的难点与对策[J].中国科技翻译,2011(2):41-44.

[5] 高昂之.非物质文化遗产的外宣翻译与国际传播:现状与策略[J].浙江理工大学学报,2019(2):136-142.

[6] 胡开宝,李婵.中国特色大国外交话语的翻译与传播研究:内涵、方法与意义[J].中国翻译,2018(4):5-12.

[7] 胡庆洪,文军.从传播学视角看中国非物质文化遗产英译:以福建非物质文化遗产英译为例[J].上海翻译,2016(2):43-46.

[8] 马会娟.汉英文化比较与翻译[M].北京:中国对外翻译出版公司,2014.

[9] 邵培仁.传播学[M].北京:高等教育出版社,2000.

[10] 维索尔伦.语用学新解[M].北京:外语教学与研究出版社,2000.

[11] 谢天振.译介学[M].上海:上海外语教育出版社,2003.

[12] 许敏,王军平.中国非物质文化遗产文化概念的英译研究[J].西安外国语大学学报,2016(2):108-112.

[13] 许钧.从翻译出发:翻译与翻译研究[M].上海:复旦大学出版社,2014.

[14] 镇江非遗网.http://www.ichzj.com/www/index.php.

[15] 镇江民间文化艺术馆大运河镇江段文化遗产馆藏资料.

[16] 镇江市博物馆.http://www.zj-museum.com.cn/zjbwg/zjbwg/index.html.

[17] 镇江市图书馆.http://www.zjlib.net.

[18] 镇江市文化广电和旅游局，镇江市文物局 http://wgx.zhenjiang.gov.cn.

[19] 中国的非物质文化遗产编写组. 中国的非物质文化遗产区 [M]. 北京：北京语言大学出版社，2011.

[20] 中国非物质文化遗产数据库系统.http://fy.folkw.com/view.asp?id=589.

全域旅游视域下镇江大运河文化带建设模式与机制研究

廖维俊*

中国大运河作为世界上开凿最早、至今仍在延续使用的活态遗产，曾被列入国际运河古迹名录，被视为世界水利工程史上的里程碑。2014 年 6 月 22 日，中国大运河被正式列入世界遗产名录，成为中国遗产“走出去”的标志性品牌。国家高度重视大运河文化带建设，将其提到前所未有的战略高度，2017 年，习近平总书记两次就大运河文化带作了重要批示，标志着大运河文化带建设拉开了序幕。江苏省以省委、省政府主要领导人为组长成立了大运河文化带江苏段建设小组，提出了站在民族文化复兴的角度，创造性地、高质量地推进大运河文化带江苏段建设，使其成为大运河文化带的先导段、示范段、样板段，成为江苏文化建设高质量的鲜明标志和闪亮名片。镇江市委书记、市大运河文化带建设工作领导小组组长强调，将镇江建设成“江河交汇津渡文化示范区、古今水利科技文化体验区、与运河共生城镇聚落集中展示区”。

镇江大运河是江南运河的起点，也是历代漕运过江的咽喉，见证了镇江漕运文化和商贸文化的辉煌。镇江处于长江与运河交汇之处，镇江“城以水生、城因水兴、水畅城荣”，镇江古运河两畔目前共有 80 余处文化遗产，文物遗迹密度居全省运河沿线城市前列。1991 年 12 月，政府确定了古运河三期整治蓝图，自 1992 年开始，镇江市古运河整治建设分阶段推进实施。1992 至 2001 年河道整治阶段，完成了城区段 5.6 千米河道整治工作，城市防洪能力明显提高。2009 年起，综合整治阶段，完成古运河中段（周家河口—智慧大道）4.24 千米河道整治、中段（智慧大道—丹徒闸）河道清淤。2011 年启动古运河上段疏浚工作，有效改善上段水质。2012 年，古

* 廖维俊，镇江市高等专科学校教授，研究方向为旅游管理、大运河文化带。

运河中段整治工程完成，恢复了丁卯桥、许浑别墅、石淙精舍等景点，形成了夹岗岚浮、虹桥揽古等运河景观。2016 年，平政桥至西门桥段古运河整治工程全面完成。2017 年，古运河下段整治启动。

据可查文献，我国大运河文化带的研究多以介绍大运河文化带概况及论述有关大运河文化带建设的建议和意义为主；关于其如何建设的研究多以宏观为主，为大运河文化带的规划与建设积累了丰富成果，高瞻远瞩地提出了指导性建议，但研究成果并没有具体地提出运河文化带建设切入口，而这又是亟待解决的问题。只有创新思维，理念引领，确定思路，方能统一思想，知道为什么做，做什么，如何做，标准是什么，从而聚力聚焦，以引领大运河文化带系统性建设。鉴于此，本文在借鉴前人优秀成果的基础上，深入现场调研，从全域旅游的视角以镇江大运河为例探究我国大运河文化带建设模式与机制，一方面为镇江大运河建设提供切实可行的模式与机制，另一方面力求为大运河文化带建设提供新的思路与开发路径。

一、镇江市大运河文化带与全域旅游建设耦合关系

全域旅游现为我国旅游发展战略，是以旅游业为优势产业引领区域内社会、经济融合发展的理念和模式，能实现区域内资源融合、共建共享，提升区域内生态环境质量、文明素养，促进社会经济发展。大运河文化带在历史的流淌中早已形成融各种功能为一体的带状区域文化经济系统，推进运河文化带全域旅游，将镇江大运河文化带作为整体域，打造运河文化旅游产品，是一种创新性研究，有利于让运河蕴藏的文化活起来，实现文化、经济间的融合贯通。运河文化的旅游利用能实现文化的更好传播、传承，而利用、传承亦能促进对文化的保护，推进运河文化保护、传承、利用的良性循环。

（一）旅游业是大运河文化带建设的重要抓手

1. 理论研究认同性高

通过 CNKI 以大运河文化带为主题进行文献检索，至 2020 年 6 月底共检索出 715 篇评论、报道、论文等文献资料。通过对这些资料的剖析，发现其中 92.4%的学者将大运河文化带的建设与旅游业相联系，认为大运河文化与旅游业融合是必然；而未提及旅游业的相关文献，学者在其中多以介绍大运河发展概况为主题。国外关于运河旅游的研究起步早、发展快，在研究理论、方法与应用等方面均取得了显著成果。国外许多学者在研究各

地运河时也十分注重将运河文化保护、传承、利用与旅游业发展结合，认为运河旅游能够提升居民生活质量[1]，利于提高生态效益与经济效益[2]。Millar G 将经济分析和社会文化、环境因素一起纳入可持续发展框架；Vu Thi Hong Hanh 认为实现运河的文化保护和旅游业融合发展有利于提炼城市文化和地域特征，强化城市文化形象识别性；Bliek 等人指出运河的旅游吸引力在于其突出的历史、经济和社会文化价值；Bruin J 寻求合理的开发方案以维护城市突出的文化价值，特别是无形文化价值；Brooke T 提出生态旅游开发利于提高港口地区和当地企业的生态与经济效益。

2. 典型成功案例

运河的开凿、流淌积淀了深厚的文化，而保护、传承这些文化的最好方式就是实现其价值。旅游是利用、传播文化的最佳方式之一，能让文化动起来。

山东枣庄市的台儿庄古城是国家 5A 级旅游景区，既有齐鲁豪情，又不失江南韵致，城中将运河文化与大战文化融为一体，将运河历史上沉积的、具有独特文化的内涵通过挖掘、创新，以旅游产品的形式呈现，别具一格。世界旅游组织称誉其是“京杭运河仅存的遗产村庄”“活着的古运河”。自运营以来，其收入、接待游客人数、旅游综合指标每年递增 30% 到 40%，实现了游客量及综合收入大幅增长，亦获得了许多殊荣：在第二届中国大运河国际论坛上荣获“中国大运河文化带经典案例奖”；在“中国文化产业学院奖跨年直播盛典”上荣获“2017 中国大运河文化带产业特色项目”；等等。

浙江杭州拱墅区坚持文化引领战略，紧紧围绕“运河文化让人民生活更美好”这一主线，拓宽思路将区域优秀文化资源向运河两岸集聚，将旅游、商住、居住、休闲等功能集为一体，大大提升了大运河文化带的影响力，积极传承、保护、利用了运河文化。游客对拱墅区运河的休闲、旅游功能表现出强烈的积极情感与正面形象感知[3]；当地居民也感受到运河的旅游开发带来的经济效益与地方知名度的提高，同时生活的基础设施与生态环境得到很大改善[4]。

国外很多国家通过遗产廊道的建设将运河文化资源集合起来形成线性景观，以开发运河旅游，产生了很好的社会、经济效益，并积累了很多成熟经验，如美国的伊利诺伊和密歇根运河、俄罗斯的波罗的海运河、德国的勃兰登堡水道、丹麦的哥本哈根运河、瑞典的约塔运河、荷兰的阿姆斯特丹运河、英格兰的什罗郡联合运河、罗马尼亚的多瑙河—黑海运河等。

（二）全域旅游与大运河文化带建设契合度高

1. 发展目标契合度高

（1）能满足人民美好生活新需要。全域旅游的推进有利于区域内资源统筹、合理布局，从而形成良好的生态环境、社会环境、经济环境，实现区域宜居、宜游、宜业，全面提升人们的生活品质。大运河自古以来就促进了我国南北沟通、交流，大运河的流动改变了百姓生活，亦成为其生活中不可或缺的部分。大运河产生并衍生了许多璀璨文化，对这些文化的挖掘、保护有利于人们更好地传承，而利用是为了更好地保护，是传承的最好、最永久的方式，也是对我国大运河优秀文化的最大尊重，能够推动文化强民、强国。

（2）旅游业是人们感受运河文化的最佳方式[5]。现代旅游是对文化的享受和追求，文化元素渗透在各个方面，文化是旅游者的出发点和归结点，是旅游景观吸引力的渊薮，是旅游业的灵魂。全域旅游理念需要文化的支撑，也是对文化的一种保护，文化通过与旅游业的融合实现了文化的经济价值，产生的经济效益反过来进一步促进文化的保护、传承，形成良性循环。大运河文化带以文化建设为主要指向，镇江市全域旅游的推进与大运河文化资源的融合必不可少，大运河文化带镇江区域是镇江市全域旅游示范区建设不可或缺的部分；大运河文化的传承须有适合的载体，我国旅游业的迅猛发展，以及百姓日益增长的旅游需求为大运河文化的传播提供了契机，大运河文化的旅游开发对镇江也具有积极的社会影响。

2. 开发模式契合度高

全域旅游是一种新的区域协调发展理念和模式，能实现区域内资源整合，做到保护优先，合理开发，防止环境破坏，摒弃盲目开发，实现经济效益、社会效益、生态效益相互促进、共同提升，调动一切可利用要素促进旅游业全面提升，全面带动其他产业建设与经济提升。全域旅游的实现须通过“旅游+”，加强产业融合、产城融合，形成各种旅游形态，构建共享新格局。

我国大运河文化带所涉区域广，是一条蕴藏着丰富人文与自然资源的风景线。无论是从运河文化资源的整合上，还是从资源的传承与利用上，均适合运用全域旅游理念来推进。其一，全域旅游理念可促进大运河文化资源的整合，并串成链、形成带，从顶层一体化设计与打造；其二，全域旅游的“旅游+大运河”可以丰富大运河文化静态与动态的呈现模式，在挖掘、保护运河文化前提下多形态实现文化的传承，以及文化与百姓的交流，推动大运河文化社会价值与经济价值的实现；其三，旅游具有较强的人群集聚力、流动力、发散力，能让运河文化活起来、动起来、散开来，激发中华优秀传统文化创造活力，提升运河文化的社会影响力。

3. 镇江大运河文化带与旅游资源融合度高

镇江处于江河交汇之处，大运河的开凿贯通使镇江漕运口岸地位及军事地位大大提高。唐代以来经过镇江的漕粮占全国的一半以上，镇江成为全国有重要影响力的漕运重镇、交通咽喉、军事要地和商贸经济中心。大运河镇江段拥有丰富的物质遗存和非物质文化遗产，现尚存 80 余处文化遗产。其中被列入“大运河国家文化公园（江苏段）特色展示点”的项目有 9 个，重点项目有 34 个，包括 6 处全国文保单位和 20 余处市县文保单位，如记录商贸繁荣的西津渡码头遗址、“江南运河第一闸”京口闸遗址、新河街一条街，镇江英国领事馆旧址、元代昭关石塔、虎踞桥、江河交汇处、西津渡古街、宋元粮仓遗址等。大运河镇江段河岸相对稳定，是江南运河过江的最佳出口，见证了古代运河水工技术和漕运的发展，在我国水利和航运工程史上留下了浓墨重彩的一笔。运河给了镇江这座城市丰富的历史遗存、遗址。长江与运河的交融，南北的商埠重地，描绘出中原文化与江南文化的交融，呈现着历史与现代的碰撞，沉淀了丰富多彩的旅游文化资源。

二、镇江大运河文化带全域旅游建设模式

全域旅游现为我国旅游业发展战略，2017 年写入国务院政府工作报告。2018 年 3 月，国务院办公厅印发《关于促进全域旅游发展的指导意见》，部署全域旅游发展的新路子。2016 年国家旅游局公布首批国家全域旅游示范区创建单位，江苏省共 28 家，其中 3 个地级市为整体域创建，镇江为其中之一。镇江大运河文化带是镇江创建全域旅游的必然内涵之一，同时也给镇江全域旅游示范区增添了文脉与灵气。

全域旅游的具体模式：以镇江大运河文化带为域打造运河旅游，此域既是独立的建设单元，又是镇江全域旅游建设架构之一。目前，我国大运河文化带如何建，标准及规范是什么，没有现成模式及依据，这给运河文化带建设带来困惑，极易造成建设过程中的无序与浪费。将运河文化带打造成文化旅游圈带，可以以旅游业的标准及规范建设运河文化带，同时发展旅游业也是运河文化得以挖掘保护、传播传承、发展利用的有效途径。

全域模式的运河文化应用要求建设时需从运河整体统筹，在统一标准下求异，不能出现不同行政区域内运河文化建设思路的不统一。

三、全域旅游视域下镇江大运河文化带建设机制

（一）镇江大运河文化带建设战略定位和总体思路

1. 战略定位

镇江市委提出将大运河镇江段打造成“钟灵毓秀文化带、水清岸美生态带、浪漫魅力旅游带”，到2025年生态环境和文化遗存立体保护格局基本形成。《镇江市古运河风光带总体控制规划》将古运河上、中、下段分别定位为古韵之河、休闲之河和生态之河，最终打造成“三段五轴十二景”的世界著名运河水上风光带。根据市委、市政府建设精神，镇江大运河文化带全域旅游建设战略定位为：将镇江大运河全域文化旅游作为拉动镇江旅游业发展的新增长点，引领其他产业发展，推进镇江生态、文化、经济、社会全面发展，将镇江打造成高品位的历史文化名城，全面提升镇江知名度与影响力；助力镇江全域旅游示范区创建，将镇江全域旅游示范区建设成样板，提高镇江美誉度。

2. 总体思路

大力推进“旅游+运河文化”模式，促进旅游业与运河文化及其他产业的融合，全面发挥运河文化旅游发展新功能，使运河旅游文化、旅游开发成果惠及各方，构建镇江全域运河文化旅游共建共享新格局。积极推进镇江运河文化带全域的旅游统筹规划、合理布局、服务提升、系统营销，构建良好自然生态环境、人文社会环境和放心旅游消费环境，实现镇江运河文化带全域的宜乐宜业宜游。推进大运河文化带建设是一项系统性、长期性的繁杂工作，建设过程中应注意在遵循总设计的前提下，不能出现为应付做成半吊子项目的情况，对条件不成熟的圈带应暂缓建设，而不是一哄而上，杜绝建设性破坏。

（二）领导机制与建设机构

大运河文化带与全域旅游建设都是国家大力推进的亮点，以全域旅游理念为视角切入大运河文化带镇江段建设，是一种创新，亦是资源管理与项目建设的整合，能够提升管理与工作效能。不论是全域旅游还是大运河文化带建设，都涉及许多部门及行业，且两者的管理部门吻合度高，管理机制的形成对两者的建设都是重中之重。镇江市委市政府高度重视大运河

文化带建设，并成立了工作领导小组，市委书记、市长亲自挂帅，小组成员涵盖涉及的各部门，这是大运河段文化带建设取得成功的关键开局。

完善建设机构。以全域旅游为切入口，市委、市政府应将大运河江苏段作为整体域，以运河文化旅游项目进行顶层设计与打造。架构健全的建设机构：市委书记、市长担任建设机构主要领导，责令项目建设与落实到位，层层推进各项规划、措施，提升执行力；镇江市文化广电和旅游局为牵头部门，参考全域旅游要求与参数制定大运河文化带各要素建设标准，一方面要对接与融入镇江市全域旅游建设；另一方面形成独具匠心的镇江大运河全域文化旅游开发体系，使大运河文化带建设融入旅游元素，将镇江大运河建设成宜乐宜业宜游的文化生态长廊，浸入百姓日常生活中；镇江大运河沿岸各管辖区域及各建设要素管理者将自身的责任域作为本体域，坚持市委、市政府制定的统一标准与要求，进行域内运河旅游业发展的架构建设，群策群力、共建共享。

加强立法。根据镇江大运河全域文化旅游要求与建设标准制定系列相关法规，以管理机制约束建设过程。镇江市委市政府将大运河文化带域内旅游项目建设作为各辖区与各级部门的重要任务，同时融入日常工作。以领导小组的形式构思、督查及协调推进项目，不但有利于建设工作的落实到位，而且能减少中间环节，以防过程中的扯皮、推诿。

四、全域旅游视域下镇江大运河文化带建设路径

（一）积极架构智囊团支撑机制

大运河文化旅游带镇江段全域旅游项目的建设需实现镇江运河文化资源的有机整合、多产业的融合发展、建设全程的社会共建共享等，这一系列工作的完成需有一个强有力的智囊团，这个智囊团应由涵盖多学科的专家构成。在镇江市委宣传部的重视下，在镇江市社科联领导下，融合镇江丰富的高校科研资源，由镇江市高等专科学校牵头成立了镇江市大运河文化带建设研究中心，汇集各方面专家思想，推进其研究与建设。运河文化的产生源于百姓生活，有的已根植于百姓生活中。地方高校对于这些文化的研究有自身独特的优势，一方面地方高校可静下心、蹲下身触摸、感应运河文化内涵，另一方面高校的综合性学科联盟为运河文化的全方位、多维度研究提供了专业性优势。镇江市大运河文化带建设领导小组应充分发挥市大运河文化带建设研究中心智囊的作用，加强沟通交流，以问题解决

为导向形成系列课题，通过课题研究形式组织发动智囊团成员融合社会各方面力量参与运河文化带旅游开发的研究、规划、文化资源挖掘等，以助力并落实镇江域运河文化带旅游项目的研究与建设。

（二）精准规划

1. 理念与规划合一

（1）镇江市委、市政府树立将镇江大运河文化带建设作为全域旅游引领项目打造的理念，将全域旅游与大运河文化带建设融合在一起，使大运河文化带建设具有实实在在的抓手，有具体标准可参照；将大运河文化以旅游产品的形式呈现在百姓面前，促进文化的传承与传播。

（2）需做到多规合一。全域旅游是指以旅游业带动区域内各种社会、经济资源进行全方位整合，是新的区域协调发展理念；大运河文化带建设是指在大运河文化带区域内整合各方面资源，实现大运河文化带的整体布局与协调发展。大运河文化带镇江区域旅游项目的打造不可避免地牵涉许多部门，包括水利航运、旅游、园林建设等部门，须形成协同发展、跨专业领域合作的态势。镇江市委、市政府须制定“镇江市大运河全域文化旅游建设总体规划”，在建设总规引领下，运河文化带各辖区和各相关部门规划与市委、市政府总体规划步调一致，共同推进，做到政令畅通，令行禁止。各级规划要树立旅游引领、全域联动、产业融合、协调发展、共建共享、互联互通、文化生态、经济发展的创新理念。

2. 分段规划体现特色

大运河文化带的南北贯通同时也孕育了沿岸的各具特色的文化，形成了点、面、带的个性文化。镇江位于长江和大运河交汇处，大运河包括城区古运河段和苏南运河镇江段，通航的运河与不通航的古运河交错，显示出形态各异的风格。古运河留下了辉煌的历史印迹，也造就了镇江“城市山林”的独特风格。古运河沿岸亦烙印了区域性独特文化，自1992年起，镇江在古运河沿岸建设了一批景点与休憩广场，构成了“三段、五区、两带、五轴、多点”的空间发展结构体系。

镇江大运河沿岸各区域应根据自身圈带特色打造亮点，以多彩的珍珠串成镇江区域大运河这条缤纷项链。镇江大运河文化带建设须发挥自身优势，将大运河作为一个整体域打造旅游品牌，形成镇江大运河带全域旅游特有的定位与风格，打造镇江统一品牌，确立在大运河江苏段中的地位及特色，同时运河各区域建设在不突破总体规划及标准前提下又能独成体系。对于通航河段（苏南运河镇江段）且人口非集中区域，可在沿岸形成统一生态绿道（Zube E H，1995），这样既保护了河堤，又为运河文化的全域便捷游览提供了基础设施保障及休闲通道；在人口集中区域古运河两岸，可根据各区域现实情况形成运河旅游文化廊道（Searns R M，1995），组合、融合区域内旅游资源，打造文化线路（Khovanova-Rubicondo K，2012）与休闲、遗产、生态廊道的一体化；在运河沿岸选择一两处地方聚拢当地运河文化，打造特色运河文化休闲、旅游精品区，要做到区域特色鲜明，文化个性突出，以此精品区为引领，整合当地其他旅游资源，创设圈带域性运河全域旅游区带，如：将新河街打造成运河特色老街旅游区；将上河街、丁卯运河广场、河滨公园等打造成居民休闲娱乐区；将运河沿岸廊道打造成休闲养生健身区。镇江运河沿岸各区域运河文化的呈现须具有自身优势及独特方式，培植特色产业，各区域应实现形象与产品差异定位。原因有二：一是各区域历史发展中文化沉淀的个性使然，二是同质化呈现易削弱作为旅游文化产品的运河文化吸引力。

生态廊道建设应规范有序。从走访情况来看，镇江市对古运河沿岸圈带区域打造倾注了很多精力、财力，这也是必然的。随着生活水平的提高，百姓休闲养生健身的需求日益增长，安静、空气清新、贴近水道的运河生态廊道是很多受访者认同的休憩场所。受访者除对相关部门在古运河生态廊道建设中做出的贡献表示赞许外，也提出了很多问题：沿岸开发规格不一；道路宽窄不一；护栏形态不一且不完整；敷衍之处随处可见，竟有树干横亘路面，多处易导致行人落水；进入性差，同时夜晚照明不够，削弱了廊道的使用概率；中途用于短暂休息的椅凳极少，景观旅游设施不亲民。全域旅游的推进要求将基础设施和公共服务建设从景点景区拓展到全域，从景点景区建设向综合目的地服务转变，加大公共服务供给。将镇江大运河文化带按照全域旅游模式打造就应按照旅游服务的基础建设标准打造生态廊道，可形态各异，但基本的廊道路况、路宽、绿化等标准应统一，将运河文化带创设成融入日常百姓生活的美好家园。这就要求在重点打造特色圈带的同时亦要关注沿岸廊道的建设，按照全域理念统一思想，统一规划，统一标准，精心着力，点线突破，宁缺勿糊，一步到位，杜绝反复，节省支出，打造景观性休憩型廊道。如此方能利于运河文化贴近与进入百姓生活，让人与自然和谐共生，也真正实现运河文化带的保护、传承与利用。

（三）建立建设、运营及保障机制

1. 发动社会力量，共建共享，同筑大运河镇江域文化旅游带

大运河文化带建设涉及部门多、难度大，要打造成全域旅游产品需付出很多，加上后期的运营、维护，所需精力、财力、物力、人力完全由各地政府部门承担不现实也不可能。各相关部门应创新思维，在做好顶层设计的同时整合一切可调动力量，可通过市场化运作等模式撬动社会资本，多元化投入，多措并举，集思广益，群策群力，采取多样的政企合作模式打造各地独具一格的大运河全域旅游文化精品产品，以实现建设成果的多方共赢。

2. 建立全方位保障通道与机制

在大运河镇江域文化带旅游项目建设、运营过程中，各级政府须为项目的顺利推进保驾护航，攻坚克难，全方位整合资源，打造人民美好家园。各级政府亦需加强立法，做好监控工作，形成监控维系体系，以保证项目建设、运营过程中的不变形、不走样，确保各级规划落实到位，特别是要以科学的态度、敬畏之心对待文化的保护，树立"保护为先"的理念，确保过程中生态、文化、经济效能的达成。

3. 多角度、多维度创设传播渠道，拓展运河文化传承面

随着时代的变迁，运河流淌中形成的灿烂文化离百姓生活越来越远，要挖掘、保护运河文化，多层面呈现就显得很重要，要做好运河文化在百姓中的传承、内化。其一，挖掘、聚拢镇江文化，将镇江的特色产品穿透时空在新河街等处再现，让民众有机会触摸、贴近、尝试，体验运河文化的印迹。其二，建设运河文化博物馆，多形态展现运河文化，运用现代技术，让民众参与其中。其三，在运河沿岸以活动为载体，让民众有更多机会接近运河、感受运河、浸润文化，如摄影比赛、在丁卯运河广场定期举办广场大水笔比赛、大运河文创产品设计大赛、"我身边的运河"系列活动等。其四，创新传播载体与方式，让民众在感受运河的同时了解运河的文化，在展现古迹古文化的同时应附有文字、图像说明，这样民众才能全面感知运河文化。镇江已修复了很多运河古迹，然而在这些古迹周围却难以看到对这些古迹的说明，在丁卯运河广场仅看到丁卯桥的说明，上河街有余福里建筑却无说明，宋井与"宋井碑刻"为伴让人遐想……民众只能走马观花，何谈了解与传承运河文化？其五，加强与镇江市域其他旅游资源的整合，积极与旅行社沟通，开发精品旅游线路，使新河街古街等大运河文化圈带成为外地游客到镇江游览时的必去之地，使运河沿岸休闲圈带成

为市民向往的场所。

（四）开创智慧运河旅游建设机制，架构智慧运河旅游服务供应链

镇江市开创性提出智慧旅游概念，智慧旅游的提出符合信息化的应用和旅游消费者的个性化需求。江苏省智慧旅游建设与应用一直处于全国前列，有着丰富的经验与前沿技术支撑。将智慧化融入大运河文化带镇江区域旅游项目建设是一个创举，有着积极意义。其一，创建镇江智慧化及运河文化带建设中的又一新高地，实现建设中的引领；其二，可智慧化地将镇江运河全域文化资源整合起来；其三，有利于运河文化生态性多视角、多维度呈现，实现人与人、人与运河文化、运河文化间的互动、交流，更有利于人们智慧地穿越时空触摸运河文化，亦有利于文化的发散性自我推销、传承与利用。

构建智慧运河旅游，一方面要多方剖析我国智慧旅游建设过程中的经验得失，让运河文化带旅游项目的智慧化更贴近百姓，让百姓感受运河文化的智慧，否则智慧的理念易被抛弃；另一方面利用好现有智慧城市与智慧旅游建设成果与基础，做到资源整合，防止资源浪费，这也是全域旅游开展的初衷之一。

综合分析，构建智慧运河旅游服务供应链应是运河文化旅游智慧化的建设思路。以智能终端为载体呈现并引导旅游消费者智慧化地体验镇江全域运河文化，以实现区域内运河文化的导览、导航、导购、搜索等。供应链的域长为整个镇江大运河文化带，链节点为运河沿岸各圈带，各圈带可构成各自的闭环供应链，与市供应链对接，尽量缩短链长，方便应用；供应链以手机 App 为核心，具有旅行社智能化全方位服务功能；供应链的应用具有公益性，不能增加消费者的旅游成本；供应链上呈现的元素应避免无效性，提高易用性；政府做好供应链的监控，以保障供应链上信息流、人流、资金流、物流的安全性；供应链各节点应建立协同发展机制，以实现共赢。

江苏省提出将大运河江苏段打造成“高品位的璀璨文化带、高颜值的绿色生态带、高水平的全域旅游带”的要求，镇江运河文化带全域旅游建设是必不可少的一环。融合“旅游+文脉+水脉”，助力镇江全域旅游示范区建设，促进镇江社会、经济效益提升，使镇江成为大运河文化带上一颗璀璨的珍珠。

参考文献：

[1] Brooke T, Erin S, Andrew D, et al. Should Cruise Ports Market cotourism? A Comparative Analysis of Passenger Spending Expectations within the Panama Canal Watershed[J]. International Journal of Tourism Research, 2015(1): 45-53.

[2] 颜敏,赵媛.国内外运河遗产旅游研究综述[J].资源开发与市场,2016(5).

[3] 蒋婷.基于网络文本的京杭大运河(杭州段)旅游形象感知研究[J].常州工学院学报,2016(6).

[4] 方田红,励栋磊.京杭大运河杭州段居民对旅游影响感知研究[J].华东理工大学学报(社会科学版),2017(5).

[5] 张骏,陆明华.大运河江苏段治理与旅游开发研究[G].江苏省第八届学术大会学会专场论文哲学社会类论文汇编,2014.

面向 NDN 网络的大运河文化带数据传输研究

夏　颖　吴有奇　宋啸天*

一、引言

镇江大运河作为京杭运河的重要河段之一，是我国古代重要的南北交通线，历史悠久，物资丰富，经济带动效果卓越，在新时代通过文化带的带动效应、渗透效应、溢出效应，能够为新的文化、经济、水利等诸多方面创造新的发展机遇。例如镇江新河街，是镇江打造的“运河第一街”，主要呈现宋代以来南北文化交融的历史，再现京口文化、运河文化。习近平总书记在党的十九大报告中明确指出：“我国经济已由高速增长阶段转向高质量发展阶段。”本文认为，经济阶段的转变期是运河文化遭受破坏的高频期，破坏类型可以分为两类：一类是自然因素产生的侵蚀和破坏；另一类是人为因素造成的损毁，如旅游资源的过度开发、大型基础性建设的开工、文物的盗掘破坏等活动。不可否认的是，受自然因素和人为因素的双重影响，镇江大运河文化带建设面临规划、环境、效益等多方面的难题。

推进镇江大运河文化带建设，使命光荣，时不我待。镇江市地处“南京都市圈”和“上海都市圈”的交汇点，是“扬子江城市群”中的重要一员。在“宁镇扬城市一体化”的格局关键期，依托“一体两翼、一核四区”，按照“山水花园城市”的总体定位，以镇江大运河文化带建设为龙头，可以形成优势互补、互利共赢、联系紧密的镇江特色文化群体，推动经济、环境、文化等多方面的协同发展。本文以信息化技术为支撑，对镇江大运河文化带数据库的 NDN 网络数据传输展开了分析研究，旨在为镇江大运河文化带数据库建设提供参考和借鉴。

---

* 夏颖、吴有奇、宋啸天均为镇江市审计局工作人员。

二、镇江大运河文化带数据传输研究

（一）数据分类特点

镇江大运河通过联系不同区域促进了我国经济、政治等多方面的发展。但是，为了实现国民经济的良性循环，国家依据地理、资源、技术、区域规划等要素，对运输方式进行了现代化升级。如今，铁路、公路、航空、管道、索道、输送带等现代运输方式层出不穷，导致传统的运河运输重要性逐步下降，进而使运河文化也遭受冷落或破坏。近年来，随着人们文化保护意识的提升，我国的运河文化保护措施也应运而生。2006 年，我国将京杭大运河公布为全国重点文物保护单位，并列入世界文化遗产申报名单。2013 年，杭州国际大会结束时发布的《杭州宣言》也提出了将文化纳入可持续发展战略，如“以文化为基础来促进环境保护”“将文化当作实现城市可持续发展与管理的资源”等。因此，镇江大运河作为京杭大运河的“一分子”，积极建设运河文化带的重要性不言而喻。本文认为，镇江大运河文化带的建设，首先需要协调运河建设与保护之间的关系，应当以全面保护为主、合理利用为辅。在镇江大运河文化带的建设过程中，数据是一切的开端，不论是保护还是利用，只有依托强大性能的镇江大运河文化带数据库，才能避免纸上谈兵。为了建设文化带数据库，则需要对库中的数据实施行之有效的管理。镇江大运河文化带数据库除具备 GIS（Geographic Information System，地理信息系统）数据库的一般特点外，还应有以下五个主要特点：

一是比例尺选择的多样性。进行运河文化带建设时，需要从宏观、中观和微观三个角度同时进行，分析总体走势时应采用小比例尺的宏观数据，而在分析某个具体遗址时应采用大比例尺的微观数据。如覆盖全国范围的 1∶20000DLG（Digital Line Graphic，数字线划地图）、覆盖运河全境的 1∶10000DLG、针对镇江大运河区域的 1∶5000 或更大比例尺的 DLG、遥感影像数据等。二是数据类型的复杂性。要全面建设文化带数据库，既需要矢量数据的垒砌，也需要如影像数据、航片、文字资料等多种格式的数据加以配合，所以数据库中的数据类型多，格式也较复杂。如勘测数据（现状图、现状照片、结合空间分布和规划的综合信息资源数据等）、空间数据（运河位置、形状等）、属性数据（运河名称、完整性、标志年代等）、有关运河规划的图纸数据和文字数据，如现状及阶段分区图、规划说明书、相关图纸和文字的描述性数据（坐标、规划日期等）。三是时间跨度的多期性。镇江大运河文化带不是某一时间的文化，而是随着时代演变不断发展变化的“活文化”，为了更好地研究和展示镇江大运河文化带的历史发展和演变，需要使用多个时期的数据，从而使运河文化带的建设具有一定的稳定性和延续性。运河文化带的建设离不开研究，而研究又涉及运河本体、区域文化、保护措施、管理体制、社会经济、生态环境等多方面问题，这些问题并不是静态的，会随着历史的发展不断演变。所以，运河研究需要跨越时间，在多领域多专业的支撑下开展不同历史时期的研究。如人口基数、人口增长趋势、人口普查报告、人均 GDP 增长图、地形图，在运河区域进行设计、施工、考古等工程的立项、审批、招投标、监理、验收等文书，工程全阶段的图纸、影音、报告等数据。四是空间数据的跨带性。镇江大运河文化带在范围上要远远广于一般的遗址，并且呈现条带形，所以镇江大运河文化带数据库中的空间数据也存在跨带现象。如保护区的地形数据、地质数据、交通数据、规划数据、大运河保护管理单位资料、分布图、历史沿革中的保护单位情况、发掘点情况、文化遗产普查、文物保护情况等多媒体数据。五是数据存储的海量性。受数据的比例尺选择多样、数据类型复杂、时间跨度大、空间数据跨带等因素的影响，数据库中的数据存储量必然会十分庞大，这样才能满足镇江大运河文化带的建设需要。随着信息化的迅猛发展，无锡等地先后建立起以“大运河”为主题的数字博物馆，获得诸多好评。本文认为，镇江也有必要探索基于虚拟现实技术的镇江大运河文化带展示路径，而此类应用将对数据库的容量提出更高的要求。如遥感数据，针对虚拟现实系统，遥感数据具有直观性、科学性等高度匹配的特征，通过无死角的影像获取和识别，能够为虚拟现实系统提供全方位的形象化信息。又如内涵数据，虚拟现实系统除了便于人们直观了解运河文化外，还应当具有内涵传递的功能。由于目前对于运河文化内涵的构成和分类存在诸多分歧，笔者仅根据自己的理解将内涵数据分为四个方面，其准确性有待进一步考证。第一方面是农业社会土木工程的数据，水资源利用、自然的建设改造等；第二方面是漕运数据，依托大运河修建动因——漕运下的河道、水工、配套设施等；第三方面是沟通数据，围绕漕运贯通南北带来的文化交流、商业繁荣、族群融合等；第四方面是理念数据，经过历史积淀形成的“大一统”价值观等。

（二）数据传输方式探索

镇江大运河文化带数据库的建设，需要运用如图片资料、流媒体文件等体积较大的数据，也就要求网络具备更高的传输能力、保障能力和服务能力。传统的 TCP/IP（Transmission Control Protocol/Internet Protocol，传输控制协议/因特网互联协议）存在安全性能弱、灵活性差、可靠性低、内容分发拥塞等问题，网络质量无法满足镇江大运河文化带数据库的数据传输需求。因此，我们应在镇江大运河文化带数据库的数据分类基础上，对面向 NDN 网络的数据传输方式进行探讨，以提升数据库的数据传输效能。NDN 网络的核心理念是抛弃传统的 IP（Internet Protocol，互联网协议地址）寻址方式，如将内容位置进行数字化转换，使用内容自身的名字代替地址。传统的 IP 地址存在诸多问题，例如，IP 地址由于在标识网络拓扑中节点位置的同时又对节点的身份进行了描述，导致 IP 语义过载在安全性、移动性等方面均存在问题。并且，目前 IPv4（Internet Protocol version 4，网际协议版本 4）的地址已消耗殆尽，也存在隧道对接等方面的问题。在此背景下，美国提出了 NDN 网络的思想，在 NDN 网络中，命名数据是网络的主体，其传输与内容位置毫无关联，数据包中包含的仅为内容名字，而非 IP 地址。NDN 网络在架构、名字、路由和安全等方面均比 IP 灵活。NDN 网络中的数据传输主要通过两种封包实现，分别是资料封包（Data Packet）和兴趣封包（Interest Packet），如图一所示。

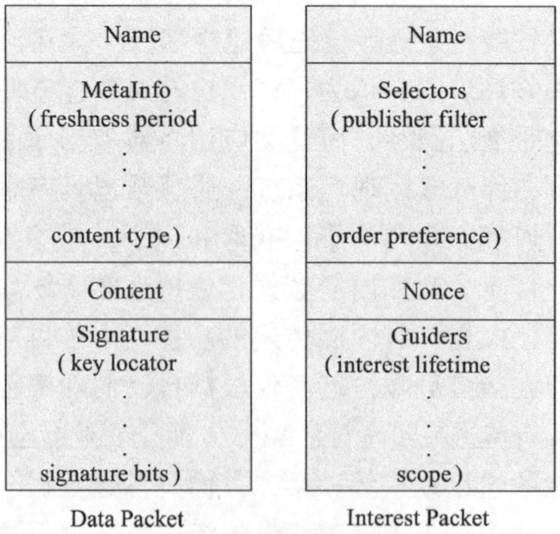

图一　NDN 封包示意图

在镇江大运河文化带数据库搭建的各类应用中，当使用者（接收端）希望获取某一大运河文化资料时，将资料名字放入兴趣封包，路由器根据名字进行转发工作。当兴趣封包到达与名字相符的资料节点时，节点在封包中加入用于签署资讯的密钥（Secret Key，SK），最后将资料封包回传给使用者。NDN 路由器在转发过程中主要运用于待定兴趣表（Pending Interest Table，PIT）、内容暂存表（Content Store，CS）、转发讯息表（Forwarding Information Base，FIB）和转发策略组（Forwarding Strategy，FS）。其中，PIT 用于存储已转发但不符合条件的兴趣封包，记录其资料名和进出界面；CS 用于暂存路由器接收到的资料封包；FIB 由名字前缀（多界面）的路由协议加以填充；FS 主要记录了用于进行转发封包的规则及策略。以兴趣封包为例，其转发策略流程如图二所示。

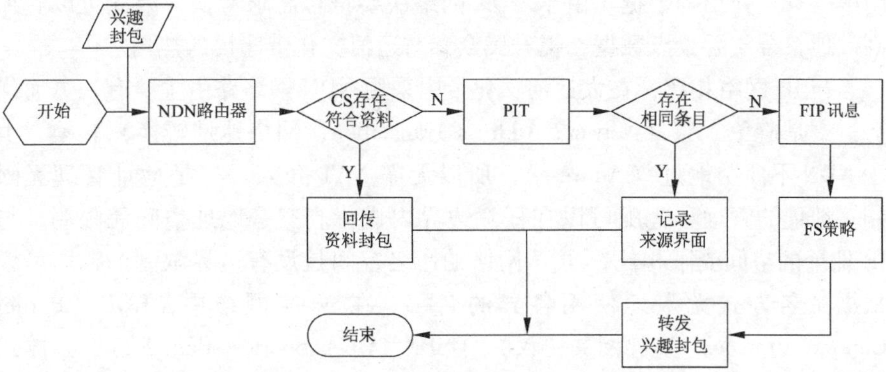

图二　兴趣封包转发流程示意图

在转发兴趣封包的过程中，当多个下游节点传输具有相同名字的兴趣封包至路由器时，基于网络稳定性和安全性等多方面的考虑，路由器仅会向资料生产者转发自身收到的第一个兴趣封包。在 NDN 网络中，名字的不透明性使得大运河文化带的各类应用可以自主选择合适的命名方式并进行演变。命名结构主要由三个层次组成，如表一所示。

表一　命名结构层次示意表

结构名称	用途
关系规范	描述资料元素与内容之间的关系
路由	拓展路由系统、提供资料上下文
名字集合	构建名字整体、产生系统通信

使用者在动态产生资料的过程中，不能使用已存在的名字或资料，需要构建新的资料名字，目前主要有三种方式。一是对兴趣封包进行最长前缀匹配，通过迭代器获取资料。二是资料的使用者和生产者事先对讯息名

字达成一致并规范名字的内容。三是预先在系统库中写入名字命名方式，由应用程序智能化选择名字。设计命名空间和对应的命名方式，有利于增加资料和网络间的映射密度并减少次要符号的需求量，以便开发者得到更加宽广的抽象可用范围。例如，镇江大运河文化带建设离不开宣传教育。通过宣传教育，可以普及运河文化，提高民众对运河文化的热爱和保护意识。宣传教育一方面用于展示运河的外在文化，另一方面则利于诉说运河文化的内涵价值。由于宣传教育工作有受众层次较多、文化需求各异、内涵手段丰富等特点，因此相关数据应包含旅游景点的宣传推广、地理位置、门票、景点介绍等数据。由于 NDN 网络次要符号需求量低，因此可以更加高效地整合旅游景点数据，提升民众参与运河文化带建设的热情。

与 IP 网络相比，在大运河文化带中采用 NDN 网络路由主要有三方面优势。一是避免 NAT（Network Address Translation，网络地址转换）转换。由于 NDN 不使用地址（Address），所以无需 NAT 介入。二是地址管理无限制。地址的管理和分配可以在任意边界内进行。三是地址空间无限制。与 IP 地址的空间受限相比，NDN 网络的命名空间是没有边界限制的，即可以根据命名方式无限地使用各异的名字。在 NDN 网络中，BGP（Border Gateway Protocol，边界网关协议）、OSPF（Open Shortest Path First，开放式最短路径优先）等传统路由协议均适用，通过名字前缀实施的路由可针对转发讯息表进行最长前缀匹配。以路由器判别兴趣封包的匹配度为例，路由流程如图三所示。

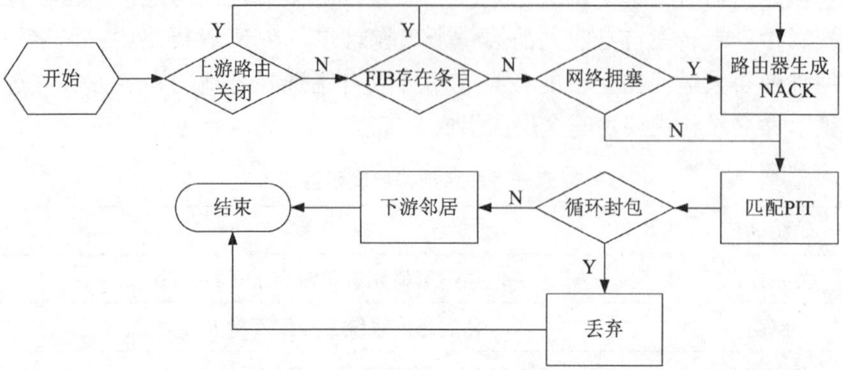

图三　兴趣封包判别路由示意图

上图中的 NACK（Negative Acknowledgement）表示否定应答。由于 NDN 网络路由避免了封包的循环，所以不需要在路由中引入生存时间等补偿措施处理封包循环问题，有效提升了网络性能。NDN 网络在数据缓存机制方面也具备一定优势。如图四所示，使用者生成并维护一个发送窗口，在发送兴趣封包时根据发送窗口选择发送兴趣封包的数量（一个或多个），以实现封包发送的流水线化操作。

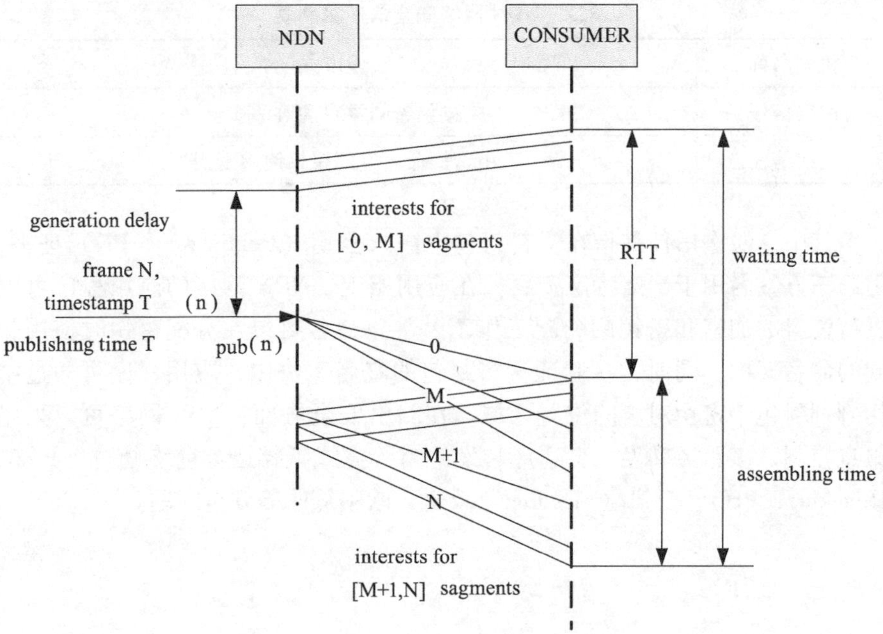

图四　NDN 网络的数据传输示意图

NDN 网络的缓存机制在实现大体积数据存储的同时，有利于降低网络带宽的占用率，减少内容传输的时延，有效提高数据传输效率，在一定程度上也有助于减少网络维护成本和带宽消耗。例如，镇江大运河区域动植物数据、交通数据、地貌数据、文化特征数据、发掘物的特征数据和分析数据、底层分布范围数据、土壤包含物数据、考古工作图文数据、遥感数据等资源体积较大，采用 IP 网络不仅传输效率低，而且对使用者的临场反馈较不友好。NDN 网络路由传输数据的使用，既可以满足现有的使用需求，也能降低维护成本，更能在更高层次的网络（如 5G）中探索新型应用。

在大运河文化带数据库中，数据的保密性始终占据相当重要的位置。在镇江大运河文化带的建设全流程中，离不开社会各界的监督和参与，为了确保文化带建设的有效可靠，需要在文化带数据库中单独存放与建设相关的项目数据，如考古发掘项目数据、宣传数据等工程资料。NDN 网络对此类数据的安全加固程度较高。在 NDN 网络中，资料的安全可以通过资料封包签名实现，也支持细粒度访问（Enabling Fine-grained，EF）。资料封包签名可以标识资料的来源、获取途径和资料完整程度等信息。NDN 网络的安全信任主要有网络信任和层次信任两种机制，如表二所示。

表二 NDN 网络安全信任机制表

机制名称	实施方式
网络信任	跳过预先同意启动对话安全
层次信任	由密钥命名空间授权使用密钥

其中，层次信任是指在资料封包中嵌入公钥（Public Key，PK）证书，由第三方签名用于确定特定资料。在应用层上，NDN 网络的应用程序可以进行资料的加密和密钥的分配工作，以避免命名封包在分配密钥时使用相同的命名架构。同时，在验证资料封包的签名工作中，应用程序可通过密钥判别封包中密钥对应的位置区域。在路由安全方面，NDN 网络可以采用讯息控制、多路径转发、自适应转发策略等方式抵挡诸如前缀劫持（Prefix Hijacking，PH）、泛洪（Flooding）攻击、欺骗篡改等安全问题。

三、结语

在镇江大运河文化带数据库建设过程中，对多尺度、多源的数据进行分类是建设运河文化带的有力保障，探索 NDN 网络在文化带数据库建设中的应用场景，有利于提升其整体有效性和可靠性。本文以信息化技术为支撑，对镇江大运河文化带数据库的 NDN 网络数据传输展开了分析研究，旨在为镇江大运河文化带数据库建设提供参考和借鉴。笔者将继续深入研究空间信息技术和历史舆图在运河文化带建设中的整合应用，以期进一步推进镇江大运河文化带的建设。

参考文献：

[1] 刘三明,王杰文.空间数据存储管理研究综述[J].电脑与信息技术,2013,14(3):20-22.

[2] 龚健雅.空间数据库管理系统的概念与发展趋势[J].测绘科学,2011,26(3):4-10.

[3] 刘彦宾.基于 GIS 的重大危险源空间数据库的技术研究[D].贵州:贵州大学,2014.

[4] 张志宏.美国重视文化遗产数字化建设[J].北京观察,2010(8):62-63.

[5] 毛峰,王凌云.历史文化资源保护中的新技术应用[J].北京规划建设,2015(4):79.

[6] 叶润生,徐明伟.命名数据网络中的邻居缓存路由策略[J].计算机科学与探索,2012,6(7):593-601.

[7] Peter Gusev, Jeff Burke. NDN-RTC: Real-Time Videoconferencing over Named Data Networking. ICN'15, September 30-October 2, 2015, San Francisco, CA, USA.

[8] Jihoon Lee, DaeyoubKim. Proxy-assisted Content Sharing Using Content Centric Networking (CCN) for Resource-limited Mobile Consumer Devices. IEEE Transactions on Consumer Electronics, Vol. 57, No. 2, May 2011.

基于文本分析的镇江运河旅游文化研究

韩菁菁*

2014 年 6 月，我国大运河被联合国教科文组织列入世界遗产名录，大运河作为活态的文化遗产，具有丰富的历史信息、多元的文化样式和广泛的使用功能。镇江段大运河，最早的开凿年代可以追溯到先秦。镇江因运河而美，因运河而兴，因运河而盛。按照江苏省委、省政府的部署，镇江加强了大运河文化带建设，大运河正在焕发新的生机和活力，成为镇江高质量发展的新引擎。本研究希望通过对既有文献和运河旅游的文本分析，对镇江运河文化建设提出建议。

一、研究方法及结果

（一）“运河” ROST CM6 网络文本的研究结果

本研究使用 ROST Content Mining 6（ROST CM6）软件对“运河”游记文本进行内容分析（Content Analysis，CA），提取文本的高频特征词，生成语义网络图，了解游客对“运河”意象和旅游吸引物的综合体验感知。通过社会网络与语义网络分析工具（Semantic Network Analysis，SNA）对文本总体进行情感倾向分析，了解游客对“运河”的情感倾向及旅游满意度。

1. 语义网络结果

运用 ROST CM6 软件对处理好的文本进行“社会网络和语义网络分析”得到图一。语义网络结构大致可分成三个层次：第一层次是核心圈，代表地点如“运河”“京杭大运河”， 代表景观特征如“文化”等词汇成

* 韩菁菁，江苏科技大学副教授，研究方向为应用语言学。

为重要节点。第二层次是次核心圈，由“杭州”“博物馆”“工程”“巴士”“古代”等组成，是游客对核心圈的进一步认识拓展，反映了游客对旅游地意象和特殊旅游吸引物的综合感知。第三层次是外围圈，是对核心圈和次核心圈的进一步丰富和拓展，涉及的内容更加广阔。我们发现京杭大运河流经的省市中，仅有杭州在图中出现，而且以杭州为次核心，还出现较多的语义网络，说明杭州的运河文化已经形成一定的特色并为旅游者认可（见图一）。

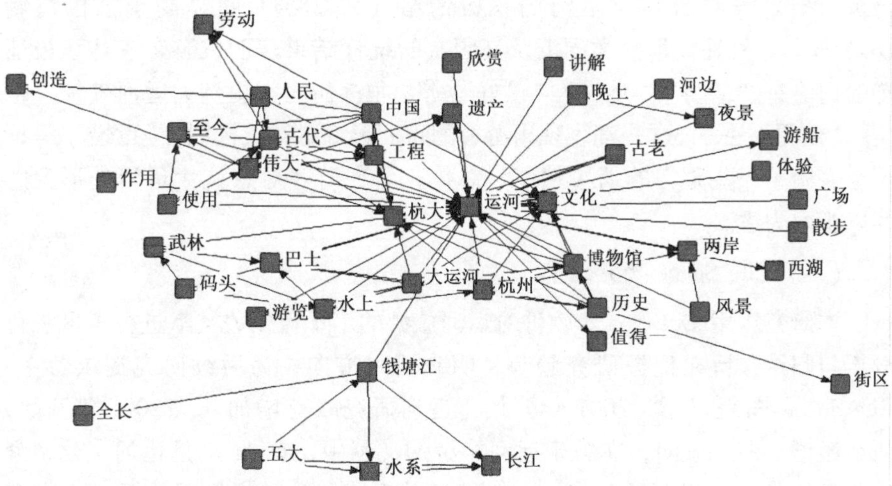

图一　运河社会网络和语义网络分析图

2. 高频词结果

词频分析得出前20个高频词汇为：运河、京杭大运河、大运河、杭州、历史、文化、博物馆、拱宸桥、武林、古代、两岸、水上、巴士、中国、雷锋、码头、工程、游船、游览、晚上。高频词表明，京杭大运河杭州段是游人来往密集的地点。游客的关注点在于两岸的景色、游船与夜景。而在所有的游记中，“镇江”仅出现过2次。

3. 旅游认知形象感知分析

旅游地理位置认知形象除“运河”外，“杭州”是出现频率最高的词，与之相关的“博物馆”“历史”“文化”“拱墅桥”“武林门”紧随其后，说明了杭州在大运河旅游中独树一帜的地位。

旅游景点认知形象除去“运河”及相关词条和“杭州”，排列前五位的分别是：博物馆、拱宸桥、武林门、两岸、码头。语义网络图中还包括“钱塘江”和“西湖”。有趣的是，除了未指明的两岸外，网络图中未出现除

“杭州”外的其他地名。

在旅游服务及设施认知形象词条统计中，笔者发现游客对运河的交通设施，特别是水上巴士有着强烈的感知，而对其他的旅游服务与设施提及较少。这从侧面反映出水上巴士是未上榜的运河旅游城市发展旅游的有效形式，同时也说明运河旅游观光方式较为单一。

4. 旅游情感形象感知分析

笔者运用情感分析软件（ROST Emotion Analysis）对网络文本进行情感分析，结果表明游客对运河的积极情绪（52.38%）明显高于消极情绪（9.61%）。另外，情感类词汇及其频次的统计结果表明，游客表达积极情感的词语有“值得”“感受”“最好”等，很多游客都提到大运河夜景“很美”“值得一去”，这些都表现出游客的正面形象感知。同时，“可惜”等词汇也表明了一些游客的消极情绪。总体来看，游客对京杭大运河的形象感知以正面为主。

（二）Cite Space 研究结果

本研究运用 Cite Space 软件对运河旅游的 175 篇相关文献进行了可视化分析与归纳，旨在把握研究趋势，明确研究方向，为后续研究提供参考。Cite Space 图表显示，2001 年开始，运河研究略有增加。从 2005 年开始，研究激增。图二表明，在关于运河旅游的文献中，有 41 篇是运河文化，紧随其后的是旅游资源的开发。在申遗的前后，运河研究数量上升，山东和江苏成了这一时期专家研究的重点区域。

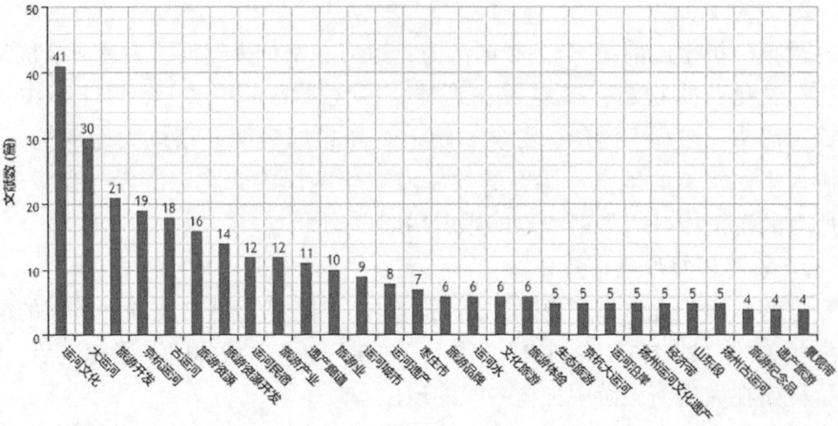

图二　“运河旅游”研究主题分布

从 Cite Space 软件分析得到的运河旅游文献中名词词语的贡献图中可以发现：围绕运河文化，研究者的文化重心在文化旅游资源、古运河、宗教文化旅游、古镇、生态旅游，地点中心在无锡和扬州；围绕京杭运河出现较新的概念，有体育旅游、遗产廊道。

二、镇江运河旅游的现状及存在的问题

笔者用 Cite Space 的研究方法，以主题“镇江”“运河”检索 CNKI 数据库，筛选出与旅游相关的 19 篇文献。

镇江的运河文化研究起步很早，但出现过断层，而且在 2004 年政府就已经提出发展镇江运河的理念。在申遗前后出现了研究的一个小高峰，说明镇江人民对运河旅游文化发展的迫切希望（见图三）。

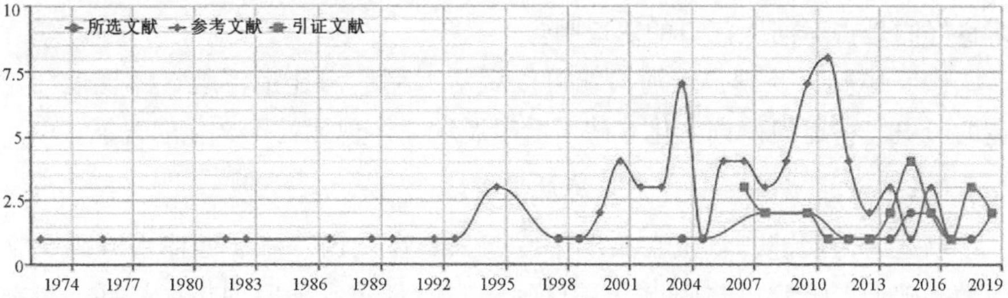

图三　“镇江运河旅游”文章发表情况

镇江运河旅游的核心圈为镇江、运河文化和运河水文化。研究者提出水上旅游、诗词文化旅游、景观生态旅游、城市规划等概念。根据文献及实地考察可以发现，目前镇江运河文化建设存在的问题在于：

一是历史古迹点以立碑立牌展示为主，未形成与之相关的景点。二是运河风光带还未打造成片。三是镇江并未建设与运河相关的博物馆。镇江博物馆有较多本土的文物展览，却没有镇江的历史文化展，且缺乏高科技的介入，可视性不强。四是镇江运河旅游资源开发的研究较分散，大部分只是从某个点进行分析，没有把各个点连成面。五是缺乏宣传。

三、对镇江运河旅游发展的建议

（一）整体宣传——让镇江人了解运河，让运河走出镇江

政府应加大运河的宣传力度。建议在镇江博物馆建立运河分馆，或在

镇江运河入口平政桥附近建立运河博物馆，展示运河的历史、变迁与发展，展示运河两岸居民的发展历史等。在运河镇江段模型上，标注已经完成的景点建设并介绍规划意图。设计运河画册、运河明信片。将运河文化写进乡土教材。

（二）挖掘历史——运河中浓墨重彩的一笔

（1）桥梁：运河在中国桥梁史上写下了光辉的一页，它是一个活的桥梁博物馆。镇江运河仅市区段就有 18 座桥梁横跨其上，每一座桥都有一段历史，可以形成桥文化旅游特色。

（2）闸坝：闸坝的建筑、绿化、游乐、通航等多种因素都可以为旅游所用。我们应该发挥闸坝独特的文化资源，将其串联开发。这不仅可以让人们了解历代政府为百姓生产生活所付出的努力，也可以让人们感受到我国在水利建设上的巨大成就，增强人们保护水资源的意识。目前保存和修缮良好的是古运河入江口的京口闸。

（3）雕塑、诗碑：运河沿线可以展示大型运河建造浮雕，体现运河建造的历史。将运河诗词文化立碑于沿岸展示，体现无处不文化的气氛。

（三）景区成片——遗产走廊放慢游路

以运河为项链，将镇江旅游串联起来。在三山一水、西津古渡码头文化的基础上，将渡口与闸口（京口闸）自然衔接，同时向市区拓展。目前从平政桥至塔山桥段河道已疏浚拓宽和绿化，沿线打造了解放桥绿地、灯光喷泉、亭阁花架、鹤林女神塑像、万福楼、花鸟市场等。宝塔山往东继续打造了运河沿线风光带。然而宣传的力度不够，运河风光带目前成为市民锻炼的场所，却鲜为游人所知。

同时，从运河镇江段的南口到北口，每一处景区都单独存在，尚缺乏旅游指示标志清晰地告知游客和市民此点的名称、历史及通往下一个点的路线。不妨在每一个运河景点设立有关镇江整个运河段、各景点的介绍牌，让游人有运河旅游的整体概念。

（四）浸入体验——游与玩的有机结合

（1）光影旅游：可以通过营造一定的环境和氛围，运用现代化技术手段和文化理念相结合的方法，将运河的兴衰历史加以形象表现。如博物馆中设立运河影院，展示运河风采，让与运河息息相关的事件走上屏幕、刻入墙壁，让游人产生身临其境的感觉。

在河道宽阔地区，不妨设立人工游船的项目，两岸铺设灯光带，以高科技灯光打造魔幻世界或水幕电影，再现镇江渡口的繁荣历史。形成白天看景、夜晚游景的全天式浸入游玩模式，让运河风光深入人心。

（2）体验旅游：挖掘开发多项体验活动，让游客游玩于历史间。比如民间手工坊的开放运作。运河两岸设立一些手工醋坊，让游客体验制作醋产品的乐趣。举办运河文化节，开展多个水上项目等。通过举办以运河民俗文化为主题的节庆活动，不仅可以集中展现运河风貌及其文化内涵，促进文化遗产保护，还可以将这种运河文化推向国内外。

（五）四线齐发——打造镇江旅游多元化

镇江旅游的拓展，可以以运河为载体，以探访运河历史文化古迹（包括古城、古桥、古街、古码头、古寺、古塔等）为主线，了解其历史渊源和璀璨的文化，形成运河观光线；运河沿岸佛教、道教、天主教、基督教、伊斯兰教五教俱全，不妨以长江、运河为纽带，把这些宗教资源串联起来，精心打造宗教文化线；以运河为主线，保护并开发利用各地文保单位和各类历史文化遗存，充分挖掘镇江历史文化名城的丰富内涵，形成多个文化旅游点，串联成线，使游客体验运河两岸的民俗风情，形成民俗文化线；发挥镇江山水旅游优势，依托其良好的生态环境，大力发展圌山温泉、世业洲等专题旅游度假村，发展生态度假、康体度假、温泉度假等形式多样的休闲度假产品体系。

镇江是三国名城和吴文化的发祥地之一，尤以六朝文化最具特色。运河的开通融合了南北文化，形成了丰富的运河文化，使镇江成了古今文化荟萃之地和民族文化的宝库。通过研究其他省市游客的游记和文献资料，我们可以在运河旅游开发时借鉴成功经验，充分利用丰富而独特的文化资源，宣传文化内涵，提高产品的知名度，形成镇江独特的运河文化品牌。

参考文献：

[1] Bruin J, Berg V, Veldpaus L. Uncovering Mono-functional Developments in a Seventeenth-century Canal-zone Block in the Canal District of Amsterdam World Heritage [J]. Built Heritage 2013 Monitoring Conservation and Management, 2013(5): 27-35.

[2] Donohoe H M. Sustainable Heritage Tourism Marketing and Canada's Rideau Canal World Heritage Site [J]. Journal of Sustainable Tourism, 2011, 20(1): 121-142.

[3] Millar G, Maeer G. Economic Evaluation of the Kennet and Avon Canal

Restoration[J]. Countryside Recreation,2004,12(1): 20 -24.

[4] 陈怡. 大运河作为文化线路的认识与分析[J].东南文化,2010(1): 13-17.

[5] 郑菲菲. 运河文化遗产价值评估和保护利用——以大运河江苏段为例[J].旅游纵览(下半月),2017(10):172-173.

镇江大运河文化带建设路径研究

李　晓　朱彦榕*

一、大运河文化带的缘起与内涵

（一）大运河文化带的缘起

“隋唐已逝千年秋，水从江南至今流。”京杭大运河全长约1797公里，是中国古代劳动人民创造的一项伟大的水利工程，是世界上开凿最早、最长、规模最大的运河，是中国文化的重要组成部分，是世界级的人类文化遗产。2014年6月22日，第38届世界遗产大会上，中国大运河获准列入世界遗产名录；2017年年初，习近平总书记在视察北京通州时，对深入挖掘以大运河为核心文化资源，保护大运河生态环境等问题作了重要指示，指出保护大运河是运河沿线所有地区的共同责任；2017年6月，大运河文化带建设工作座谈会在济南召开，中共中央办公厅调研室关于保护大运河、带动区域经济发展的报告建议，从国家战略高度审视大运河功能，以大运河为核心打造“大运河文化带”，使之成为中华文脉的重要标志；2019年2月，中共中央办公厅、国务院办公厅针对大运河文化带建设印发了《大运河文化保护传承利用规划纲要》，吹响了大运河文化带建设的冲锋号角。“大运河文化带”一词已然成为当前最热门的新时代语汇之一[1]。

江苏省委书记对大运河江苏段进行考察，强调要深刻领会贯彻习近平总书记关于大运河文化带建设的重要指示批示精神，进一步增强文化自信和文化自觉，高质量推进江苏大运河文化带建设，统筹保护好传承好利用好大运河，让这一“流动的文化”更加熠熠生辉。大运河文化的历史变迁，

* 李晓，男，江苏大学副教授，硕士生导师，研究方向为环境设计与文化创意理论。朱彦榕，女，江苏大学艺术学院研究生，研究方向为环境设计方法与理论。

见证了各种文化绵延叠加、交融影响、相互促进和推动。其中，镇江在江苏省中占据了良好的地理位置，处于江南运河与长江交汇点，大运河镇江段对沿岸城市的经济发展和南北商品流通起到了更为显著的促进作用，逐渐形成了独具特色的漕运文化、码头文化、船帮文化、渡口文化、外来文化、佛教文化等，在这几千年的历史中，镇江运河一直承载着诸多功能，其价值主要体现为生态价值、文化价值和经济价值。

二、镇江大运河文化带建设现状

镇江作为大运河上重要的节点城市，境内河段始于秦始皇派三千赭衣囚徒凿京岘山通丹徒水道，是京杭大运河最早开凿的河段之一。京杭大运河镇江段全长 42.6 千米，其中镇江城区段现存的古运河主要由唐代以前若干河段及北宋新河、明初绕城运河串联而成，全长 16.7 千米，从长江边的京口闸至谏壁三叉河，流经镇江老城、官塘、丁卯、谏壁等街区[2]。

自开凿以来，大运河极大地促进了镇江整座城市的繁荣与发展，塑造了镇江独特的“京江文化”，在运河两畔留下了极为丰富的物质文化遗产，深刻影响了镇江的民风民俗、方言饮食、文化艺术的方方面面。其特点表现在：一是江南运河重要的济运工程；二是交通枢纽的重要战略要地；三是山水城市中的杰出代表。换言之，镇江大运河文化是彰显镇江城市特质最亮丽、最合适的名片。

（一）镇江大运河文化带建设的成就

早在 20 世纪 90 年代，镇江便专门成立运河管理处，建立专门的制度，组织专业的队伍，投入大量的资金，对大运河文化进行保护、建设与管理。2017 年以来，镇江各级政府与相关单位积极响应习近平总书记关于大运河保护、传承、利用的重要指示，进一步高效推进镇江大运河文化带建设工作。经过 30 多年来的不懈努力，镇江大运河文化保护与开发已然取得显著效益，沿河打造了运河景观风光带，并与周边历史遗存共同建设成了一条风景线。

（1）运河生态保护与污水治理

为顺应和落实“青山绿水”行动，建设生态城市，镇江市委、市政府于 2009 年起实施高起点、高标准的古运河综合整治工程，着重突出了污水截流管网与两岸景观绿化等相关工程，目前已经建成覆盖主城区的污水截流工程、金山湖整治工程等生态工程，解决了古运河中段河道污水直接入河的弊病，为水质改善提供了基础设施条件。其次，针对部分河段（如陵口段）含有多种土壤互导、两岸地下水位较高的情况，政府采用筑坝断航的施工方案，依靠新技术、新工艺、新材料，攻克了这一难点。同时根据航道土层的特点，经过试验，采用土工布这一新材料取代了传统的黄沙碎石材料作为混凝土护坡的滤层，起到了“透水、保砂、固坡”的作用。此外，在镇江大运河通航段，沿线违章建筑拆除、岸线码头清理、污染企业大规模搬迁等工程也已经陆续完成。

（2）运河水利工程及相关基础设施建设

针对古运河的综合治理中，除生态保护与污水治理外，包括如京口闸水利枢纽等水利设施、道路桥梁设施、自动化监控设施、配套商业设施等在内，均实现了可观的现实效益。而在运河通航段，沿线桥闸改扩建、航道四改三、砌直立式水泥混凝土挡墙等一系列工程的竣工，使得谏壁船闸货物通过量实现大增，为整个苏南经济发展释放了巨大的动力。此外，自20世纪90年代初以来，古运河镇江城区段便每年筹措资金，对两岸棚户进行合理拆迁，对驳岸及沿岸道路进行硬化改造，不断完善两岸亮化设施，修建公共游憩的基础设施。配合精美镇江的建设，沿岸修建了一批仿古的亭台楼阁，新建了纪念诺贝尔文学奖获得者赛珍珠女士的珍珠广场等一批供市民休憩的游园与街区文化场所，不断改善市民居住、休闲环境，完善公共旅游资源设施。

（3）沿岸历史文化遗存遗迹的保护、修缮与复建

镇江市委、市政府在运河保护方面起步早、起点高，有一大批相关历史文化遗存遗迹晋级为各级文物保护单位。截至2019年，镇江市共有各级文物保护单位298处，其中全国重点文物保护单位13处，省级文物保护单位54处，市县级文物保护单位231处。其中，西津渡古街、宋元粮仓遗址、昭关石塔、镇江英国领事馆旧址、大运河镇江段、江河交汇处、虎踞桥、新河街一条街、丹阳南朝陵墓石刻（陵口段）、丹阳葛城遗址等均为全国重点文物保护单位[3]。依据破损程度，镇江市进一步修缮了梦溪园旧址、虎踞桥、南水关、宋代粮仓遗址、宝塔山公园、丁卯景区、僧伽塔等历史文化遗存，并复建了北固楼、多景楼、芙蓉楼、万善塔等已经不存的名楼名塔。此外，铁瓮城遗址的保护及新河街开发也正如火如荼地展开。

（二）镇江大运河文化带建设的不足

（1）遗迹保护与修缮工作有待进一步改进，遗迹包括：① 航道遗存，主要有丹徒—曲阿水道（徒阳运河）、破岗渎、上容渎、萧梁河、新河、练

湖入河航道、京口河、蒜山漕河、九曲河、香草河、运河陵口段、镇江市区内古运河航段等。② 重要港口，主要有大京口、小京口、丹徒口、谏壁口、甘露口、越河口等。③ 堤坝遗址，主要有丁卯埭、京口埭、练湖泄洪堰等[4]。④ 桥梁遗存，主要有丁卯桥遗址、千秋桥遗址、虎踞桥、通阜桥、宝成桥、通泰桥、开泰桥等[4]。⑤ 涵闸遗存，主要有南水关遗址、明清京口闸遗址、京口闸、谏壁闸、吕城闸、张官渡闸、包港闸、练湖闸、九曲河闸等[4]。⑥ 津渡、码头、驿站遗址，主要有西津古渡、江边码头、趸船码头、招商局码头、招商局四号码头、京口驿站遗址等[4]。这些遗存或是尚未挖掘完全，或是其保护措施也都刚处于起步阶段，任重而道远。

（2）针对运河的地域性文化资源研究较少，运河文化资源较为庞杂和分散，在文化带产业的开发上，系统性与整体性均较为薄弱，重点不突出，面临“百花齐放、百花不艳”的困境，这导致镇江的相关旅游开发不突出，还处在相对较低的水平，而周边地区沿运城市你追我赶，态势强劲。

（3）生态环境有待进一步优化。比如：镇江某处的运河水质有时不达标，并未达到可全年“河中游”的标准；通航段两岸绿化建设标准不高；部分企业污水排放问题尚未完全解决；等等。河道排口整治、航道整治、河塘疏浚、边坡绿化等方方面面都需要长时间及有效的整治。

（4）存在各区、各部门对大运河文化带建设工作态度冷热不均、思想认识片面和协同配合欠缺等一些问题苗头[5]。2012 年，镇江完成了大运河申遗文本基础资料、文献、相关规划、遗产描述等材料整理，大运河镇江段的江河交汇处、新河街一条街、西津渡、虎踞桥等文物保护单位自有档案建设和大运河申遗点段保护标志碑设立工作。可就在这样的背景下，2010 年夏发生了震惊全国的“双井路宋元运河遗址”被强拆的恶性事件，保护规划在建设施工方与文物部门的交锋中成为一纸空文。相关部门必须对此予以深刻反思，依法落实保护规划，避免这样的悲剧重演。

三、镇江大运河文化带建设的理论基础

（一）镇江大运河文化带建设的基本方向

在以人民为中心的根本立场的基础上，必须认识到人民日益增长的美好生活需求是多方位、多层次的，镇江大运河文化带的建设必须同时兼顾遗产与生态保护、经济与社会发展、文化与休闲游憩等多方面，将镇江大运河文化带建设成为生态圈、生活圈、文化圈、经济圈四圈交融的“人民

的幸福家园”。

（1）生态圈与文化圈是前提

习近平总书记早在2005年便提出“绿水青山就是金山银山”的科学论断。2017年10月18日，习近平总书记更是在十九大报告中指出，坚持人与自然和谐共生，必须树立和践行“绿水青山就是金山银山”的理念，坚持节约资源和保护环境的基本国策[6]。因此，打造优良的生态圈（如图一）是镇江大运河文化带建设的首要任务。

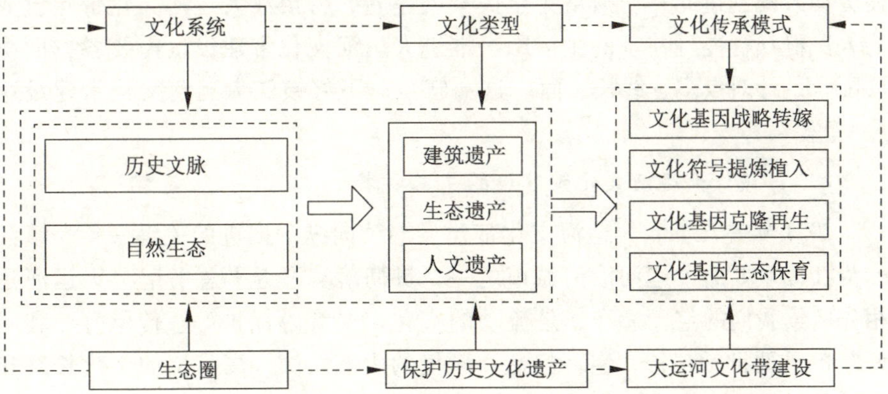

图一　大运河生态圈与文化圈传承模式（图片来源：作者自绘）

建设和谐的自然生态圈和以保护历史文化遗存为基础的文化圈是大运河文化带规划立论的前提，生态环境与文化遗存的共生共荣决定了我们建设的方向与目标[7]。文化带的建设必须在生态学与历史文化信息之间建立起有机的联系，以便相关的建设项目能够与自然生态学和历史背景进行沟通和整合，使人们可以接近运河、接近大地、接近历史文脉、感受运河魅力，这是大运河文化带主导地位中最重要的方面。

（2）经济圈是基础

以大运河为轴心，提高镇江地区经济发展水平，建设腾飞的经济圈，是建设人民幸福家园的重要方面与物质基础。一方面，经济基础的产生决定上层建筑。经济基础决定了上层建筑的产生，经济基础的发展变化决定上层建筑的发展变化，经济基础的性质决定上层建筑的性质。另一方面，上层建筑又能对经济基础起到能动的反作用。当上层建筑适合经济基础需要的时候，它就会推动经济基础的发展；当它不适合经济基础需要的时候，就会阻碍经济基础的发展和社会的进步[8]。镇江大运河文化带的建设，不能仅仅依靠国家政策与公益组织，应加大运河经济价值的挖掘力度，充分发挥自身的经济产能，这是实现镇江大运河文化带建设可持续发展的物质基础。

（3）生活圈是落脚点

始终坚持以人民为中心的根本立场，不断提升、改善、美化及便利人民的生活是落脚点，切实解决民生问题。社会主义的本质要求社会财富的分配要公正、公平、合理。镇江大运河文化带建设必须要依靠群策群力，其规划导向也必须要高度关注人民生活，注重改善人民的日常休闲生活，使劳动人民创造的一切财富为全民共同享有，将镇江大运河文化带建设成为人民群众喜爱且共享的生活圈。推进大运河文化带建设也需要各方面协同配合，针对点多、线长、面广这一特点，下好镇江大运河文化带建设这“一盘棋”。

（二）镇江大运河文化带建设的基本要求

2021年是江苏省大运河文化带建设继续向纵深推进的关键一年，镇江作为江苏重要的大运河沿河城市之一，贯彻落实习近平总书记“大运河是祖先留给我们的宝贵遗产，是流动的文化，要统筹保护好、传承好、利用好”的重要批示精神，实现打造高颜值的生态长廊、高品位的文化长廊和高效益的经济长廊的目标，是摆在我们面前的重要任务。镇江要完成建设好大运河文化带这一重要历史使命，强化大运河文化带建设的系统性、整体性与协同性的有机统一至关重要。

镇江大运河文化带建设的系统性，是指其建设内容包含打造运河文化圈、运河生态圈、运河经济圈与运河生活圈四个基本方面，同时镇江大运河又具有跨地区、跨流域的航运、灌溉、防洪排涝、输水通道、生态修复、文化承载等综合功能，所以其建设是一个涉及面广的庞大系统工程。镇江大运河文化带建设是整个大运河文化带建设的中间一环，因此其整体性是指系统的建设，必须符合上位规划，围绕打造“中华优秀文化金名片”、增强文化自信和建设世界文化强国这一整体目标而进行。镇江大运河文化带建设的协同性，是指要顺利完成系统工程的建设，实现整体目标，需要各部门及跨省市的协同配合。镇江大运河文化带建设的系统性、整体性、协同性是一个有机整体，这既是镇江大运河文化带建设的主要特征，也是实现镇江大运河文化带建设目标的基本要求。

由于镇江大运河至今还在发挥巨大作用，其遗产和文化的保护、传承、利用工作分散在不同的部门，又分布在不同的区域，要想做好保护、传承、利用的文章，就必须抓住“统筹”这个要领。习近平总书记在重要批示中特别强调“统筹”，就是指明了大运河文化带建设是一个系统性、整体性、协同性有机统一的整体，是一篇大文章，保护、传承、利用是这篇大文章的三个组成部分。对镇江而言，“统筹”意味着从战略规划到体制机制，再到资源配置和战略实施，将镇江大运河文化带建设作为一个系统工程和整体目标，注重做好区域协调和部门协调的工作。

（三）镇江大运河文化带建设的基本原则

镇江运河是一个线性的文化载体，连接着过去、现在与未来，整合了物质遗存、习俗观念、文化精神，它展示了镇江乃至整个中华文明的伟大成就，服务当代人民的幸福追求，因此镇江大运河文化带建设应秉持“尊重多样性、体现当代性、彰显创造性”的原则[9]。

（1）尊重多样性

在两千多年的时空变迁过程中，大运河镇江段无论在结构还是功能上都不是一成不变的，今日遗存下来的镇江运河文化是多面的，实际上呈现了镇江在不同历史时期的不同特质。例如铁瓮城遗址可追溯至东汉末年，虎踞桥、南水关则展示了宋代的镇江风物，西津渡更是积聚了六朝至民国的历史踪迹。镇江古称“京口”，以“京口文化”负有盛名，京口文化具有兼容并包、多元性、多样化的特点，包含了由镇江运河航运功能派生出的漕运文化和由此形成的商业文化、山水文化、移民文化等[10]。尊重文化多样性，是镇江运河文化带可持续建设取之不尽、用之不竭的动力源泉。

（2）体现当代性

当下我们正处在一个新的历史时代，新时代理当有新作为。镇江大运河文化带应该建立在历史的基础上，也应该反映出当代社会主义建设的新成就及镇江大运河与当代经济、文化和社会生活的关系，更为重要的是镇江文化带建设与生态文明建设是新时期文化建设的标志性工程[11]。

（3）彰显创造性

大运河是一条有别于世界任何自然河道和人工河道的伟大创造工程，是中华民族勤劳智慧的结晶，今天镇江的大运河文化带建设，既不是简单地复制历史、刻录遗存，也不是梳理文脉，最重要的是彰显我们当代人的智慧和创造力。镇江大运河流动的文化只有进入联动的世界才能更好地凸显它的价值。我们须运用现代科技手段创造性实现镇江大运河文化的功能转化和创新性发展。现代物联网技术、大数据云计算、人工智能等都能融入今天的镇江大运河文化带建设中，这既体现出大运河本身具有的互联互通的特质，同时也让人在“行走”在大运河时，可实现主客体之间的融合，引起共鸣，得到情感的寄托、精神的升华。

四、镇江大运河文化带建设的基本策略

（一）强化领导、规划引领

站在中华民族文化传承的历史高度，加快顶层设计，做好镇江大运河文化带的专项研究与总体规划，处理好保护与利用、整体与部分、短期与长期的关系。从全局和整体的高度，明确文化带发展的指导思想、发展原则和发展目标，积极组织开展《大运河文化带镇江段建设规划纲要》的编写与完善工作，明确带状空间的目标定位与整体功能布局，提炼出镇江城市的特色定位与发展侧重点，促进镇江同周边沿河城市的协同合作，指引大运河建设成为生态之河、文化之河、经济之河、开放之河。

（二）厘清家底、全面整合

实施“镇江大运河文化资源普查与数字化工程”，建立权威、统一、动态的大数据库，并在此基础上打造集管理、研究、展示、监测等功能为一体的镇江大运河数字公共服务平台[12]。其途径为：第一是通过大量来源于地方图书馆、民间收藏馆（室）等的历史文献信息收集有关大运河镇江段的文化遗产历史记载，弄清文化遗产形成的原因，即其发展演变的历史踪迹；第二是走访请教相关领域的学者专家，如地理学、人类学、建筑学、风景园林学等领域的专家学者；第三是对镇江运河文化遗产进行实地考察，结合文献信息和专家给出的信息，加上科研人员自身专业知识的储备和积累，结合实际详细的调研，掌握更多更全面更彻底的一手资料；第四是可以借鉴先进的技术（如 GIS，Geographic Information System，地理信息系统等），建立基础资料信息库，加以辅助作图，以便将各种文字信息、人类口述信息和实地考察调研信息进行有效汇总，结合可视化技术建立各种模型和数据库，提高资料的使用价值，优化工作程序，并进行科学性、系统性、动态性的展示[13]。

（三）整治环境、生态优先

其一，要加强镇江运河沿线工业污染治理，加快存量土壤污染防治，强化有毒有害物质管控，实行污染物排放总量控制，严禁超标排污。高标准完成污水截流工程，推进大运河沿线污水处理设施和雨污分流管网建设、尾水截污导流工程建设。加快两岸的城乡环保基础设施建设，加强农业面

污染源综合防治，实行严格的环境保护制度。其二，加强运河水生态修复，探索河滨带水草治理，开展大运河河底生态修复工程，改善水生态现状。同时，加快修复沿线林带、湿地等生态功能区，加大两岸绿化美化程度。其三，重点整合沿线港口码头，改善港口布局分散及岸线、水域、土地资源浪费等问题。

（四）筛选重点、优先打造

实施聚焦战略，在镇江地区选择重点河段、重点项目和重点企业进行重点支持，打造大运河文化带的增长极和排头兵，然后“以点带面”，拉动区域整体崛起。根据区域经济的“点轴开发理论”，经济中心总是最先集中在少数条件较好的区位，呈点状分布，然后逐渐拓展为繁荣的发展轴线[14]。虽然大运河镇江段的长度并不长，但各段发展水平梯度有一定差异，不宜平均用力，应在支持上有所侧重。建议根据河道属性及现有资源，支持一批创意性强、影响力大的优质项目，重点引入或培育几家战略性文化企业，发挥其先锋示范与引擎带动作用，促进文化带快速隆起。例如：可优先建设铁瓮城遗址公园，展示较为少见的运河军事文化；串联北固楼等四大名楼，展示名楼文化、藏书文化与廉政文化；打造“运河第一街”——新河街，展示运河商埠文化与慈善文化；提升丁卯桥景区，完善宝塔山公园建设，展示运河诗词文化、非遗文化与科技文化；继续利用镇江运河通航段的优势，大力发展物流业与实体经济；等等。

（五）升级模式、创新发展

以大运河文化为内核，启动“镇江大运河文化 +”计划，创新发展模式，推进与沿线生态建设、城市功能、经济发展间的融合发展，创建一个有文化特色、创新有力、繁荣活跃的发展带和城市群。充分挖掘镇江本地运河的历史文化资源，并创新性地将其融入城市建设，丰富城市服务的多样性与特色性[15]。在重点保护大运河镇江段生态环境的基础上，运用现代3D、4D 及 VR 技术展示大运河生活场景。在大运河遗址综合利用过程中，要注意全域场景的设置，使市民和游客产生强烈的现场感，调动他们参与的热情，使他们的现场体验更为丰富[12]。

从文化创意角度而言，运河文化不必局限在河道、船闸、码头等固态遗产上，还应探索以大文化 IP 为纽带，与特色小镇、动漫影视、旅游产品等的有机融合，打造一个集景观带、文化带和经济带于一体的综合性城市区域群廊[16]。例如，大运河镇江段积淀了众多历史事件、名人轶事、传说故事，仅爱情故事就有许仙与白娘子、刘备与孙尚香、董永与七仙女、华山女子与南徐士子、韩世忠与梁红玉等，这些文化资源均可通过现代科技和创意手段，培育成新型文化业态，发展成为数字创意产业。

五、结论

镇江大运河文化带是整个大运河文化带的有机组成部分，必须坚持以人民为中心的根本立场，将文化带建设成为生态圈、生活圈、文化圈、经济圈四圈交融的“人民的幸福家园”。镇江要完成建设好大运河文化带这一重要历史使命，必须强化大运河文化带建设的系统性、整体性与协同性的有机统一，秉持“尊重多样性、体现当代性、彰显创造性”的原则，落实“强化领导、规划引领”“厘清家底、全面整合”“整治环境、生态优先”“筛选重点、优先打造”“升级模式、创新发展”等具体策略，并以健全的制度与规划体系、运行与实践体系、传播与教育体系及评价与监督体系等保障镇江大运河文化带建设的可持续发展。

参考文献：

[1] 谢光前,李道国.大运河文化带建设的立场、原则及其治理体系构建[J].江南大学学报(人文社会科学版),2018,17(5):116-120.

[2] 王玲真.京杭大运河与镇江城市文明的兴起和发展[J].南通大学学报(社会科学版),2008(1):21-24.

[3] 熊海峰.大运河文化带的内涵解析与建设对策研究[J].人文天下,2017(23):41-44.

[4] 中共中央宣传部.习近平总书记系列重要讲话读本[M].北京:学习出版社、人民出版社,2016:34-45.

[5] 连冬花.大运河工程精神探析[J].自然辩证法研究,2020,36(4):51-55.

[6] 镇江人力资源服务业发展研究报告[N].镇江日报,2013-11-04(7).

[7] 葛剑雄.大运河历史与大运河文化带建设刍议[J].江苏社会科学,2018(2):126-129.

[8] 刘美子.江苏省大运河文化带建设的问题与对策研究[D].苏州:苏州大学,2020:53-65.

[9] 霍艳虹.基于“文化基因”视角的京杭大运河水文化遗产保护研究[D].天津:天津大学,2017:125-134.

[10] 张卫,樊佩佩,马岚.大运河文化带建设国际性传播发展状况及策略——以江苏段为例[J].艺术百家,2019,35(2):73-77.

[11] 路璐,吴昊.多重张力中大运河文化遗产与国家形象话语建构研究[J].浙江社会科学,2021(2):133.

[12] 秦宗财.新时代"千年运河"文旅品牌形象塑造[J].江西社会科学,2021,41(1):235-243.

[13] 张玉枚,司海燕.大运河文化带建设的路径研究——以江苏镇江为例[J].特区经济,2020(11):128-130.

[14] 何淼,李惠芬.大运河文化带(江苏段)的传播效能研究——基于搜索指数与文本分析[J].艺术百家,2020,36(6):52-57.

[15] 李茂叶.大运河文化传播路径探析——以江苏段运河文化为例[J].新闻爱好者,2020(10):57-60.

[16] 朱贵杰,李智.文化再现:科普动画助力大运河文化传播——以《小普说大运河文化带》系列动漫微视频为例[J].青年记者,2020(26):101-102.

内涵功能利用

大运河文化地标的建设研究

——以镇江西津渡为例

钱　兴*

纵贯南北的千年大运河，不仅构成了江苏交通运输的经脉，也承载了无数代人的水乡记忆。2019 年 6 月 4 日，“寻找大运河江苏记忆”活动成果发布会在镇江谏壁船闸管理所举行，40 个江苏最美运河地标向社会公布。江苏省水利厅副厅长认为，大运河文化价值皆由实体而产生，自运河诞生起，伴随着持续不断的建设、治理和保护，不同的时代留存了各具特色的经典之作。这 40 处地标承载着大运河江苏段沿线丰富而深厚的文化内涵，必将成为推动文旅深度融合发展的助力，未来很可能是运河之旅中的热门打卡之地，是大运河江苏段文化、生态、旅游长廊中的颗颗明珠。这一活动有助于江苏全省和各市县在进行大运河文化带建设时抓住重点、突出亮点，也便于寻找和建设文化高地。

这些地标既有成功的建设经验，还有进一步建设的必要和空间。可从微观角度，对某个地标的形式、承载的功能和传承的精神等进一步加以明确，挖掘文化内涵，提炼文化精神，活化运河遗产，美化周边环境……还可从宏观角度对大运河沿线的最美文化地标进行整体设计和建设，使地标既有自己的特色又有相互间的联系，从而更加鲜明地体现大运河文化带的带状特征。

本文主要以单个地标——镇江西津渡为例做了初步的思考与研究，以期为其他运河文化地标的建设提供一些参考。

一、大运河文化地标的内涵

地标是指每个城市的标志性区域或地点，或者是能充分体现该城市

* 钱兴，镇江高等专科学校文旅学院副教授，研究领域为现代汉语言应用学、大运河文化。

（地区）风貌及发展建设的区域，是具有鲜明地理特色的建筑物或自然物，有极强的辨识度，更重要的是必须包括物质层面和精神层面两个方面的内涵。

文化地标不仅是一处景观，还需蕴含文化精神。中国传媒大学教授江逐浪认为，一个地标能否成为文化地标关键看它的文化含量如何，看它是否标记了一个时代，有没有一个时代精神的印记，有没有超越现在已有功能的文化内涵。如中国天眼，代表的不仅是一种设施，而且是中国科技力量在世界领先的水平，已成为一个时代精神的象征。通过这些地标，可以立刻联想到一种精神、一种象征、一种文化。

因此，大运河文化地标首先在形式上是人工建成而非纯自然物，要有地标外在的特色与美感，能让人留下深刻的印象；其次在功能上曾经或将要发挥巨大的历史作用，有较高的历史地位，它可以是运河本身，如大运河明清故道（邵伯段、高邮段），也可以是运河沿线重要的历史物质遗存——一座桥、一道闸或一片区域，如无锡的清名桥、淮安的清江大闸、苏州的山塘街历史街区，还可以是新建筑，如坐落于扬州三湾公园的中国大运河博物馆将成为扬州乃至江苏大运河的运河文化新地标；最后在精神上应与大运河文化紧密相连，蕴含丰富的运河文化精神，具有文化的高度性和引领性，能更广泛而深刻地代表一个地区、一个城市的某种时代精神，具有可传承性，能产生深远的影响力。

镇江西津渡是一处历史文化街区，地处江河交汇十字黄金水道，形成于三国，繁盛于隋唐，延续至元明清、民国和近代。形式上，渡口街区风貌保存完好，历史遗存众多，依山傍水，风景如画；功能上，活生生地记录了唐宋以来的镇江城市发展的历史，尤其是京口闸、玉山大码头和救生会小码头遗址见证了漕运枢纽的交通功能和漕运咽喉的繁华；精神上，体现了以和谐平安为核心价值的津渡文化。因此，西津渡很好地具备了大运河文化地标的内涵。

二、大运河文化地标的建设要素

大运河文化带建设始终以文化为核心，在保护、传承和利用的过程中会对已有的大运河物质遗存进行修缮，也会兴建一批新的建筑，如各种主题的大运河博物馆，这些建筑将以新的面貌矗立在江苏省大运河国家公园内，成为令人瞩目的运河文化地标。

因此，在修缮和兴建的过程中，建议包含以下文化要素：

（一）充分体现和发挥运河文化地标的价值

文化地标是所在地区或城市富有代表性的建筑，有着明显的区别于别处的外在建筑特色和内在精神象征，如埃及的金字塔、巴黎的罗浮宫、中国的紫禁城，这些地标不仅将本土文化推向世界，也将世界的先进文化带回本土，是一座城市或一个区域与外部世界交流的重要大门，具有重要的民族文化价值。

镇江的西津渡因渡而建，千百年来建成了独具特色的多样化建筑群落——江南民居、宗教建筑、西洋建筑、民国建筑及近代工业建筑，这些建筑依山而建，顺山势的高低而起伏，但由于鸦片战争和太平天国的战火，大部分建筑遭到了毁灭性破坏，近年来经过相关部门的修缮，最大限度地保留和恢复了原来的风貌与特色。这些建筑是时代繁荣的见证者，体现了鲜明的地标性。

西津渡地处江河交汇之处，是历史上的漕运咽喉，历经唐宋元明清多个朝代，发挥了巨大的历史作用。唐宋时期，镇江以漕运为主体的水运进入鼎盛时期，“唐时漕运最重者京口，江淮之粟所会，是诸郡咽喉处”。因此街区承载着自唐朝以来千年的历史遗存，有唐代的渡口客栈小山楼（遗址）和佛教圣地观音洞、宋代的铁柱宫遗址、元代的昭关石塔、清代的大码头遗址和救生码头遗址……这些遗存都是历史上西津渡因运河而兴盛的产物，目前都得到了较好的保护和展示，体现了西津渡多样化的文化。街区内还有大量非文保单位的建筑，经修缮后开始发挥新的文化功能。如“西津画院”，原建筑为镇江市五金厂车床车间，内部有行车，后改为滤清器厂油漆车间，再次改造后成为西津画院，经常举办各种文化展示活动，成为广大市民欣赏艺术作品的好去处；还有朱方印社（建筑群内有义渡局旧址、鑫记营造厂房等，目前是篆刻艺术之所）、西津渡多功能厅（经常举办文化讲座）、音乐厅、南书房（24 小时书店，集阅读、餐饮、住宿、休闲于一体）、民间艺术馆等多处地方。它们都在保护修缮原建筑的基础上发挥着新的文化功能。

综上，大运河文化地标的建设应具体体现以下价值：一是体现大运河特定的历史时期与地理空间上的地位与作用；二是体现所在区域与运河相关的集中而有代表性的文化价值；三是体现新时期新的文化功能与作用。

（二）深刻反映运河文化地标的特性

文化地标是城市文化精神的象征，如果说文化是灵魂，那么地标就是灵魂的外化物和直观的视觉符号。它既可以吸引外乡客，引发他们的好奇心；也可以凝聚本地人，激发他们的自豪感。运河文化地标也是如此，可以让人们提起某段运河，就会想到某些运河文化地标；看到某些地标，就能想到某种与运河相关的文化精神。这些地标串起了古老的大运河，更浓缩和凝聚了民族的精神与力量。具体应有以下一些特性：

1. 深刻的文化内涵

地标文化有四个层次：一是符号层次，主要包括诗文、图形等，这是最容易感知的部分，但还不是文化的根；二是制度层次，例如福建土楼，外在的建筑形式是符号层次，与这一形式相伴随的家庭组织形态、聚族而居的方式、人与人的关系、户与户的关系的变化才能体现制度层面的内涵；三是伦理层面，影响人们的乡土观念；四是思维层面，当地标的文化渗透到一个地区人们的思想观念、审美观和价值观中并开始影响生活时，才能体现地标文化的深刻内涵。我们的审美和价值观影响着文化地标的建设，而文化地标又塑造着我们的思想观念，二者相互影响，相辅相成。

运河文化地标的深刻内涵是思维层面的，是生生不息的运河精神的延续，有文化的高度性和思想的引领性。例如苏州的盘门，为公元前514年吴王阖闾命伍子胥所筑春秋吴国都城的八门之一，延续2500年，经历代修缮，现为中国唯一保存完整的水陆并列城门，有“北看长城之雄，南看盘门之秀”之誉，大运河在此环抱城垣，“水路相伴、沿洄屈曲”，建造之科学、功能之特别体现了历代人民的智慧，它的存在不断提醒和暗示着智慧的传承。

镇江的西津渡包含了渡口文化、建筑文化、宗教文化、慈善文化、商旅文化、饮食文化、诗词文化、民俗文化等，其文化核心是津渡文化——以济渡救生、平安和谐为核心价值。因此以义渡局、救生会为载体，以济渡救生为内核的慈善文化是西津渡文化的重要组成部分，与其他文化一起影响着人们的思维方式和观念，只有从这个角度才能挖掘其深刻的内涵。

2016年开通的迪拜运河全长3.2千米，发端于迪拜老城的迪拜湾，流经商业湾，最终汇入波斯湾，它蜿蜒流经迪拜腹地，改变了市中心的面貌与环境，使一座座豪华酒店变为一个个河景寓所，河道横跨五座步行桥，可以让游客在绝佳的位置欣赏迪拜的天际线，其中一座有紫色拱廊的桥梁为纪念第22个国际宽容日而更名为“宽容桥”。当整条运河的设计处处体现民族特色，并开始有国际视野的文化内涵时，迪拜运河才有可能成为文化新地标。

2. 广泛的影响与认可

运河文化地标应有广泛的群众基础，必须得到大家的认同，便于世代传承，能发挥文化的复制功能，从而成为城市的精神载体和遗传基因。

日本大阪有一条运河，名叫道顿堀，大约有400年的历史，如今运河两岸已成为大阪最繁华的商业区，集结了各种娱乐场所、美食店和专卖店。商业街起始段的墙上有一块大牌匾，上面写满日本名物，画满各种卡通形象，张扬地表现着日本的流行文化，反映着当代日本人的思维观念与生活方式。因此道顿堀就不再仅仅是一条运河的名称，而是作为大阪的文化地标为各国游客所熟知，并且是各国游客观光购物的必到之处。

杭州市的拱墅区有一处运河文化地标——拱宸桥，因其优美的造型、古老的历史、特殊的地位、持续的功能，以及与周边运河文化建设的融入而被大家广泛认可。西津渡也正被越来越多的人所熟知与认可。

3. 丰富的时代记录

文化是历史积淀而成的，时代的发展常常不以个人的意志为转移，无论繁华还是苍凉、巅峰还是低谷，都汇成了历史的河流，地标是时代的记录者，能折射时代的变迁，人们从这些记录中寻找精神力量。

淮安里运河文化长廊是江苏段大运河最美文化地标之一，景区包括两处世界文化遗产（清口枢纽、清江大闸）和一段河道（淮阳运河淮安段），承载着淮安千年的运河文化，见证了昔日漕运文化的兴盛，2014年成为国家4A级旅游景区。2013年年初启动规划建设，2017年全面对外开放，由“起”“承”“转”“合”四大板块构成，记录了“中国运河之都——淮安”的风貌，更融入当代文化，创造新的时代纪录。

因此，选择和建设一个文化地标要经得起时间的考验，杜绝粗制滥造和破坏性建设，在尊重历史的前提下全方位精心打造，不仅要体现地标记录过的历史，还要赋予地标新时期的历史和时代记录功能。

三、西津渡文化地标建设的具体意见与建议

（一）优势与经验

1. 独特的地理位置——江河交汇，见证漕运繁华

江苏最美运河文化地标共有40处，镇江有三处，分别是苏南运河第一标（含镇江谏壁船闸、谏壁闸）、西津渡和丹阳市的万善公园。西津渡紧邻大运河入江口，与京口港（大京口）距离最近，其繁华与大运河漕运的兴盛基本同步，是大运河文化历史变迁的见证者和参与者，共同造就了镇江古城的历史。

隋大业六年（610年），“（隋炀帝）敕穿江南河，自京口至余杭，八百余里，广十余丈，使可通龙舟……”，由此，润州（京口）也就成了扼守江南运河咽喉的重要城市。“及至隋唐城区开始向西扩展、开发，其江南运河入江口也被设置到城之西北，称为京口港”，“古代漕运或利用运河的船只主要从京口港出入……”近年考古挖掘出的京口闸遗址清晰地表明了与西津渡的实地距离。元代《至顺镇江志》记载：“京口闸在城西北京口港口，距江一里许……开元中徙漕路由此。”其规模之大、设计之完善、管理之严格显现了我国水利工程技术之先进，可见当时漕运之兴盛。历经唐宋元明清五个朝代，京口港一直是漕粮中转的要地，河上的船只除运输漕粮外，布匹、盐茶、巨木怪石、珠宝香料也在运输之列，直到1861年5月镇江成为长江下游第一个通商口岸，海运开始兴盛后，西津渡迎来了新的繁荣，也见证了大运河漕运的衰落。

2. 鲜明的文化特色——吴头楚尾，文化底蕴深厚

江南运河漕运的兴盛促成了西津渡的繁华，漕船、商船共同穿越长江这片水域，长江与运河有了更紧密的联系，西津渡也因此成为有着千年风貌的历史遗存。早在春秋战国时期，这里就是吴楚古渡，属吴文化区域。公元前12世纪，泰伯、仲雍自中原渡江南奔荆蛮，自号句吴，带来了先进的中原文化，随后吴楚之间连年的战争和勾践北上争霸加速了吴国吸收北方文化；西晋末年，天下大乱，中原士族相随南逃，史称永嘉之乱，自此中原文明正式大规模南迁，江南是重要的迁入地，由于镇江地处宁镇山脉，特殊的地理位置留住了大量的外来人口，中原文化和吴文化在此开始广泛交融。随着隋朝大运河的开通、唐宋漕运的繁荣及历史上另外两次重大的人口南迁（安史之乱后及北宋末年），南方文化开始超越北方文化，西津渡区域的文化再次发生重大转变。据此，可概括为三个阶段：早期历史文化的叠加期、三次衣冠南渡后的文化融合期、漕运兴盛期文化的升级与转型期。因此，西津渡历史文化街区承载着深厚的文化底蕴，产生了众多不同的文化类别，呈现出多样化的特点，具备了鲜明的文化特色——吴头楚尾，达到了一定的文化高度。

3. 优美的生态环境——规模较大，保护修缮完好

西津渡北濒长江，南临云台山，西起玉山大码头，环绕云台山，沿小码头街由西向南到博物馆，街区依山而建、层峦耸翠、飞阁流丹、风景优美，街区内有众多文保单位和历史遗存，被罗哲文先生称为中国古渡博物馆，保护面积之大与完好在国内古代渡口遗存中实属少见。由于政府高度

重视和各界人士积极参与，近20年来西津渡的修缮与保护取得了重大的进展与突破：考古人员发现了大码头和小码头遗址并使之得到有效保护，抢救性保护了昭关石塔、救生会遗址和观音洞区域，2002年获联合国教科文组织亚太地区文化遗产优秀保护奖；近年考古发现的京口闸遗址再现了当年大运河水利工程的先进科技与管理水平；重修了小山楼、待渡亭、铁柱宫和清水乱砖墙砌成的若干民居等，保存和再现了文化地标的外在建筑美；兴建的云台阁风景区更便于游客俯瞰整个街区的全貌和江河交汇的全景。

（二）问题与不足

1. 目标定位和整体发展战略不够明晰

多年来西津渡一直作为历史文化街区在建设，一年前江苏省大运河国家公园规划则将其定位为镇江大运河文化核心展示区，后被评为江苏大运河最美文化地标，近日又在打造“城市中央休闲区”。西津渡虽然可以兼具多种功能，但目前街区的目标定位和整体及长远的发展战略不够明晰，以致街区内的文保单位保护和利用的关联度不高，修缮的建筑利用率也有待提高，分区建设的价值尚未凸显，与周边城市同类相比，还缺乏更广泛的影响力和地标效应。

2. 文化层次架构不够清楚

西津渡文化种类繁多，有渡口文化、宗教文化、商贾文化、慈善文化、建筑文化、军事文化、西洋文化、诗词文化、民俗文化、饮食文化，包罗万象、纷繁复杂。目前文化建设的重点和亮点还不够突出，不同文化之间缺乏有效的衔接，有各自为政、任其自然发展的倾向。

3. 文化精神外化不够显著

西津渡文史研究成果十分丰富，但展示形式还比较单一，展示缺乏整体和系统性，民众感受到的只是一鳞半爪。遗产活化不够新颖，文化活动的数量和质量都有待提高。

（三）具体建议和措施

1. 进一步明确目标定位，突出文化亮点和重点

建议其目标定位为：构建大型文化综合体——江南第一渡，集文化交流与合作、商务休闲与旅游、现代康养与体育及文化活动互动与体验等多功能于一体。

西津渡最大的亮点和特点是千年古渡，因此渡口文化应为文化架构之首。目前的展示区是“一眼看千年”和两处“小码头遗址”，这三处展示点还不足以体现古渡的完整性。这里提几点建议：首先，尽快展示玉山大码

头遗址，其历史更为悠久，历史上的价值和作用更为突出，而且遗址保存完好、主体规模较大，建议与南面的渡口石岸遗迹、渡口官署建筑及超岸寺等进行整体规划、保护与展示，以便完整而真实地再现历史。其次，对小码头遗迹进行更完整地考古挖掘和展示，还原待渡亭遗址所在地（依清代《嘉庆丹徒县志》的《方舆总图》，应在蒜山东侧，立碑即可），因为史载待渡亭下即小码头，这样既体现历史的真实性又使二者形成整体效应，同时进一步丰富文字介绍与说明，从遗址展示、线路设计和旅游导览上体现小码头与救生会、义渡局等慈善文化间的渊源与联系。最后，高度重视大运河上的重要遗存——京口闸遗址的保护与活化，这将是对古渡文化的重要补充——大运河水工文化和科技文化，从而有力而完整地梳理西津渡繁华的历史脉络和规模及对镇江城市发展的影响。

西津渡的第二大亮点是救生会，这是世界上最早的专业渡口救助机构，成立于南宋，延续至民国，从官办义渡救生到民办官助救生，有近700年的历史，承载着厚重的慈善文化，值得大力弘扬。目前已建成博物馆，但利用率不够高，影响力不够大，亲民性不够。建议与海事局合作，加大宣传，每年可组织一到两次水上救生演习，甚至可以和英国皇家救生艇协会（世界上较大的专业救助机构）合作，使活动与合作常态化、定期化，这样既可以对民众进行安全意识的教育，又可传承镇江先民的精神，弘扬镇江慈善文化；甚至可以和镇江赛珍珠研究会合作，成立全省乃至全国著名的慈善机构组织，汇聚慈善力量，举办慈善活动；可以结合江河交汇处的开阔水域举办现代水上体育活动；还可以开发文创产品，举办相关文化创意活动；等等。

西津渡第三大亮点和重点是体现南北交融的多样化的宗教文化。从唐代开始，西津渡先后建有众多寺、观、教堂，仅据志书记载，曾有佛寺16座、道观11座、基督教堂3座。现修缮后的观音洞相传建于晚唐，有“南普陀”之称，铁柱宫、紫阳洞、都天行宫都是道教圣地，昭关石塔曾是金山禅寺下院建筑的一部分，超岸寺还兴办了镇江第一所佛学机构——玉山佛学院……如此深厚而丰富的宗教文化完全可以充分利用，独立或与金山、焦山的寺院合作举办大型的世界宗教文化论坛，汲取宗教文化中积极的部分。

其他文化如商贾文化、建筑文化、美食文化、民俗文化、诗词文化和军事文化等，可分阶段、分主题、分区域进行建设，以活动为导向，积攒人气、营造氛围、引导文化消费。上述架构的顺序是依据相关文化在街区遗存中的历史价值和地位及存量进行考虑的。

2. 寻找现代与历史的平衡点，活化遗产、外化精神

西津渡的建设已遇到新的瓶颈，需要有新的举措，寻找历史与现代的平衡点。其中活化遗产的重要途径是在保护的基础上寻找和赋予历史遗存新的功能。

始建于1841年的大馆是近代香港地区的重要历史地标，见证了近代香港地区的社会变迁，它曾是香港地区的警署、裁判司署和监狱重地，也是目前香港地区大型的古迹保护项目和地标性文化综合体。戒备森严的监狱是社会高度法治化的象征，也是满足人们警察梦的好去处。大馆在活化改造的过程中既保留了原有的历史记忆，又融入了现代元素。新老建筑的融合既保留和活化历史记忆，也为发挥新的功能提供空间载体。主要修复活化的16处古迹和多个户外空间，兴建的两座建筑物，毫无违和感，建筑内可进行当代艺术展、表演及文娱活动，大馆成为古迹和艺术巧妙碰撞的文化地标。

上海的新天地，以紧邻中共一大会址所在的上海石库门建筑旧区为基础，改造成集餐饮、商业、娱乐、文化于一体的休闲步行街，以中西融合、新旧结合为基调，将上海传统的石库门里弄与充满现代感的新建筑融为一体，建筑设计师们从保护历史建筑的角度、城市发展的角度及建筑功能的角度做了多方面考虑，把新的生命力注入旧建筑，以符合消费者的需求。

西津渡有许多清末民初、旧租界的建筑，还有很多近代厂房，都可以加以很好地活化利用，目前利用率还有待进一步提高，活化方式还要进一步创新，已利用的场所需提升其活跃度和影响力，举办的文化活动还要进一步增强策划能力和效果，提高与时代和受众的契合度，大胆任用年轻人，打破旧思路和条条框框。目前，西津渡还缺少一座古渡博物馆，京口闸遗址也在挖掘保护中，这一重大遗存可结合博物馆的建设进行活化，并有望成为西津渡又一大亮点。

总之，近年来保护古建筑、活化城市历史已成为不可逆转的风潮，城市中不同时代风格建筑的并存也是一种创新的思路。要用现代创意的方式保留遗存特色，在不破坏的前提下增加互动、参与和体验，而不只是简单展示，地标不是文物，是可以重新塑造并注入新的血液的。

精神外化方面，西津渡救生会除了可以开展水上救生演习，还可以重新编唱《江上救生歌》（参照央视《经典咏流传》节目形式），使之成为西津渡的慈善文化保留节目，可在不同场合多次演绎，甚至可以配合编导演

出情景剧；另外还可以模仿历史上真实的救生红船的模型开发出文创产品，可以是拼图、积木，也可做成现成的纪念品，可大可小。总之，我们不只是让群众了解历史知识，更要寻找通道，活化遗产，提高古今的关联度。要有时尚亲民性的形式，要有整体系列性的活动，要有文化创意性的产品，要有生动趣味性的故事。

3. 汇聚文化艺术活动，承载公共文化服务功能

西津渡文化地标是一组建筑群落，要成为文化高地，既要展示和传承传统文化，又要创造和引领现代文化。增加新的艺术和文化项目是开放和激活老建筑的关键策略，因此要汇聚各类文化艺术活动，增加频率，扩大宣传，不断提高质量，了解群众文化消费心理，激发和满足群众的文化需求，引导文化审美情趣，积极探索活动模式（公益和营利相结合），合理布局活动类型（书法、摄影、绘画展，诵读、舞蹈、音乐演出，茶艺、插画、读书活动等），承载多种文化功能，保障文化活动的持续性、周期性，从而使西津渡成为镇江市文化发展方向的代表，成为镇江市的文化基地和策源地，给城市带来活力和改变。另外，充分利用建筑空间，承载公共文化服务功能（24 小时图书馆、流动书吧等）。

以上活动的开展可借助镇江的高校、中小学和老年大学等，充分发挥社会志愿者的力量，充分利用各种人才资源和艺术资源，使艺术活动既有数量又有质量。

4. 业态多元化，创意主题活动聚集人气

除了保留包含历史记忆的场所，目前西津渡还需进一步丰富业态，改变以餐饮为主的局面，合理引导和布局业态的分布。相关领导应转变观念、大胆创新，呼吁政府出台政策支持文化类业态的引进，帮助拓展文化经营的渠道和方法。扬州的东关街、南京的老门东、苏州的山塘街都有可借鉴之处。镇江要努力构建集餐饮、展示、办公、教育、休闲、旅游、文化艺术活动、文创衍生品销售于一体的大型现代化文娱综合体。

故宫角楼咖啡馆的开设，是对餐饮文创的一种积极探索，也是与国际接轨的行动。国际上许多知名的博物馆不仅拥有自己的餐厅，而且在餐厅的装饰乃至菜品上都融入了博物馆文化。

西津渡历史街区东南部有以英国领事馆建筑群为主体的镇江博物馆，馆内有许多大运河文物藏品，如能适当开放部分建筑，研发相关文创产品，挖掘构建博物馆文化，可以打造出一个新的亮点。目前，西津渡入口处有一间狭长的文创店铺，但店内体现镇江特色的文创产品寥寥无几。因此建

议政府从政策上大力扶持、鼓励、激发和保护文创产品的开发和推广。

5. 进一步美化文化地标

目前西津渡的建筑大多是修旧如旧，建议少建或不建仿古建筑，可兴建有视觉冲击力的现代建筑。如可兴建一座有现代设计感的船型建筑作为古渡博物馆，可在京口闸遗址附近选址，展示江河交汇处的历史与文化，同时与新河街历史街区进行衔接，请知名专家进行设计，实现外在建筑上的美，凸显地标性。

另外，西津渡还可进一步美化环境，包括灯光、背景音乐、绿化、店铺广告与招牌等。要进一步提升服务之美，可定时安排免费导游（志愿者、实习生等）讲解，针对不同消费者的文化层次提供不同的文字解说或语音导览，以满足不同需求。不仅输出我们认为重要的，还要了解他们感兴趣的；不仅介绍看得到的保护现状和结果，还可以介绍保护过程，加强文化氛围的营造，引导大家了解和传承西津渡的文化精神。

总结

相信通过不断的建设，西津渡将成为镇江市文化策源地、约会首选地和城市外景地，将是人们进行各种活动首先想到的聚集地点、活动中心，能够满足人们商务、聚会、娱乐、休闲等各种活动需求。它将是城市的标签，会大量出现在各类媒体及影视作品中，是不同年龄、不同地区和国家的人向往之地！是长江与运河交汇处唯一的一座令人瞩目的文化地标！

参考文献：

[1] 范然，贾婧.中国古渡博物馆西津渡[M].上海：上海文艺出版社，2007.

[2] 张峥嵘.走进西津渡[M].南京：江苏凤凰文艺出版社，2017.

[3] 祝瑞洪主编.西津渡论丛[M].上海：上海文艺出版社，2009.

[4] 李德柱，王礼刚编撰.运河怀古[M].南京：南京大学出版社，2016.

[5] 叶长海，赵高辉.时尚新地标对城市文化的建构与提升[J].当代传播，2011(6).

[6] 周尚意.地标是一个城市的精神[N].北京青年报，2009-02-05.

[7] 警署、监狱变身香港文创新地标，大馆的华丽转身带给我们哪些启示？[N].人民日报海外版.

镇江大运河文化带讲解导览系统建设研究

曹　玮　王昕庐　吴海龙　刘　聪　张　钟*

近年来，镇江市通过对大运河河道主体进行清淤清洁维护，对大运河沿线城市环境进行改造，为推动大运河文化带建设打下了坚实的基础。为进一步做好文化旅游的协调融合工作，必须更加注重策划，落实文化项目的创设和实施。讲解导览系统作为文旅融合的重要手段，已被广泛研究并应用到文旅领域，建立镇江大运河文化带讲解导览系统必将对促进镇江市全域旅游、推动镇江大运河文化带高质量建设具有实际的积极作用。

一、镇江大运河文化带文化旅游现状分析

（一）大运河沿线文旅资源概况及分析

镇江是国家级历史文化名城，大运河穿城而过，与长江在城北交汇，悠久灿烂的城市历史与经久不息的江河航运给镇江带来了丰富多样的文化遗产遗存。根据调研，镇江大运河文化带沿线现有文旅资源主要可分为三类：大运河遗产资源、大运河非物质文旅资源点和关联性文旅资源。

镇江大运河遗产资源，强调其与大运河的价值内涵关联性和历史功能关联性，是支撑和贡献大运河价值内涵的最直接物质载体。根据大运河遗产要素及其物质组成分析，目前镇江大运河遗产资源共有 76 处①。依据遗产呈现形式的不同，镇江大运河遗产又可具体分为大运河镇江段水利工程遗产、聚落遗产和其他物质文化遗产（详见附表），分别涵盖了河道水体设施遗存、运河生产生活聚落及与运河历史文化相关联遗存。

---

* 曹玮，镇江市文广旅局党委委员、副局长，研究方向为文化事业管理和旅游管理；王昕庐，镇江市人大常委会办公室人秘处副处长，研究方向为社会学；吴海龙，镇江市文广旅局文物处副处长；刘聪，镇江市文广旅局文物处四级主任科员；张钟，镇江市文广旅局文物处四级主任科员。

① 详见附录，数据统计自镇江市文化广电和旅游局文物处。

镇江大运河非物质文旅资源，即大运河非遗文化及其承载点，强调其与大运河历史文化的文化关联性。截至 2018 年 6 月，已经公布的 100 项非遗名录中，大运河文化带沿线有 89 项非遗项目分布，包括国家级非遗 7 项，省级非遗 32 项，市级非遗 60 项。其中，镇江古运河河段拥有非遗数量最多，达 52 项①。按照与镇江大运河地理、文化关联的紧密程度，可分为与运河直接关联和可利用运河推广两种类型，是构建运河非遗文化主辅框架的依托。

镇江大运河关联性资源，强调其与镇江大运河的文化地理空间关联性，为镇江大运河流经区域内除镇江大运河遗产和非遗以外的其他相关文旅资源点。这些文旅资源点与镇江大运河同属一个文化地理区域，按照形态与特征区别，共可分为 4 类，分别是不可移动文物资源、博物馆（纪念馆）资源、历史城镇和传统村落资源、与镇江大运河相关的自然人文景观资源。

（二）沿线文化旅游发展分析

20 世纪 80 年代以后，镇江开始关注大运河的遗产价值、生态价值和文化旅游价值，着手制定了一系列保护遗产、整治环境的保护和控制政策。进入全域旅游时代，镇江即开始利用大运河文旅资源展开优势资源整合和旅游开发。

一是推动了大运河沿线文化遗产的保护修缮和利用：修复了包括西津渡历史文化街区、北固楼、万善塔等文化遗存，修缮了梦溪园、虎踞桥、僧伽塔、都天庙等遗迹，发掘并保护了铁瓮城遗址、京口闸遗址、练湖闸遗址等一批遗址遗迹。运河沿线柳茹村、九里村等一批传统村落得到保护和修缮。宋元粮仓博物馆、京口闸遗址陈列馆等一批项目正在持续建设过程中。二是开展了大运河沿线河道的整治和美化工作。通过长期的棚户拆迁改造、违章建筑拆除、沿线污染企业搬迁等河道综合整治，全线的亮化与绿化美化，镇江大运河风光带已具规模；污水截流工程、金山湖整治工程、京口闸水利枢纽等水利设施兴建完毕；赛珍珠故居及珍珠广场等一批供市民休憩的大运河沿线游园和街区文化传承场所也相继投入了使用。三是促进了镇江全域文旅融合开发与利用。推动了一批大运河沿线区域文化旅游线路的规划、发布和推广，金山—焦山—北固山风景名胜游、精品红色游、江鲜美食文化游等旅游路线已较为完善。丹徒化肥厂、丹阳钢铁厂、恒顺香醋厂等一批特色工业遗产的活化利用，以及丹阳眼镜风尚小镇、恒

① 数据统计自镇江市文化广电和旅游局非遗名录。

顺香醋小镇和西津渡旅游风情小镇等沿河特色小镇的建设标志着镇江文旅融合事业走上新台阶①。

尽管镇江的文旅事业发展取得了长足的进步，但从资源整合利用角度来看，镇江目前还未能有效整合形成一个文化旅游品牌形象和游览线路框架。其中，大运河沿线文化遗产解读不足、文旅资源零散分布、展示利用方式不够多样等实际问题是导致这一现状产生的主要原因②。突出表现为：（1）景区和非遗美食、表演等资源点由于距离较远而割裂；（2）文旅资源点景区导览讲解不能满足游客深度游、学习游和自主游的要求；（3）景区之间的区域缺乏有效的旅游服务设施和旅游路线提示。基于此，建设完备的、能展现镇江大运河特色的讲解导览系统将成为未来推动镇江大运河文化带建设的关键举措。

二、讲解导览系统构建理论

所谓讲解导览系统，是指旅游目的地通过系统化的导游服务、文旅资源点导览服务、交通导引、媒体宣传等手段，将旅游目的地的旅游信息、景物价值信息传递给游客，帮助游客顺利完成旅游活动，并获得较好的旅游体验的旅游服务方式。依据讲解导览系统发挥作用的要求，可以将其大致分为讲解导览内容、讲解导览媒介和讲解导览受众三个部分。

（一）讲解导览内容

所谓讲解导览内容，就是讲解导览中主要传达的信息及其来源，即解说受众想要了解的所有事物的信息。按照主流受众需求的不同，讲解导览内容主要可以分为文旅资源信息、服务设施信息和旅游管理信息三个方面。

文旅资源信息是整个讲解导览系统里面至关重要的解说信息，包括旅游目的地全部的文旅资源点及其文化内涵。讲解导览系统的作用正是要系统化地挖掘和展现其深刻内涵与历史文化价值，使游客能够更好地感受旅游魅力。

服务设施信息是有关旅游服务的基础设施的信息，主要包括旅游服务配套设施和交通基础设施的信息讲解。完整优质的服务设施信息导览，既能保证游客顺利开展游览活动，又能保障游客愉快地度过旅游时光，是重

---

① 统计自镇江文化广电和旅游局内部文件《镇江市全域旅游发展规划纲要》。

② 王志民，等. 镇江三山国家风景名胜区的深度开发研究［J］. 镇江高专学报，2005，18（4）.

要的旅游服务手段。

旅游管理信息是旅游者需要的应对旅游过程中出现问题的解决方法。完善的讲解导览系统可以满足游客多层次的需求，是重要的旅游保障手段。

（二）讲解导览媒介

解说媒介的作用是将解说的信息与受众连接起来，基于不同游客的特征，向游客提供更具针对性的解说信息。总体来说，解说媒介主要包括以下三类：

一是人员解说类。也称向导式解说，主要是指专业讲解员、有关方面专家、志愿讲解员、本地居民等人员作为媒介直接为旅游者提供面对面的解说服务。其最大特点是双向沟通，能够回答游客提出的各种各样的问题，也可以因人而异地提供个性化服务。人员解说系统的信息一般非常丰富，但它的可靠性和准确性因导游员的素质而有着很大的差异。

二是非人员解说类。即没有人员介入的解说媒介，也称自导式解说，通过包括书面材料、图形符号、语音等设施向游客提供被动的信息服务。它的主要呈现形式有牌示系统、展示陈列、视听媒介、印刷品、旅游纪念品和互联网等。受空间和携带便利性限制，非人员解说系统提供的信息量有一定限度，因此，其解说内容必须要经过精心挑选和设计，具有较强的科学性和权威性。

三是综合类。特指游客中心等为游客提供信息、咨询、游程安排、讲解、教育、休息等旅游设施和服务功能的专门场所。游客中心结合了人员解说媒介和非人员解说媒介，是一种综合式的解说系统。一般对于大型旅游目的地而言，设立一个游客中心可以有效增强旅游环节的串联，提高旅游者旅游体验感和获得感。

（三）讲解导览受众

解说受众的定义分为狭义和广义两种：狭义上单指游客；广义上看，除了游客以外，还包含使用旅游解说信息的人员及景区当地的居民。本文所指的解说受众是广义上的全体旅游受众。

依据解说受众的需求和类型的不同，其特征也有所不同。外来游客类受众一般具有较强的文化价值取向和旅游目的，旅游地特殊的自然和文化类文旅资源可以有效地吸引大量的外地游客；该类旅客旅游消费心理较为成熟，愿意为高质量的文化旅游体验付费，但同时也意味着讲解导览的过程必须给他们提供更多的学习和体验空间。本地市民则更多的是为了加强自身对历史文化传统的传承和理解，获得更多的本地历史文化自豪感。因此，一个成熟的讲解导览系统，必须充分考虑到不同受众的需求并进行合理的讲解导览布置。

三、镇江大运河文化带讲解导览系统建设方案

（一）镇江大运河文化带讲解导览系统建设原则

镇江大运河文化带讲解导览系统的建设必须要结合镇江大运河文化带沿河开发、文旅资源特征、旅游发展现状和现代旅游讲解导览要求来进行。

第一，要以运河为轴线布局讲解导览系统。树立讲解导览整体观，将大运河文化带沿线作为一个完整的讲解导览区域，整合大运河文化主题，沿大运河线性空间区域打造系统旅游路线，配备科学现代的导游服务体系，让游客自觉以镇江大运河的发展视角来整体理解镇江城市和地域的发展，构建一个共建、共享的镇江大运河文化氛围。

第二，要以文化为内容填充讲解导览系统。南北跨文化交融和江河海交汇的独特文化特征是镇江大运河文化带旅游不同于其他地区大运河文化旅游的本质区别。要以镇江大运河文化带各个河段及文旅资源点的具体文化特征为根本依托，以文旅资源实际归属地为保护传承利用的基本单位，以文旅资源的内在关联为线索，统筹设计讲解导览线路，分级分段落实相关讲解、导览的要求，使得受众能够充分体验到镇江大运河文化的独特魅力。

第三，要以科技为支撑建设讲解导览系统。现代旅游强调个体化和科技化。讲解导览系统的建设必须要站在科技创新的角度来丰富讲解导览内容的表现形式。要更多利用科技手段，迅速推动解说媒介的视听化、便利化，增加其表现力和宣传力，同时开发文旅资源点新的吸引点，提高各个文旅点之间联系的紧密度和便捷度，彰显其时代价值。

第四，要以受众为根本设计讲解导览系统。在全域背景下，无论是团队旅游还是散客旅游，无论是本地居民需要还是外地游客需求，都必须彰显人性化。对外地游客要多顾及讲解导览的文化连续性和便利性，使他们花更少的时间和费用游玩更多的文旅资源点，感受吃、住、行、购各方面的贴心服务。对本地市民则要多融合讲解导览内容的传承性和创新性，使得大运河文化带的文化魅力能够自觉转化为居民的文化自信。

（二）镇江大运河文化带讲解导览系统建设方案研究

按照讲解导览系统的构成，镇江大运河文化带讲解导览系统的建设方

案必须从讲解导览系统的内容、媒介和受众三个方面进行综合考量。

1. 讲解导览内容的确定

为充分呈现镇江大运河文化带各区域之间差异明显但又紧密关联的地理文化特征，需要对讲解导览内容加以细化，分层分级明确主题线路及分级节点。

(1) 确定主题线路

主题线路是镇江大运河文化带讲解导览系统建设的灵魂部分。只有在确定的主题线路框架下，镇江大运河文化带讲解导览系统才能发挥全局性的作用，资源点信息的层次感才能得到体现。

按照镇江大运河的历史发展特点和现实河段特点，结合不同河段所属区域的文化特征，可以主要将镇江大运河文化带讲解导览系统的主题设定为四个方面：

① 大运河历史文化主题线路

以大运河镇江全线和古运河沿线为主打线路，主要的讲解导览信息是镇江大运河的建造发展历史和当今生态大运河的建设。沿线的重要文旅资源点有：城区范围内的镇江博物馆，京口闸遗址，新河街一条街，西津渡、伯先路和大龙王巷历史文化街区，双井路、荣庆里历史文化街区，河滨公园，中山桥，虎踞桥，南水关石闸，宝塔山公园，都天庙，丁卯桥遗址，谏壁船闸等；丹徒区的新丰车站与运河交界处及生态运河河道；丹阳市区范围内的练湖闸、西门大街、文庙遗址、人民公园、新河桥、三吕故居、总前委旧址、通泰桥、开泰桥和万善塔等。相关联的非遗资源有白蛇传、梅庵古琴、恒顺香醋酿制技艺、镇江工匠传说等。

② 滨江历史文化主题线路

以长江为线，主要的讲解导览信息是江河交汇特色及镇江城市发展史。沿线的重要文旅资源点有：金山、白娘子主题公园、镇江博物馆、西津渡历史文化街区、京口闸遗址、新河街一条街、北固山、甘露港遗址、三国东吴铁瓮城古城墙遗址、花山湾古城遗址、丹徒运河入江口、谏壁船闸和江河交汇水文化博物馆（待建）等。相关联的非遗资源有镇江抗英斗争故事歌谣、扬剧、扬州评话、扬州清曲等。

③ 丹阳吴文化遗址文化主题线路

以大运河丹阳市区部分及西部吴文化遗存区域为线，主要的讲解导览信息是吴文化历史沿革及特色。沿线的重要文旅资源点有：丹阳市博物馆、丹阳西门老街、葛城遗址、延陵九里村、季子庙等。相关联的非遗资源有董永传说、大麦粥制作技艺、封缸酒传统酿造技艺等。

④ 萧梁六朝陵墓文化主题线路

以大运河丹阳市区及东部齐梁文化遗存区域为线，主要的讲解导览信息是齐梁文化及陵墓石刻特色。沿线的重要文旅资源点有丹阳市博物馆、天地石刻园、各处六朝陵墓及其石刻等。相关联的非遗资源有丹阳泥塑、石刻技术等。

（2）设置分级节点

解说主题确定之后，要根据大运河文化带地域空间分布和文旅资源点重要性来设置分级节点，作为讲解导览系统的层级化导览枢纽。节点反映了旅游者停留的位置，位置与位置之间的移动次序就成了旅游路线，因而在镇江大运河文化带讲解导览系统建设中，要确定每个级别节点的准确位置。

大运河文化带沿线节点设置应当分为三级，针对重要程度不同的节点配置相应解说内容。博物馆和游客服务中心属于一级节点，因为游客停留的时间较长且蕴含信息量全面，能起到枢纽、引导和宣传作用。要配备工作人员，给游客介绍本主题线路讲解导览内容，发放宣传册，引导旅游路线，介绍交通等基础设施信息，提示安全。二级节点为运河沿岸重要资源点，以对资源点及其在整个主题文化中的代表性意义进行解释说明及安全教育解说为重点。三级节点为单体资源点和交通引导解说，进行单体文旅资源点和资源的介绍等。

具体设置可以按照如下方式进行：

一级节点应当有 3 处。分别是镇江博物馆或镇江大运河历史文化展览馆（待建）、谏壁江河交汇水文化博物馆（待建）、丹阳市博物馆。

二级节点应当有 20 处。分别是金山、京口闸遗址、西津渡历史文化街区、虎踞桥、南水关遗址、宝塔山公园、丁卯桥遗址、北固山、焦山、铁瓮城遗址、丹徒运河入江口、谏壁船闸、新丰铁路与运河交汇处、练湖闸、西门老街、万善塔、陵口石刻、吕城古闸、延陵九里村、六朝陵墓群。主要的讲解导览要点是津渡文化、水工文化、仓储文化、商贸文化等。

三级节点若干。其中，丹徒生态河道段的讲解导览需要包括对大运河附近生态资源点的介绍，以及对交通指引、安全提示、地质地貌景观、文化景观、历史遗迹的介绍性解说和警告性解说。

2. 讲解导览媒介的设置

讲解导览媒介是促进镇江大运河文化带文旅事业发展的辅助性手段。要从以人为本出发，按照人员讲解导览、非人员讲解导览和综合型讲解导览的方式划分，具体化、规范化、科技化地设置全线可用的媒介。

（1）全面提升人员解说导览服务质量

目前，在镇江各大景区使用导游解说的散客旅游者占据半数左右，使用率仅次于景区解说牌，说明对于散客旅游者而言，人员导览解说依然是一种重要的解说方式。要全面考虑各方面影响因素，切实提升大运河沿线导游员、志愿者及居民的解说服务质量。

一是定时组织导游员参加培训。培训内容应涵盖仪容仪表、语言表达、肢体动作、导游与游客的交流互动及导游行业规范等多方面，以满足不同类型旅游者的解说需要。二是定期编写更新专业解说词。及时组织专家新编或更新解说词，保证具体景点具体编写，尤其是京口闸、铁瓮城和三山等一级节点的解说词，要保证其历史性和时代性。三是引入兼职导游员或志愿者。招募镇江市民广泛参与镇江大运河文化带讲解导览的过程，降低景区的人力资源成本，满足节假日等客流高峰期时的旅游者的需求，还可以使市民树立文化自信。四是加强对导游员的管理。建立培训考评考核相关制度并规范执行，提升解说员的管理能力，对违规的导游员进行严肃处理，确保景区导游员队伍的专业性。

（2）完善升级非人员解说导览体系

镇江大运河文化带讲解导览系统的建设必须在牌示系统、展示陈列、视听媒介、印刷品、旅游纪念品和互联网等各方面为受众提供更为全面且个性化的服务。

① 建立完备的解说牌系统

解说牌和标识牌是散客旅游者最常使用的解说方式，应当着重完善解说牌和标识牌的设计、安放及维护等，更好满足游客需求。

一是合理设置解说牌示系统的种类及分布。建立解说牌空间引导体系，按照主题游览逻辑，在各节点路口系列化排布提示牌和信息牌，以此让游客更好地掌握游览空间的线路、距离。二是保证解说牌设计和标识的一致性。同一主题下节点标识牌颜色、字体及设计应一致，以便于区分不同的大运河区域文化主题；解说牌材料特征与所处自然环境和文化环境特色应一致，保证解说牌与背景环境协调和谐。三是解说牌的内容要富有趣味性和变化。警示牌等标识牌上应减少冰冷刻板的行政标语，可多使用幽默柔和的柔性语言。解说牌可以增加二维码和音频，丰富旅游者信息获取手段；突出镇江大运河文化地域特色和时代特色，应避免大段落的叙述文字，改用图画的方式，让游客阅读时更加轻松①。

② 开发类型多样的主题旅游印刷品

旅游印刷品是旅游者了解镇江的窗口，镇江大运河文化带讲解导览系统的建设应重视旅游印刷品的设计和开发，创作三大类解说式印刷品。

一是设计镇江大运河全域旅游地图和旅游手册，介绍镇江和大运河相伴相生的历史和现实发展信息；二是设计镇江大运河四个主题线路的旅游地图和旅游攻略手册，介绍沿线四大主题带的文化旅游项目和吸引点；三是设计沿线文旅资源节点宣传手册，介绍单点历史文化内涵信息和与之关联的其他节点的推荐游览路线、信息。

印刷品整体形式和内容上要打破解说画册等传统印刷品的限制，除有娱乐性和纪念性的明信片、画册、书籍和音像资料等旅游纪念品外，还可以在大运河沿线河岸边进行主题文化彩绘，补充沿河游览讲解导览的不足；发放地点的选择要贴近居民生活现实，以车站交通枢纽、旅行社、酒店、各大超市和零售商店等人流密集区域为主。

③ 推动智能化解说设施的运用

推动在地式和便携式智能化解说设施运用，改善受众讲解导览体验，提高讲解导览效率，节省沿线讲解导览空间。

在地式解说设施方面，一是采用智能情景再现。沿大运河的空地，如镇江赛珍珠广场、丹阳人民公园等节点，结合广播、影像设备和投影设备，推出音乐运河或者故事运河解说方式。二是增设景区电子投屏。运用电子屏、电子导游、各景点二维码等，向观众展示镇江大运河各阶段历史文化魅力。三是注重大运河文化的互动体验。挖掘各节点趣味历史故事，用智能互动播放手段，摆脱原先各节点枯燥无味的静态保护或者展示状态。

便携式解说设施方面，一是提供全线景点解说服务。将博物馆自动定位讲解导览设备推广应用到大运河文化带全线旅游上，通过移动端让游客在景点随到随听。二是加大运用三种主流网络解说媒介的力度。在官网设置虚拟漫游板块，提高视频画面清晰度；加强对微信公众号的管理，应添加旅游商品等在内的三大新模块，定期定时推送文旅资源节点的旅游解读信息；在手机应用方面，更加注重自媒体的使用，结合抖音、快手、微博、微视等方式，定期向潜在受众提供讲解导览宣传。

---

① 郑紫薇，池梦薇，潘明慧，阙晨曦，兰思仁. 基于深度旅游的解说系统优化——以加拿大落基山脉国家公园群为例［J］. 中国园艺文摘，2017，33（1）：124-128.

（3）营建大运河文化带游客中心以发挥枢纽作用

以镇江大运河文化带沿线整体为“旅游景区”，以三个一级节点为游客中心基点建设综合性讲解导览场所。采用“博物馆枢纽”概念，以现有的镇江博物馆、丹阳博物馆和即将兴建的江河交汇水文化博物馆为依托，融合镇江大运河文化带沿线的讲解导览内容，建设集展览和展示大运河历史文化为一体的“讲解枢纽”。

具体建设方式上，一是开辟沙盘等虚拟解说的相关设备空间，通过声、光、电等综合手段向游客全方位地展示景区信息；二是通过设置展示栏或展示橱窗，用来展示景区的最新动态及相关信息，满足旅游者的解说需要。

3. 讲解导览受众的满足

讲解导览服务必须让受众有更好的文化旅游体验和感悟，要时刻关注并满足受众的要求。

（1）满足外来游客的游览体验需求

对于外来游客而言，旅游解说导览服务不仅是信息传达，也是游客服务的重要组成部分①。镇江大运河文化带讲解导览系统的建立必须以满足外来游客的游览体验需求为基本功能和目标。

① 满足外来游客的整体性游览体验需求

要注重整体镇江大运河文化带文化旅游解说环境的营造。通过完善的解说系统和宣传，使游客获得关于镇江大运河四个主题文化分区的整体文化印象。要利用大数据在主题游览线路内设立具有信息获取和记录功能的基础讲解导览设施，从“吃、住、行、游、购、娱”各个方面串联游客体验。

② 满足外来游客的个性化游览体验需求

旅游者具有对文旅资源点和历史文化的选择偏好，要照顾到不同游客的个性化讲解导览需求，既要给外来游客创设完整的历史文化逻辑，又必须给游客留有自主探索和思考的余地。解说牌示系统要提供多种主题线路供游客自由选择；智能定位和智慧旅游系统应全天候全地域介入，做到科技与潮流融合；更注重互动式、体验式的讲解导览服务，讲解员应注重询问游客意见，给游客提供选项。

（2）满足本地市民的学习休闲需求

镇江大运河文化带讲解导览系统的内容——地域性的镇江地区民族文化，包括大运河文化、滨江文化、吴文化和齐梁文化，正是本地市民文化

---

① 王彦龙. 旅游体验视角下景区解说系统研究［J］. 绥化学院学报，2015，35（3）：28-32.

自豪感和认同感的来源。不同于外来游客体验异地民俗风情的需求，在进行满足本地市民需求的讲解导览系统建设时，要注重文化自信构建和休闲需求两个层面。

一方面，要提供不断推陈出新的讲解导览服务。电子屏、广播和解说牌要定期更换内容，保持市民对镇江大运河文化的新鲜感和好奇感；增加在地文化宣传比重，定期举办民俗文化周等惠民活动，发放带有大运河元素的实用日用物品，公共场所加大大运河要素宣传视频投放，营造浓厚的大运河和地域文化氛围。另一方面，更要积极引导市民参与大运河文化旅游开发，使传承大运河文化既成为他们的闲暇乐趣，也成为他们的就业岗位。寓教于乐，使本地市民更加认同镇江大运河文化带建设的目的和愿望。

附录：

大运河镇江段遗产构成详表（共76处）①

表一　大运河镇江段水利工程遗产构成详表

编号	名称	保护等级	起讫地点	始建年代
1	京杭运河谏壁段	无	谏壁镇入江口至桥	1958年
2	京杭运河辛丰段	无	谏壁镇至丹阳城北	秦
3	京杭运河丹阳城区段	无	丹阳城北七里庙至七里桥	1958年
4	京杭运河陵口至吕城段	无	陵口和吕城段	秦
5	镇江古运河城区段	无	镇江城区内	宋
6	镇江古运河丹徒段	无	镇江城区内	秦
7	镇江古运河辛丰段	无	辛丰镇以南	秦
8	丹阳西门运河	无	丹阳京杭运河到护城河	明
9	破岗渎遗址	县保	丹阳市西侧与句容市内	东吴
10	丁卯河	无	古运河到丁卯桥	-
11	丹阳护城河东段	无	丹阳老城	明
12	丹阳内城河	无	丹阳西门古街到东门大街、新桥西	明
13	简渎河	无	香草河以南	晋

---

① 数据统计截止到2019年6月。

续表

编号	名称	保护等级	起讫地点	始建年代
14	萧梁河	无	陵口镇	南北朝
15	香草河	无	丹阳市区段	东晋
16	九曲河	无	丹阳东北	不详
17	丹金溧漕河	无	丹阳东南	隋
18	中心河	无	丹阳西北	晋
19	练湖	无	丹阳西北	晋
20	南水关石闸	无	南水桥西北排污管理站内地下	明清
21	宋元粮仓遗址	国保	如意江南小区内	宋、元
22	甘露渡遗址	无	镇江北固山	三国
23	原6号码头	无	镇江古运河与长江交汇处	近代
24	原7号码头	无	镇江古运河与长江交汇处	近代
25	原8号码头	无	自来水厂	近代
26	袁公渡遗址	无	盐栈附近古运河东岸	近代
27	张官渡	无	丹阳北	明
28	丹徒闸	无	丹徒镇	现代
29	京口闸	市保	镇江古运河上新河街东侧	近代
30	京口闸遗址	市保	市区打索街	宋—清
31	谏壁船闸	无	京杭运河谏壁入江口	近代
32	谏壁节制闸	无	京杭运河谏壁入江口	近代
33	练湖闸	县保	练湖农场	近代
34	虎踞桥	国保	南门大街与运河路交汇	明
35	丁卯桥遗址	市保	镇江丁卯村	清
36	通泰桥	县保	新民东路与护城河交汇处	明
37	萃路桥	无	丹凤南路、西门运河和护城河交汇处	近代
38	新河桥	县保	丹阳吕叔湘中学北侧	清
39	沈家桥	县保	丹阳夥巷	宋
40	板桥	县保	丹阳南草巷	宋

续表

编号	名称	保护等级	起讫地点	始建年代
41	三思桥	县保	丹阳谷口街	明
42	老西门桥	县保	丹阳西门大街西端	明
43	开泰桥	市保	丹阳南门大街外环城河上	明
44	环青桥	县保	丹阳江苏省丹阳中学内	明
45	锁翠桥	县保	丹阳江苏省丹阳中学内	明

表二　大运河镇江段聚落遗产构成详表

编号	名称	保护等级	地点	形成年代
1	新河街一条街	国保	新河街	明清
2	大杨家巷片区	无	大杨家巷	明清
3	荣庆里片区	无	荣庆里	民国
4	西津渡历史街区	历史街区	西津渡	六朝
5	伯先路历史街区	历史街区	伯先路	近代
6	大龙王巷历史街区	历史街区	大龙王巷	明清
7	九里村	历史文化名村	大运河香草河上的延陵镇	春秋
8	张官渡村	无	练湖内	明清

表三　大运河镇江段其他物质文化遗产构成详表

编号	名称	保护等级	地点	年代
1	万善塔	市保	丹阳市万善公园内	明
2	海会寺	县保	丹阳市委党校内	清
3	梦溪园	市保	镇江市梦溪园巷 21 号	宋元
4	僧伽塔	市保	镇江市宝塔山公园	明
5	都天庙	无	镇江市宝塔山公园南都天庙	清
6	清军水师标统署旧址	市保	镇江市姚一湾小营盘 15 号	明清
7	郭礼征旧居	市保	镇江市如意江南小区内	明清
8	余福里	无	镇江市双井路片区余福里	近代
9	中华里	无	镇江市双井路片区中华里 1356	明清

续表

编号	名称	保护等级	起讫地点	始建年代
10	太平天国新城城墙	市保	镇江市姚一湾小营盘	明清
11	盐栈	无	镇江市上河边 84 号	明清
12	瓦木公所	市保	镇江市拖板桥小学内	明清
13	任敬芝旧宅	无	镇江市拖板桥 10 号	近代
14	积善堂	无	镇江市小门直街 34 号	明清
15	三国铁瓮城古城墙遗址	国保	镇江市烈士陵园，古城公园内	唐以前
16	丹阳葛城遗址	国保	江苏丹阳珥陵镇内	其他
17	镇江自来水厂旧址	市保	镇江市长江路中段	近代
18	新丰车站抗日战斗旧址	市保	新丰车站抗日战斗旧址	近代
19	云阳驿季子碑	县保	丹阳市乔家巷 16 号（老中医院内）	明
20	陵口石刻	国保	陵口镇	南北朝
21	大运河义渡碑记石刻	县保	陵口镇	清
22	新河街	国保	新河街	明清
23	西门大街	县保	三思桥到老西门桥	明清

重展“文化长廊”风采，打造富有镇江特色的运河文化线路

朱　珠　黄蔓菁*

大运河是中国古代劳动人民创造的一项伟大的水利工程，是祖先留给我们的宝贵遗产。它是隋唐以来军事调动、政务服务、商贸物流、文化传播的重要水路之一，形成了水工设施、文物古迹、科技教育、文学艺术、诗词碑刻、风情习俗、饮食文化、名人轶事、神话传说等众多物质和非物质遗产，被人们誉为“古代文化长廊”。2006年，大运河被公布为国家文物保护单位；2014年，中国大运河项目成功入选世界文化遗产名录。习近平总书记于2017年2月24日视察北京通州大运河森林公园时指示，保护大运河是运河沿线所有地区的共同责任，要古为今用，深入挖掘大运河的历史文化资源；6月4日又专门就大运河文化带建设作出重要批示：大运河是祖先留给我们的宝贵遗产，是流动的文化，要统筹保护好、传承好、利用好。

作为大运河重要组成部分的镇江段，区位独特，与长江十字交汇，淮扬文化与吴越文化于此交融，南北运河于此交界，全长42.6千米（通航段），加上16.7千米（城区段），浓缩了镇江文化的精华。近20年来，镇江对古运河风光做了一些建设工作，但力度还不够，且更多侧重河道疏浚、绿化美化等环境工程，文化内涵的挖掘还不够深入，尤其缺乏整体的规划和布局考虑，使得镇江大运河文化带的社会文化带动作用和旅游推动作用没有得到充分的体现。如果能够重新展现这条“文化长廊”昔日风采，使新旧运河文化交相辉映，必将带动镇江经济、社会、生态等各个领域的建设和发展。

---

* 朱珠，江苏科技大学人文社科学院副教授，研究方向为旅游资源开发、旅游文化。黄蔓菁，江苏科技大学人文社科学院旅游管理专业学生。

一、打好运河文化“保护”牌，整合和升华运河文化资源

镇江有着三千年的历史文脉，镇江运河见证了这座城市从古到今的发展变迁，记录了镇江文明与历史发展的轨迹，承载了镇江宝贵的文化财富，是镇江独具特色的文化资本。挖掘运河文化内涵是重展文化长廊风采的首要工作。

（一）运河文化与漕运商业

漕运是中国古代特有的现象，它不仅是封建国家实施南粮北运，解决王朝官兵的粮食供给和国库存储的重要依靠，也是巩固政权、维护统治的需要，同时反映了封建国家政府行为的特征。漕运的兴盛促进了商贸的发展，带动了运河城市的崛起，更密切了全国各大市场间的联系，促进了古代商品经济的繁荣，并且使得商贸业空前繁荣成为运河文化的显著特征之一。隋代大运河的全线贯通，唐、宋两代对江南运河镇江段的不懈治理，扩大了镇江的水运规模。中唐以后，镇江成为漕运咽喉、中原政治中心和东南的交通枢纽。随着江南经济的不断发展，南粮北运渐成定制。大规模的漕运成为镇江水运的主体。一般情况下，太湖和钱塘江地区的漕粮、贡赋都是由江南通过运河运至镇江，再转运到北方的，甚至两广的许多物资也在镇江中转。南宋设立大军仓，镇江成为粮食仓储中心。在镇江常州河段上，百舟千帆往来不绝，大小码头熙熙攘攘，热闹非常。水运的便利，使得不管是镇江的州郡官吏还是百姓都从中得利，一时“皆浮船长江，贾作上下”。

（二）运河文化与民俗文化

运河民俗作为运河沟通和漕运过程中由民众所创造的文化现象，是一个包容万象的文化体系，其主干是工商业文化，且强有力地呈现出一种“人定胜天”的精神。它对流经地旧民俗不断冲击，渐而呈现一种互补互融的状态，最终达到相互交会和平共处的结果。运河民众创造了极其丰富的物质民俗，物质民俗又伴生着精神民俗的奇伟壮观。人们依河而居，以水为生，一代又一代地在运河上劳作、生息，形成了运河沿岸特殊的生产、活动、婚庆、节庆习俗，反映了运河两岸的生产方式、生活状态。运河水是流动的，往来于运河上的人们也多是四方杂处，民俗风情各异。镇江处在吴楚文化、南北方文化、海洋文化与运河文化的交汇点上，而且数教同城，这使得镇江人务实、开放、开明，包容性强。

（三）运河文化与文学艺术

仁者乐山，智者乐水，运河文化滋养着文学艺术。以唐宋诗词为例，从总体上看，运河的开凿与通航对唐宋诗词创作产生了重要影响，出现了不少反思、总结运河开凿、运河功过的作品，也出现了较多的描写人们行进在运河上的感受与心绪的作品，而且对诗词创作中的体式与表达产生过一定影响。运河文化还哺育了明清小说。当时的经济重心移向东南，明清时代运河流域社会生活领天下风气之先，为小说提供了素材，也为明清小说提供了印刷条件和市场。“刘备甘露寺招亲”“白娘子水漫金山”“梁红玉击鼓战金山”等民间故事脍炙人口，由此诞生的文学作品也流传千古。诺贝尔文学奖得主美国女作家赛珍珠也是因运河与镇江结下一世情缘。

（四）运河文化与历史遗迹、遗址

镇江运河沿线历史遗迹、遗址众多，在2010年镇江市人民政府公布的《大运河（镇江段）遗产保护规划》中，有81处文化遗产被列入保护范围。其中，与古运河段相关的遗产有41处，分别为：水利工程类11个（闸站、码头等）、交通设施类2个（虎踞桥、丁卯桥遗址）、历史地段类4个（姚一湾、大杨家巷、荣庆里、东门坡）、历史街区类3个（西津渡、伯先路、大龙王巷）、历史建筑类18个、古遗址类1个、近现代重要史迹及代表性建筑类1个、其他1个（新河街）。经过实地调研和反复讨论，笔者认为最具保护恢复价值的有以下三个：

1. 丁卯桥遗址与许浑别墅

丁卯桥位于镇江城南丁卯村。晋元帝司马睿之子司马裒镇守广陵（扬州），运粮出京口，因河水浅涸，在此建埭，并于丁卯日建桥，故名丁卯桥，距今已有1600余年历史。丁卯桥原为单孔石拱桥，1984年因河道拓宽，桥的大半被拆除，在桥旁新建公路桥。1980年在丁卯桥附近的基建工地，发掘出宋时窖藏银块20铤（古代货币的一种）。1982年又出土唐代金银器窖藏950多件，其中包括银鎏金“论语玉烛”龟形酒筹筒和银涂金论语酒令筹等文物。丁卯桥紧依南山，水光山色，风景宜人，交通便利，是名人雅士青睐的寓居之处。唐代诗人许浑在此建有丁卯别墅，并编纂成《丁卯集》，流传至今。丁卯桥文风绵延，千年不绝，是镇江历史文化宝库的重要组成部分。该遗址1987年7月被公布为镇江市文物保护单位。

2. 都天庙与都天庙会

都天庙是道教庙宇，位于镇江市区东郊宝塔山东南侧，相传是明朝崇祯年间若昧和尚所建，迄今已有近400年历史。日寇侵占镇江后，该庙大多数建筑物被毁，1997 年重新登记，经有关部门批准正式对外开放。在旧址处已发掘的 3 座砖石墓，所属朝代分别为汉代、南朝和唐代，2 座土坑墓为宋代墓。由于被盗严重，几座古墓仅出土了青瓷器和铜镜等文物。其中，在南朝砖石墓的墓壁上有 11 个壁龛，墓墙有少量莲花饰砖，整个墓形制较为完整。

明末清初镇江都天庙会风行，横跨百年，对当时大江南北政治经济影响较大。都天，即唐朝安史之乱时坚守睢阳的太守张巡。相传民间崇祀张巡始于宋高宗南渡之后，这可能是出于宋高宗的提倡，用以激励民心，维系偏安。

都天庙会通常由各商业行会主办，南门外有花神、财神、寿星等九位尊神，“他们”都要随都天大帝出行。庙会日期在每年的农历四月中旬。为招揽生意，各行业借都天大会招徕大江南北的客商。开埠后，外国人特地从广州、上海等地赶来洽谈业务，定购货源。会期前三天，各家会堂举行迎神仪式。无论各家的会堂中有无神像，各家都需派人在街上表演节目，表演的节目有如驳船帮的“狮子”，手工铁器、瓦木作和猪肉等业的“台阁”，以及各家会的“茶担”等。

镇江商人们对于都天庙会的兴趣极高，因为它能繁荣市面。每年从春节后起，镇江的市面便开始活跃。定出会期后，外地客人纷纷来信，托镇江亲友代订旅馆房间。接着，二十来万看会大军纷至沓来。在人口蜂拥而至、消费激增的情况下，镇江的工商各业出现了一时的繁荣景象，从交通运输到饮食服务行业，从大小店铺到肩挑小贩，均利市十倍。

3. 新河街一条街

新河街位于镇江市区京口闸东，南北方向，长约 250 米，西临古运河，北依长江。这条街傍临新河，故得名新河街，它后来成了大江南北物资集散中转之地和商贸交易中心。这里曾是长江下游最大的米市和油市，昔日市井繁荣，商肆林立。两旁临街建筑大多为晚清房屋，有公所、公馆、善堂和名人故居，至今仍保留着雕花门楼、石额。现存建筑有同善堂（慈善机构）、米业公所、安仁堂、泾太公所、陈公馆、黄公馆、徐（宝山）公馆等。沿街建筑保留“古砖马头墙、花檐回廊落地窗”的传统瓦木结构风格。新河街是运河沿岸保存较完好的一条街区，是不可多得的珍贵文化遗产。此街 2006 年 5 月被公布为全国重点文物保护单位。

（五）运河文化与码头文化

传统码头文化是多元文化相互激荡、彼此融合的产物，既蕴含着中国传统文化的特征，又烙印着近代西方文化的痕迹，形成了镇江独特的文化个性。

镇江自古就是联系江南、江北的渡口、码头。北方居民“南渡”，多经淮而由此渡江居于宁镇常一带。随着全国经济中心南移、人口增长及大运河开凿，自隋唐起，镇江逐渐发展成为运河线上以商业、手工业、运输业著称的“商贾并凑”的民居城市。杜牧《润州二首》反映了市井的繁华，李白《丁都护歌》也描绘了丹阳至京口一段运河两岸商业兴旺的景象。

宋代镇江府商税额占全国第十一位；明代镇江是全国三十三个商业发达的城市之一，在江南商业区中位于常州、芜湖、九江之上；进入清代，镇江商业空前繁荣，有“银码头”之称，出现“舳舻转粟三千里，灯火临流一万家”的盛况，是重要的物资中转站和销售市场。

运河文化还蕴含着书法绘画、科学技术、对外交往、历史地理、传统习俗、生活方式、行为规范、思维方式和价值观念等丰富的文化资源。镇江在上述文化资源的内涵和外在表现上无不展示出其独特鲜明的地域个性。

二、打好运河文化“传承”牌，打造富有镇江特色的运河文化线路

镇江运河承载着独特的两岸风光和历史积淀，在运河旅游资源上做文章，加快运河沿线发展，整合运河人文生态、水文生态、城乡生态、环境生态，对于镇江古运河文化带的建设是大有裨益的。

目前镇江对古运河上段、中段和下段的建设主要是风光带的建设，如果在此基础上加强对运河文化内涵的挖掘，使每段都有亮点，都有令游客驻足长留的文化旅游项目，并且巧妙串联起来，那将真正形成富有镇江特色的运河文化线路。有如下几个建议：

（一）集聚镇江优秀的传统文化资源，在运河边建立以“品味古城历史，回望千年文化”为主题的传统文化展示区

按照镇江数千年遗留下来的传统文化资源的分类，可在传统文化区内划分四个区域，分别为：

1. 富有全国影响力的镇江文化作品展——对中国文学史上现存的最早一部诗文总集《昭明文选》，中国第一部系统文学理论和批评巨著《文心雕龙》，开中国笔记小说先河的《世说新语》，中国文学史上继《诗经》和《楚辞》之后现存的第三部诗歌总集《玉台新咏》，在中国书法史上具有坐

标意义、被誉为“大字之祖”的《瘗鹤铭》，号称“十一世纪的科学坐标”中国古代的百科全书《梦溪笔谈》等与镇江有深厚渊源的历史文化作品，采用各种形式进行展示，并对每部作品与镇江的渊源及对于镇江历史乃至中国历史的意义进行解读。

2. 学人著述展——对撰有《世说新语》的刘义庆，著有《晋书》的臧荣绪，选编《玉台新咏》、诗文与庾信齐名的徐陵，中国第一部诗文总集《昭明文选》的编纂者萧统，著有中国第一部系统文艺理论巨著《文心雕龙》的刘勰等著名学人，还有近代著名文学家、历史学家柳诒徵，桥梁专家茅以升，著名教育学家、爱国老人马相伯，著名语言学家、语文教育家吕叔湘等进行详细介绍，尤其着重介绍他们的生平及他们的著作和镇江的深厚渊源，以影音、文字、导游解说等形式讲述他们与镇江的故事和作品。

3. 诗词歌赋展——镇江自古钟灵毓秀，人杰地灵，吸引了无数文人墨客来此游览、定居，与镇江结下了不解之缘。他们为镇江的奇山秀水所吸引，留下了脍炙人口的诗文名句，镇江也传颂着他们的许多优美的故事。唐代的李白、孟浩然、白居易、杜牧、李德裕，宋代的范仲淹、欧阳修、王安石、司马光、苏轼、陆游、辛弃疾、文天祥，明代的唐寅、冯梦龙、吴承恩等，清代的郑板桥、沈德潜、龚自珍等，在此留下了许多歌颂镇江锦绣山川的诗词书画，增添了古城镇江的风采。可以采用别具一格的展示方式，将这些诗词歌赋、楹联匾额集中呈现在世人面前，使人领略镇江这座城市的文化魅力。

4. 古方志林展——地方志是我国重要的文化典籍和史料宝库。镇江的古方志资源十分丰富，有府州县山水寺庙等各类，不仅有一些汉唐古方志，南朝至唐代的镇江古志珍贵的残篇也保留在此。而宋《嘉定镇江志》和元《至顺镇江志》这两个辑本，自印行问世后广为流传，前者重文献征集，后者重资料考订，相辅相成，珠联璧合，在全国古方志中有一定地位。至于专志，像流传较广的《京口三山志》《金山志》《焦山志》《招隐山志》《夹山竹林寺志》《京口八旗志》等，对于热爱镇江历史的人们来说，也是弥足珍贵的知识宝藏。此展厅中我们可以将镇江各种志书加以集中展示，并提供所有影印版供爱好者借阅。

（二）以京口闸为中心兴建镇江古运河遗址公园，展示古代镇江在水利、漕运、造船等方面的成就

镇江地处长江与运河交汇处，是江南运河的起点。镇江的古运河蓄积着大量不可多得的历史遗存，如京口闸，当年作为古代江南运河第一闸，

是标志性的水工设施，从唐代至清代，一直是漕运咽喉和经长江南上北下的交通枢纽。附近的“打索街”就是因为船上和行船都要用到大量的绳索而诞生的，可见当年镇江运河水运的繁荣发达。2009年在镇江双井路——古代大运河与长江的交汇处、历代漕运粮仓所在地，发现了13座宋元粮仓，它们作为运河漕运枢纽的实证，足以彰显出昔日的繁华。于是“千年粮仓”连同一起被发现的元代石拱桥、明清驿站和衙署，成功入围了2009年度全国十大考古新发现。镇江这处宋元粮仓遗址，是我国大运河沿线最重要的历史资源之一，包括粮仓、古桥、驿站在内的遗迹，构成了一个完整的体系。

可以把京口闸遗址保护修缮好，结合周边的景区改造，将其打造成一座遗址公园，让镇江市民及南来北往的游客都能一睹“江南运河第一闸”的风貌。公园内部还可以设置古今水利科技文化体验区，让游客参观、感受历年来镇江水利科技的发展。沿运河由北向南依次设置千年粮仓、京口驿码头、京口驿博物馆等内容，充分运用历史元素来表现古运河的人文文化。

（三）建设镇江“三怪”主题文化馆，使镇江三怪文化深入人心，推动镇江文化创意产业发展

在一项对镇江“非物质文化遗产下的地方文创产业体系开发研究”的调查中，游客对镇江“三怪”的提及度是最高的，达79%。这说明镇江“三怪”是游客心目中较有代表性的文化产物，对游客有着较大吸引力。因而可以将镇江最出名的、最具文化代表性的镇江“三怪”——锅盖面、肴肉、香醋进行集聚，建成镇江“三怪”主题文化馆，让游客亲自品尝、亲手制作、亲身体验，并设计与镇江“三怪”相关的文创产品在展厅进行售卖，可以将镇江“三怪”人物化、卡通化，比如香醋是“醋小妹”，肴肉是“肉乖乖”，锅盖面是“面锅锅（哥哥）”，并结合“三怪”的特点赋予三个人物特定的形象、性格特点，将其做成玩偶等，或者印刻在相关文创产品上，使其成为独属于镇江的吉祥物和形象标识。

（四）建设镇江非遗文化展示体验馆，助力镇江非物质文化遗产的保护和传承

镇江拥有极其宝贵的文化和非遗资源，其中包括了民间文学、传统音乐、传统戏剧、传统美术、传统技艺等多种形式。截至2016年1月1日，镇江有国家级非遗保护项目9项、省级项目31项、市级项目55项。非遗馆可以集收藏、展示、培训为一体，以非遗实物展品和现代高科技展陈手段

相结合，线上语音讲解与线下人工讲解相结合，将各类非遗项目生动、形象地展示在镇江市民和外地游客面前，展示非遗文化生态环境，并与各项目代表性传承人的活态展示及反映各非遗项目状态的图文展板相呼应。如现场展示香醋、封缸酒的部分工艺流程，邀请大师近距离与游客“对话”，增加灯彩、挑花、竹编、太平泥叫叫等制作互动环节，使游客直观感受非遗产品的诞生过程与艺术特色，体验感得到充分满足，提高人们对非遗的认知度。

除此之外，各种具有镇江民俗风情特色的旅游节庆活动也可在具有镇江文化代表性的场地开展，这有助于对景点进行宣传。

三、打好运河文化“利用”牌，弘扬运河精神和镇江文明

运河文化承载着镇江这座千年古城的文明和传统，运河文化的合理利用实际上就是对运河精神和镇江文明的续写和创造。可以通过以下四种方式将镇江优秀的传统文化进行再加工和创新创造，开发出富有镇江特色的旅游产品或项目，让本地居民以镇江为豪，让外地游客了解镇江、喜欢镇江、欣赏镇江。

（一）打造镇江码头漕运历史穿越体验区，重现“银码头”繁荣景象

镇江拥有独特的码头文化，镇江的小码头已经开发成西津渡历史文化街区。但镇江尚未开发的码头还不胜枚举，如驻泊木帆船的镇江码头、传统的镇江老码头——义渡码头，以及镇江关税司门前的码头等。镇江是民国时期的江苏省省会，让游客再次领会当时作为全国重要交通运输口的镇江的码头风光，有利于游客对镇江古运河历史文化的深入了解。

在镇江码头漕运体验区的入口，运用高科技手段打造一个“码头漕运历史长廊”，长廊采用全封闭式设计建造，上、下、左、右的墙壁都采用LED大屏，运用多维动画、影音等手段，逼真地再现镇江古运河从古至今的泊船、游人、街道等，并配合屏幕文字、影音旁白等跟随屏幕场景的变化解说各个朝代镇江码头的历史，并运用5D技术，给游客带来听觉、视觉、触觉、感觉、嗅觉的全方位立体感受，给人以身临其境之感。在长廊的尽头，有穿着民国时期服装的讲解员等候在侧，他们将带领游客出长廊，来到复原的民国镇江码头，这里店铺林立，那些逝去的老店面招牌让游客有恍若穿越时空来到民国之感：绸缎庄、刀剪铺、公共浴室、客栈、黄金珠宝首饰店、棉花铺、面铺、烧酒铺、画像店、镜铺、蜡烛店、油布伞庄

应有尽有，热情的店小二招呼着过往游客，好不热闹。

在码头出口，依然可以设置对应的“穿越走廊”——实际为码头文创产品销售馆。将镇江码头、船闸、商船、店铺等制作成具有收藏价值和装饰作用的模型，供人们观赏购买；设计富含码头文化和历史内涵的文化创意纪念品，高中低档兼顾，雅俗共赏，满足不同游客的个性化需求。

（二）重建古运河畔都天庙，借都天庙会引四方商贾汇聚镇江

可以让镇江商业行会或知名企业牵头主办都天庙会，提前邀请来自全国各地的知名商户前来参加庙会并进行商业洽谈。都天庙会的举办按照旧例，在每年农历四月中旬，从都天庙请出都天大帝及花神、财神、寿星等九位尊神进行沿河巡游，沿街重现当年的节目表演，如驳船帮的“狮子”，手工铁器、瓦木作和猪肉等行业的“台阁”等。在巡游结束后，各商户、香客可进入都天庙进行礼拜，求得财运，许上来日生意兴隆的愿望。本地商户在此游行结束后，在运河边开展商业展览，并邀请远道而来的商户参加，有意者便可进行商业洽谈。其他观众则可到河边参加游园会。游园会举行时可以集聚镇江的美食，如锅盖面、蟹黄包、京江饼等。也可以邀请江苏其他地方的美食来这里集聚，让游人们边吃着江淮美食边欣赏河边风景；游园会一旁可设置关于都天庙的知识竞猜活动，答对规定的题目数量可以免费到指定商铺领取小吃或者纪念品。晚上在河边张灯结彩，举办都天庙灯会，每个来参加的人可以猜灯谜、看表演，灯谜的主题围绕镇江古运河和镇江都天庙，猜对者可以领取一个河灯，和家人一起将其点亮放入河中，为自己和家人许愿。猜灯谜活动结束后，可以安排大家一起欣赏茅山的道教音乐表演，回归都天庙的道教主题。最后放烟花，庆祝庙会圆满结束。

（三）举办许浑丁卯别墅诗词大赛，打造镇江独特的文化名片

许浑是晚唐最具影响力的诗人之一，一生的传世作品达到500首之多。他一生不作古诗，专攻律体；他的作品以怀古、田园诗最佳，艺术则以偶对整密、诗律纯熟为特色。诗中多描写水、雨之景，后人将他和诗圣杜甫并称：“许浑千首湿，杜甫一生愁。”

为纪念这位杰出的诗人，可重整许浑丁卯别墅，并每年在此举办以“吟其诗词，追忆许浑”为主题的诗词大赛，带领大家追忆这位曾居镇江古运河畔的诗人，感受其追寻旷逸闲适的情怀，领略其诗中的镇江情愫和镇江文脉。

大赛为个人赛制，可分为成年组和少儿组，无年龄限制，众人均可报名参加。比赛有初赛、复赛、决赛三阶段。初赛要求参赛者随机抽选许浑

的诗词进行背诵讲解，背诵最流畅生动、讲解最形象细致者获胜。复赛要求挑选一首许浑的诗词，想象其写下的人物状态与环境背景，在丁卯别墅进行演绎。吟诵时要声情并茂，表演充满想象与创意。决赛以“飞花令”的形式，给出与许浑诗句相关的一个主题，如“山雨欲来风满楼”中，以风为主题，各自对对子，对子只要含有“风”字便合格，由此进行进入决赛者之间的角逐，最后获胜者即本次大赛的冠军。

重修的丁卯别墅除了每年的诗词大赛，还可举办各种诗社、印社、文学社，定期邀请国内外知名学者前来开坛讲学，成为镇江文学艺术爱好者的聚集地，运河文化长廊上一颗璀璨的明珠。

（四）建设隐士养生文化主题民宿区，体现镇江宜居养生的文化特性

在运河下游（运河之母至谏壁段）借助镇江现有的森林和古运河资源，打造隐士养生文化主题民宿区。民宿以质朴的茅屋篱笆为外观设计，周围遍种幽竹佳兰，民宿内的房间以来镇江归隐的隐士为主题，如以焦光为主题的“三诏阁”，以戴颙为主题的“听鹂阁”，以萧统为主题的“书台阁”，以陶弘景为主的“山中宰相阁”，以许浑为主题的“丁卯阁”，以沈括为主的“梦溪阁”等，每个居室都按照各自主题进行布置，室内可悬挂隐士的画像，摆放隐士的著作及其在镇江隐居的故事介绍。在进入民宿必经的院落内，设立隐士的雕像，如米芾写书法的雕像、祖冲之研究圆周率的雕像等。运河民宿区内除了主题客房外，还可以设立品茶馆、撷芳阁、国学堂、坐禅室等，开设茶道、花道、香道、国学、古乐欣赏、隐士养生文化课，让游客在浓浓的隐士文化中感受镇江宜居养生特色。

参考文献：

[1] 唐宇，邓逸遒，沈杰，顾骏，刘霞霞.镇江市运河沿岸文化风景旅游带开发与规划初步[J].黑龙江科技信息，2010(1)：93.

[2] 朱元昱.镇江文化旅游资源开发研究[D].上海：复旦大学，2012：1-78.

[3] 经宽蓉.镇江旅游文化资源开发现状和对策分析[J].湖北大学学报(哲学社会科学版)，2016(24)：106-107.

[4] 韩凤冉，汪允普.镇江传统文化的整理与现代弘扬[C].南京：凤凰出版社，2010：271-274.

[5] 翟冬平.江苏镇江文化产业发展现状及对策研究[J].生产力研究，2011(2)：110-111.

[6] 陈潜志.论镇江市文化产业资源开发与利用[J].现代商贸工业,2010(9):89-90.

[7] 贺运翱.建设大运河文化带江苏段样板[J].文化广角,2017(19):65-66.

[8] 周烨,赵丽漫,邹芮,廖莹,侯利舟.基于“齿轮效应”的杭州运河文化发展对策研究[J].智能城市,2018(17):7-9.

[9] 张妙弟.运河文化带的建设与保护[J].北京观察,2016(7):14-16.

[10] 孟婷.非物质文化遗产核心下的地方文创产业体系开发研究[J].常州工学院学报(社科版),2018(3):48-52.

培育镇江运河文化旅游品牌策略研究

邱小樱　凌丽琴　黄凌云*

2014年6月，中国大运河成功入选世界文化遗产名录，成为我国第46个世界遗产项目。2017年，习近平总书记多次就大运河作出重要指示及批示，强调“深入挖掘以大运河为核心的历史文化资源”，做好“统筹保护好、传承好、利用好”三篇文章。2019年2月，中共中央办公厅、国务院办公厅印发《大运河文化保护传承利用规划纲要》，要求各地区各部门结合实际认真贯彻落实。2019年6月，国家发展改革委牵头成立大运河文化保护传承利用工作省部际联席会议制度。这些举措充分显示了国家对保护和开发大运河的重视。江苏以高度责任感和使命感，严密部署，努力把大运河文化带江苏段建设成为“高颜值的生态长廊、高品位的文化长廊、高效益的经济长廊”。镇江也以“江河交汇津渡文化示范区、古今水利科技文化体验区、与运河共生城镇聚落集中展示区”为目标，持续扩大镇江运河文化旅游的品牌影响力。

品牌是一种感觉、情感和认知联想的丰富资源，可以产生令人难忘的、有益的品牌体验。目前，世界上已经有很多旅游目的地品牌化的成功案例。如西班牙早在20世纪80年代就已形成著名的“3S”旅游品牌项目，成为闻名天下的旅游目的地。新西兰在1999年推出“100% Pure New Zealand”的全球品牌营销活动，使“自由纯净”的品牌形象深入人心。在国内，旅游目的地品牌化的活动正在不断探索中，如山东省近年来着力打造“好客山东”品牌，已形成一定影响力。但就整体而言，我国旅游目的地品牌化理论研究尚处于摸索阶段，存在许多有待思考的问题。据统计人们在选择旅游目的地时更倾向于一些有品牌影响力的景点。本文拟重点讨论镇江运

* 邱小樱，镇江市高等专科学校教师，研究方向为旅游资源开发、旅游经济。凌丽琴，镇江市高等专科学校人文与旅游学院教师，研究方向为旅游管理。黄凌云，镇江市高等专科学校人文与旅游学院教师，研究方向为茶文化旅游、旅游策划。

河文化旅游中的品牌培育问题，通过问卷和访谈，范围涉及镇江市民及外地游客对镇江运河旅游的感知程度，提出培育镇江运河旅游文化品牌的策略。

一、培育镇江运河文化旅游品牌的必要性

（一）应对其他运河城市激烈竞争的必然要求

自从大运河入选世界文化遗产名录以来，大运河保护、传承和利用的热度一直不减，推进大运河文化带建设方兴未艾。很多运河城市以大运河文化带建设为抓手，精心打造体现文化内涵、人文精神的特色旅游精品和大运河文化旅游品牌。他们正不遗余力地高起点高标准进行运河的旅游开发，并已取得让游客眼前一亮的效果，让运河品牌成为城市新的名片。山东枣庄全力打造“江北水乡，运河古城”品牌；扬州作为大运河申遗牵头城市，一直努力“让人们一提到大运河就想到江苏，一提到大运河江苏段就想到扬州”。镇江面临着这些城市强有力的竞争，只有迎头赶上，才能在大运河文化带建设上有一块立足之地。

（二）适应旅游者多元化旅游需求的需要

镇江有着“真山真水”“城市山林”的独特风貌，“三山一渡”已经有一千多年的历史。但是，随着游客消费需求的个性化和多样化，传统的观光游产品受到挑战，全国出现越来越多新的旅游产品和旅游业态，游客量存在竞争性分流。旅游市场的多元化和镇江现有的观光旅游产品在供求上存在矛盾，旅游产品结构的失衡导致镇江客源的分流。因此，为适应当今旅游者多元化的消费需求，镇江需要在充分发挥传统观光旅游产品优势的基础上，打破常规思维，跳出“山”的局限，做足“水”的文章。于是，做运河文章、创运河品牌成了提高镇江吸引力的有力途径。

二、镇江运河旅游品牌现状分析

21世纪，品牌就是竞争力，就是市场。旅游品牌象征着旅游产品的品质和实力，建立品牌有助于旅游地宣传自己的产品和服务，树立市场形象；同时可以强化旅游产品的差异性，引导消费导向。长期以来，镇江在运河旅游文化品牌建设上意识淡薄，没有依据资源优势建立独具特色的旅游文化品牌，更没有形成品牌合力。

（一）品牌定位分析

品牌定位是在对顾客、竞争者和自我分析的基础之上，结合自身竞争优势、差异性和消费者需求，确立品牌在市场中的位置和在消费者心目当中的形象，通过品牌传播手段使消费者接受并形成购买动力。品牌定位是品牌战略策划和实施的起点，在品牌战略管理过程中具有举足轻重的作用。虽然现在镇江运河品牌还未进行大面积推广，但已从差异性上开始受到一定关注。

1. 品牌主题关注差异化

镇江致力于打造“水韵镇江”，推出“江河交汇看镇江”的品牌。这一品牌基于地理环境上的差异性定位，结合自身特点，重在突出江河交汇的地理优势，同时也强调江河交汇处文化的交融性，但是其旅游主题并不明确。调查发现，游客还是倾向于文化底蕴深厚的旅游目的地，青睐把运河文化和运河沿岸传统民俗活动作为旅游品牌的主题。镇江运河兼具北方运河的雄浑、苍凉和南方运河“小桥流水人家”的精致、恬静，“江河交汇看镇江”能够立体展现镇江运河南北包容这一文化特征，能与其他运河城市形成差异。同时又避免了在品牌个性上与传统“三山一湖一渡”等景点相冲突，能在本土旅游市场上形成差异。

2. 品牌定位缺乏形象化展示

品牌定位是建立一个与目标市场有关的品牌形象的过程和结果，从而使品牌形象在消费者心中占领一个特殊的位置，使消费者正确理解和认识某品牌有别于其他品牌的特征。只有深入挖掘地方特色，才能创造出别具一格的旅游品牌形象，进而形成强大的市场竞争力。由于镇江运河旅游品牌确立时间短，与镇江运河有关的一切人物、事物和历史尚未作为文化特色进行展示，市场定位还未深入人心，在游客心中还没有树立一定的形象，所以并没有形成较强的吸引力。

（二）品牌内容分析

1. 运河旅游产品供给尚待完善

品牌定位的载体是产品，品牌最终要通过产品来实现。镇江具有丰富的运河文化旅游资源，不仅有河道、航道及水利工程，涵闸遗存，庙宇及古墓、石刻，地方建筑、名人遗迹等物质文化遗产资源，还有大量的民间文学、民间音乐、民间舞蹈、传统戏曲、民间美术、传统手工技艺等非物质文化遗产。我们需要将这些散落的遗产资源串联起来，打造类型丰富的旅游产品，如名人故居追寻之旅、运河诗词文化之旅、江河交汇体验之旅、航道水利科学之旅、养生之旅、民俗非遗传承之旅等，把单纯的观和赏、玩、参与、体验、学习结合起来，增加镇江运河旅游产品的供给，同时辅之以旅游公共服务体系，完善镇江的运河旅游产品供给体系。

2. 旅游产品个性化、体验性及趣味性不足

随着经济社会的发展，旅游者的需求取向也发生了很多新变化。根据调查，人们旅游的取向主要集中在：要求越来越高，总是在寻求新颖的东西；越来越关注健康和饮食，相应景点和产品受到欢迎；希望更多地主动参与，对体验的兴趣不断增加；城市居民到乡村去度过闲暇时间成为一种趋势；对工厂、农场、手工作坊等工业场所的兴趣越来越大；越来越多的游客希望通过访问景点学习到新的东西。旅游方式也由过去单一的观光型旅游发展成为观光、度假、美食、商务、探险、保健康复、文学等多样化旅游。家庭式、亲朋好友聚会式、自助式“周末游”“短线游”等多样化旅游已成趋势。镇江的运河沿岸虽然拥有丰富的自然和人文旅游资源，但仍是以传统的观光游为主，体验性及趣味性不足，对游客的吸引力不够强。

（三）品牌硬件分析

1. 运河基础设施建设取得一定成效，但旅游项目设施有待完善

镇江古运河整治工程已经初见效果。水环境、道路设施得到完善，设置了一些路标、景点说明、安全提示，水上风光带也重新焕发生机。古运河中段呈现了运河广场牌楼、运河文化雕塑、运河文化展览馆等景观文化设施，恢复建设了丁卯桥、虹桥、许浑别墅、石淙精舍等历史景观和以古园林为原型的历史人文展示与休闲配套建筑，形成了夹岗岚浮、虹桥揽古等运河景观，提升了古运河的景观效果。调查中，对基础设施建设持满意态度的占63.4%，反映出镇江运河基础设施建设已经取得一定成效，但83.8%的被访者认为运河游览的项目设施不到位，尚未能满足游客的游览需求。

2. 运河衍生的文化及景观资源丰富，但尚未得到深度开发

据统计，镇江古运河沿岸的旅游资源包括6个主类及18个亚类。古运河两岸的文化遗产数量众多，包括大运河镇江段、宋元粮仓遗址、昭关石塔、镇江英国领事馆旧址等6处全国重点文物保护单位。这里蕴藏着具有珍贵历史价值的文化遗迹，如形态不同的虎踞桥和开泰桥等古桥，展示江河交汇文化的西津渡码头遗址、“江南运河第一闸”的京口闸遗址、新河街一条街，但多只是较浅层次的开发，尚未形成良好的旅游氛围。

秦始皇下令开凿丹徒水道“以泄王气”，构筑了影响深远的交通体系，

对国家稳定和经济繁荣起到了重要作用，由此产生了丰富的漕运文化、文学作品、民风民俗、宗教信仰。运河滋养了诗词、小说、戏剧等方面的文学作品，因运河而诞生都天庙会、运河号子等民风民俗，为祈求运河航运一路顺风而产生众多庙宇宫观。这些文化内涵尚未得到深入的挖掘和开发，未形成新的旅游点。

3. 旅游公共服务相对滞后，不能满足现代游客多样化需求

自从进入大众旅游新时代，游客在旅游过程中需要对旅游动态及时进行了解，这就对旅游公共服务体系建设提出了更高的要求。镇江现阶段的旅游公共服务难以满足现实需求，如厕难、停车难、吃饭难、购物难等问题日益凸显，旅游公共服务存在低水平供给问题。调查中发现，游客认为景区存在厕所不符合5A景区标准、旅游高峰期停车难、标识标牌信息不完善、旅游骑行绿道系统缺乏、景区道路等级低、市内和景区交通接驳困难等问题，认为旅游公共服务远远赶不上现代休闲旅游发展节奏。

（四）品牌软件分析

1. 景区服务水平离游客期望仍有距离

随着私家车的普及及高铁、租车等新型交通工具和出行方式的日益便捷，再加上智慧旅游的迅速发展，人们的旅游需求发生很大变化，自驾游、自由行及自助游等新型旅游形态越来越受到游客青睐。但是由于镇江近几年来旅游供给发展缓慢，仍然停留在以景区为主导的门票经济上，旅游供需矛盾比较突出。景区智能化程度、厕所设施及卫生状况、导游服务成了游客投诉的重要方面，导致游客对景区服务的满意度普遍较低。

2. 游客对旅游服务人员的满意度不高

游客对旅游服务人员的满意度直接影响旅游企业绩效和旅游目的地形象。这就要求他们要具有较高的文化素养和精湛的业务水平，能够运用专业知识和服务技能为游客提供全方位、高品质的服务。旅游国际化的不断深入发展，对旅游从业人员提出了更高的要求。但是目前，镇江的旅游专业从业人员缺口较大，已有的旅游服务人员的素质还有待提高。

（五）品牌推广分析

人们对时尚事物的接受能力逐渐增强，青睐短视频、宣传片、微电影、综艺节目或电视电影植入，游客喜爱这些新的宣传手段，并愿意从这些渠道方便地了解旅游信息。镇江运河旅游的开发尚未成气候，品牌推广尚处在导入期，大众了解镇江运河的信息渠道相对闭塞，导致对镇江运河旅游缺乏认知。

三、培育镇江运河旅游品牌的策略

（一）打造品牌策略

1. 依托现代技术，重塑运河古迹

清代诗人查慎行途经大运河镇江段时，曾留下这样的诗句："舳舻转粟三千里，灯火临流一万家。"从古人的诗里，我们看到作为运河南北的商埠重地的镇江一派繁华热闹。虽然如今游客无法亲身感受镇江运河的变迁与发展，但是现代化元素进入运河文化旅游也是发展的必然趋势。重视发掘"运河文化"，可以运用现代技术将运河旅游的文化感受实体化，运用现代化技术将历史重现，以多媒体的形式给游客带来多维的体验感受，让游客感受江河交汇的运河文化和工商业文化。同时，尊重运河本土文化，用现代技术重塑部分运河古迹，复原运河沿岸的跑马楼、风火墙、雕梁画栋等传统元素，逐步修复开放商铺、名人故居等建筑物。通过发展系统的运河旅游产品，促进镇江运河本土文化的可持续发展。

2. 构造旅游产品体系，推动镇江旅游新业态的形成

（1）开发专项旅游，完善旅游产品体系

开发集地方文化传承、传统文化展示及科普科学体验等功能于一体的研学旅行产品。

镇江是国家历史文化名城，拥有丰富的文化旅游资源。博物馆及故居众多，如镇江博物馆、镇江民间艺术博物馆、米芾书法公园、醋文化博物馆、赛珍珠故居等。镇江人文荟萃，名流大家云集，有刘勰的《文心雕龙》、萧统的《昭明文选》、沈括的《梦溪笔谈》及赛珍珠的《大地》，可以开展"寻访镇江名人名著"专项旅游。

镇江金山湖景区是国家 863 水环境专项课题的依托工程，是一项集防洪、休憩、旅游及水环境改善于一体的系统工程。"江海之门"位于镇江北部内江与长江之间，具有挡洪、排涝、蓄水、引水、换水、控制内江水位、沟通南北岸交通等功能，是镇江的新标志性建筑。"一眼看千年"西津渡景区里丰富的津渡文化中包含着宗教文化、慈善文化、建筑文化、民俗文化等众多形态。"江南第一闸"谏壁船闸是京杭大运河苏南段唯一的直达通江口门，是镇江经济的"晴雨表"。它的雏形是由镇江人首创并沿用至今的"埭"，在运河发展进程中起到利航运、兴水利作用。这些资源是开展水利科技考察游不可或缺的一部分。

和镇江有关的诗词众多，王湾的《次北固山下》、辛弃疾的《南乡子·登京口北固亭有怀》及《永遇乐·京口北固亭怀古》、张祜的《题金陵渡》、李白的《焦山望松寥山》等诗词脍炙人口，镇江新建夜景灯光诗词墙流光溢彩，可利用这些资源开发“诗词中的镇江”专项旅游。

镇江地处吴楚文化、南北方文化、江河海文化的交汇点，形成了开放包容的城市特点，千百年来，多种宗教在此共生共存。镇江有佛教水陆法会祖庭的金山寺、被喻为佛教北大和佛教清华的焦山、“律宗第一山”的宝华山、“道教第一福地第八洞天”的茅山，可利用这些享有盛名的资源开发“探秘宗教文化”专项旅游。

整合镇江的非物质文化遗产资源，升级非遗文化的展示和体验功能，打造镇江非遗专项旅游。邀请非遗传承人坐镇非物质文化遗产馆，设计互动环节，在游客面前制作灯彩、挑花、竹编、太平泥叫叫，把静态的非遗资源活化，指导游客现场制作，使游客直观感受非遗产品的诞生过程与艺术特色，获得充分满足的体验感，从而提高人们对镇江非遗的认知度。

（2）开发夜间旅游，丰富运河旅游项目

夜间旅游是当下旅游活动的重要组成部分，能丰富旅游的内容，进一步延长游客逗留时间。做好镇江夜间旅游，能给城市带来新的流量和生机。做好镇江运河沿岸亮化工程，推出水陆互动的特色游线，沿河组织开展地方戏剧、民俗表演、大型歌舞等丰富多彩的文化系列活动，联动运河沿岸各景区开展水上夜游项目，将水上游船和岸上的观光相融合，打造既能船上看夜景又能上岸逛夜市的运河夜游项目。游船沿途设置一些码头作为停靠点，方便游客上下船，顺道游览运河的主要景点，深入体验当地民俗风情，欣赏夜景。

（3）依托节庆旅游，提升城市知名度

集全市之力，把运河节庆活动品牌融入本土文化中去，把镇江运河旅游文化节和都天庙会两个节事活动结合起来，在创造经济价值的同时提升城市文化品位，提升镇江运河旅游及运河城市的知名度。政府主推，打造有镇江特色和全国影响力的运河节庆活动。把复原都天庙会作为镇江运河旅游文化节的重点项目，每年农历四月中旬，从都天庙请出都天大帝及花神、财神、寿星等九位尊神进行沿河巡游，沿街重现昔日的节目表演。既邀请全世界及全国著名的运河研究专家，也邀请来自全国各地的知名商户前来参加庙会，进行商业洽谈，达到社会效益、文化效益和经济效益的统一。

从旅游目的地角度出发，镇江借力打造运河文化旅游节，聚拢人气，有效提高目的地品牌知名度，丰富当地居民文化生活。通过长期的运作和发展，使之成为城市的标志性事件，使镇江运河文化旅游品牌的价值得到增值。

（二）制定品牌标识

1. 设计运河景区标识

旅游景区标识不仅能够满足游客游览的需求，还可以调动游客的好奇心理，促使游客乐于去了解旅游景区的自然环境和人文环境。镇江运河沿岸的景区对运河的重视程度偏低，导致在景区标识的图案、文字说明上缺少运河的元素。镇江运河因“小桥流水人家，江南水乡美景”的水韵而美，镇江运河的标志可以用运河与长江十字交汇的造型作为构思的出发点，把具体的形象通过凝练后变成抽象意会的造型，同时融入镇江运河旅游的特色，最终创作出具有鲜明品牌特点的运河旅游标志。

2. 征集运河标语、主题曲、故事

深挖运河的文化内涵，通过标语、主题曲、故事等形式表达出来。面向全世界开展镇江运河标语、主题曲、故事的征集活动，并通过受大众欢迎的网络平台发布，由公众投票选出最受欢迎、最能体现镇江元素的标语、主题曲和故事。选择不同风格的标语内容让游客留下深刻印象。邀请知名音乐人谱写镇江运河主题曲，让游客在享受音乐的同时能通过想象感受镇江运河之美。不断挖掘和深入研究，搜集整理出和镇江运河有关的各类故事，如帝王、英雄、贤官、文人、宗教名人、商人、百姓的故事，古城、古街、古镇、古巷、古宅的故事，河道、水工、航船、遗产点的故事，等等。每年举办儿童讲运河故事的比赛，并在景区播放比赛相关视频，由此打造一批构思新颖、设计巧妙的运河故事和文化产品。

（三）推进品牌实施

1. 建设标志性建筑

标志性建筑是景区的名片，更是景区的精神内涵的外在表现形式。江河交汇的镇江，在标志性建筑的选择上应避免同质化。建筑物的外观应与现有建筑协调，功能也应选择恰当，能与景区形象相互映衬。如已有“江海之门”建筑的功能应拓展到观光体验。江河交汇处，在镇江至今仅留下谏壁口、丹徒口、小京口三处。可以建立“长江与古运河交汇处”的雕塑或碑，并在周边建遗址公园，便于游客进行旅游活动，使游客直观地了解镇江所处的特殊地理位置，深刻理解镇江历史上“雄跨东南二百州”的繁华。

2. 完善景区解说系统

现在游客的旅游行为不再是走马观花式，而是为了追求更高层次的旅游体验，获得愉悦之感，达到人与景区和谐的境界。我们可以从人工解说系统和非人工解说系统两方面帮助游客了解景区的特定信息，实现服务与教育的基本功能。景区应设立专门的网站管理人员，及时更新网站信息和完善网站解说系统的建设，让游客在未来到景区之前先关注解说的信息。

非人工解说系统方面，借助现代技术，可完善游客服务中心电子触摸屏、自助讲解器、手机 App、二维码、景区导览图等游客提示信息，为游客提供方便。人工解说系统方面，景区人工咨询服务和导游讲解服务应与时俱进，更新导游词，重视导游词的文化性。导游员应统一着装、统一讲解，注重其沟通能力及应变能力方面的培训及考核。根据游客的需求，提供定制化的讲解服务，加强与游客间的互动交流，让游客参与到讲解中来。可根据客流量灵活开通讲解员定时免费讲解。加快景区智慧旅游解说建设，让游客在游览完运河后留下美好经历，同时还能与家人和朋友实时共享旅游体验。

在品牌培育中，监控和维护品牌价值的可持续发展非常重要。实时跟踪运河旅游品牌化的实施，定期检查以维护品牌。为使运河旅游树立更好的品牌形象，应设立游客评价反馈信息，以便及时得到游客关于运河游览的意见和建议。同时关注有价值的信息，为运河旅游下一步发展战略的制定奠定基础。

镇江运河文化旅游的品牌化研究和实践仍处于初级阶段，需要政府重视和引导、企业积极参与建设、市民和游客热情参与。在积极建设全域旅游示范区的环境下，镇江运河旅游的发展不可能独立完成，必须通过旅游企业、政府和市民的共同努力，并主动融入全域旅游的建设，才能具有长久生命力。

参考文献：

[1] 俞佳奇，孙旭红.镇江运河文化研究综述[J].高校社科动态，2016(3):35-40.

[2] 姜师立，等.京杭大运河历史文化及发展[M].北京:电子工业出版社，2014.

[3] 李茜燕.旅游文化品牌建设研究:以吉林省为例[J].企业经济，2014(12):84-88.

[4] 刘璐,等:无锡古运河旅游品牌化建设的分析与建议[J].现代商业,2013(18):87-89.

[5] 黄杰.以大运河文化带为核心的三大战略协同建设研究——以探索大运河文化带扬州段建设为例[J].扬州大学学报(人文社会科学版),2018(22):46-51.

简述镇江大运河污染源风险与控制

李双双*

镇江是长江和大运河交汇的枢纽，是运河体系的重要组成部分[1]。运河为镇江的产业与活动发展提供条件，在满足取水、灌溉等基本生活要求的同时还承担了运输、排污等任务。随着工业废水、废料等污染物的长期排放，运河生态紧张，两岸环境亦被严重损坏[2]。为此，需要把保护并控制运河污染源作为城建工作的重要内容，开发并合理运用运河资源，以建设环保园林城市为目标，严控排污，保护水源，突显山水镇江特色，将运河从点到面，开发成生态美、自然美、景点美、人文美的城市风光带[3]。

一、污染源

（一）面源污染

运河是镇江的城市名片，良好的生态环境是镇江城市建设的必备条件。随着镇江城市改造，临江临河污染企业已基本完成搬迁，点污染源已能得到基本控制[4]。但随着城市生活的聚集化，面源污染问题却日趋严重，主要体现在地表的土壤泥沙、生活垃圾及大气颗粒沉降物等，在降水的作用下，径流汇入水体，从而引起的污染负荷超标。因面源污染主要是在常年的降水过程中伴随产生的，所以面源污染又是模糊的、滞后的、潜伏的、随机的和不可控的污染[5]。

（二）沉积污染

近年来，针对运河进行多效整治，河流污染已得到基本控制[2]。现在，河流污染物主要来自居民生产和生活等外源性污染物。这些污染物不经处

* 李双双，江苏省镇江环境监测中心仪器分析室工程师，研究方向为环境中的有机污染物数据分析。

理，长时堆积在河岸带，使得运河水质会因降雨、水位调控、季节变化等因素的影响出现差异。此外，由河流活动产生的内源性污染物受到风浪影响也会淤积[13]。

研究表明，这些沉积物成分主要包括蛋白质、核酸、氨基酸和腐殖质等。这些都是水体富营养化的潜在污染源。这些沉积物经过系列代谢作用进入水体，超过水体自净功能最大值，污染水质[13]。沉积物中除了大量有机质会导致水体富营养化外，还有大量的重金属类污染物，这类物质与其他有机质的污染不同。不少有机化合物可以通过自然界本身进行降解净化，使有害性降低甚至解除。而重金属毒性大，难降解，易富集，很难在环境中降解，因此会影响运河水质和周边水生生物的生长，严重的还会造成动植物中毒，甚至死亡[19]。

因此，对河岸沉积物的研究，可为古运河富营养化的预防及控制提供基础数据，为运河综合治理和生态保护提供理论依据，有利于发挥运河河岸带景观价值[13]。

（三）有机物污染

随着人类生产生活的聚集化和密集化，各类天然和合成类的有机物使用和需求日益增加，随之而产生的垃圾废物（比如厨房残余垃圾、洗化护肤用品、药物、塑料纤维及涂料农药等）也在成倍增长，这些污染物随生活用水直接排入运河，远超过运河的受污容量，污染运河水质。未经处理的污染物及代谢产物不断向周围水体、土壤、底泥和空气中释放，形成二次污染[10]。

这些污染物的代谢产物往往是小分子的持久性有机污染物，因其对生物降解、化学分解及光解都有较高的抵抗性，所以能够在环境中长久地存在。此类污染物水溶性差而脂溶性好，且大部分都具有致癌、致畸、致突变的三致效应，易从水中蓄积到周围环境的食物链中，然后重新在生物体内富集，伴随水中生物的迁徙运动，形成广泛性、长时性的污染。还有些有机污染物可以自然降解或者通过人为手段去除，但因为人类的生产生活会频繁地源源不断地使用这些产品，致使此类污染物持续长久地在环境中存在，易形成“假持久性污染”。随着生产消费的逐渐升高，污染物的浓度也在逐渐上升[14]。

通常，有机污染物降解后的分子结构较小，可以透过一般水处理及净化装置，并重新富集在饮用水中，直接威胁人类健康[15]。

（四）全氟化合物污染

全氟化合物是有机物分子中所有与碳相连的氢原子完全被氟原子取代的一类新型有机化合物，此类化合物化学性质非常稳定，且同时具有优秀的疏水性、疏油性及耐高温性能，被广泛应用在表面涂层、纸张保护、防火安全、工业清洗、抛光处理等各种工业及民用领域。全氟化合物因碳氟键的强共价键能作用，可以抵抗光、热、微生物及化学作用，导致此类化合物难降解、易积累，从而形成对环境的持久性污染[16]。

随着全氟化合物的长期持久应用，在环境中形成一定的积累，运河环境也不可避免地受到污染，主要体现在运河水环境、沉积物及生物体的生态链中。水体是全氟化合物排放的主要受体，全氟化合物经迁移转化沉积作用被水体沉积物吸附并最终归集在生物体内，形成循环耐久的污染[17]。

全氟化合物的应用使水环境污染日益严重，其潜在危险已引起全球广泛关注。目前一些发达国家已采取相关政策措施，加强监测力度，减少排放，控制甚至禁止全氟有机化合物的使用。我国也在积极吸取发达国家应对全氟化合物污染问题的经验，一方面运用更高效的监测技术手段加大对全氟有机化合物的监测力度；另一方面研发可替代的新型易降解的环保材料，以期从根源上解决全氟化合物污染，维持生态平衡，保障用水安全，实现更好的环境效益和社会效益[18]。

二、控制技术

（一）基础工程

为应对各种类型污染危险，维护良好的运河生态环境，首先需要开展运河监测工作。空间上加强运河高清视频监控系统的应用，以便于更好地应对水上环境突发事故[7]。时间上加强运河生态环境自动化常态化监测工作，除水环境的定点监测外，还要对土壤、底泥、枯叶、水体生物类开展针对性的监测工作，确保运河不同时期、不同时段的污染物状况都能有准确的数据支持[8]。

其次，加速完善镇江的城市排水系统。根据城市现有给排水系统，确定管网系统中存在的问题，整合给排水网络，增加平行管网，弃用小容量管道，加大大口径管道铺设，扩建雨水调蓄排放设施。力求降水集中时节能及时截留，避免溢流严重、污染倍增[12]。除排水管网建设外，还需疏浚天然河道，使运河长江无缝对接，恢复河道生态自净功能。优化运河两岸环境，建设运河风光带，可以有效过滤、截留径流中的面源污染物，使河流两侧滨岸成为运河水体的天然屏障。目前镇江试点区域内的内涝积水在强降雨及雨水较多季节的积水量得到了有效控制[6]。

最后，除了在运河段大力进行生态整治外，在运河航运电力应用方面，也应积极推进清洁能源和新能源的建设使用。运河的传统功能是航运，随着产业结构的调整、能源消耗严重的传统产业向高新产业的转型，以及陆空运输网络的建设，运河的运输功能有所降低。但航运产生的废气、废水及生活垃圾仍是目前镇江运河段主要的污染源，因此需要对航运功能进行绿色整治，主要集中在航道及船舶的整治。在航道整治中，需对水上工作者加强关于绿色水运的宣传，配合环保部门执行各项环保规定。还可以借鉴高速公路服务区模式，建设航道水上服务区，为来往船只供水、电、油及生活物资，提供船舶维修服务等。建设低压小容量岸电系统来替代传统船舶柴油发动机组的供电模式，形成运河特色服务区。在船舶方面，需加大新型环保技术产品的投入使用，开展清洁能源改造、船型标准化等绿色整治工作，发挥镇江在船舶及船用设备方面的优势，减少船舶污染物的排放，保护航线区域内生态环境。目前京杭运河镇江段经过多年的整治和保护，运河航道、来往船只、水土保护、岸线绿化建设等各方面都取得良好的成效，为城市的旅游、文化、生态产业的不断发展创造了良好的环境基础[11]。

古运河是镇江市城市发展规划的重要区域，运河的生态环境治理、保护和维持是近几年城市建设的重点项目。运河多层次的生态系统格局的构建，将山、水、湿地、圩田等运河元素进行功能组团，将运河各段有机串联起来，使运河段的发展既有节点段落的特异性，又具有生态上的连续性。运河水运只有有机连接才有优势，运河网络与基础设施的建设上应采用信息化、智能化的管理，合理调度运河航道、岸线、锚地资源。积极开展生态绿色水运试点活动，以点带面，逐步推进运河沿线生态环境保护工作，打造高颜值、高效益、高品位的运河长廊[10]。

（二）海绵工程

污染源流入水体带来的水环境危机，国际上发达国家在城市化进程中同样遇到过。在解决方案上，澳大利亚提出“水敏性城市设计（WSUD，Water Sensitive Urban Design）”，该项目着重解决降水给城市建设带来的麻烦与影响，主要通过改良城市下垫面，降低硬质地面的应用，提高地面的可渗透性，丰富水体的生物种类，逐步恢复水体敏感度。英国建设“可持续性城市排水系统（SUDS，Sustainable Urban Drainage Systems）”，主要是通过集水箱等水资源储存技术对日常水资源进行收集再利用。比如通过生态屋面改造、下沉式地面改建、盆地储水等对雨水进行收集并集中处理。新加坡开发“活跃、美丽、洁净水项目（ABC）”，旨在缓解供水矛盾和应对洪涝灾害的极端天气，打造花园城市。技术手段上主要是运用新材料加固现有河岸，储蓄降水并对各种面源水进行统一净化处理，形成生态净化群落，化传统储蓄设备为自然生态景观，实现自然与城市的融合。美国发起“低影响开发（LID，Low Impact Development）”，该项目是一种应对城市暴雨管理和面源污染的雨水收集利用的生态技术体系，其核心在于控制源头，延缓冲击负荷，构建与自然相融合的排水系统，利用景观空间，实现城市可持续的水循环[14]。

借鉴国际上水环境治理的先进办法，结合实际情况，镇江响应国家对城市水环境的环保规划，试点海绵城市建设。旨在有效降低降水流入运河的面源污染，统筹雨水利用，兼顾海绵景观，提升城市环境。镇江作为海绵城市的试点，运河水环境治理是海绵城市建设的重中之重。实施的技术手段分为源头 LID 控制、中途处理设施、末端处理和终端调节四个环节[12]。

第一，源头 LID 处理体系的建立。LID 技术是一种低影响开发技术，主要是通过建设调蓄体系，采取措施分散降水，减少雨水降落到地面形成的地表径流，降低城市地表径流量。采用的措施与方法有透水铺装、透水混凝土/沥青、绿色屋顶、下凹绿地、生物滞留池、湿塘、渗透雨井、绿色植物植被缓冲带等。利用这些设施对降水进行初期处理与汇流，既可以对降水进行原位收集，自然净化，就近利用，又可以回补地下水，储蓄了源头降雨，还可以降低污染物汇入水体的风险[12,14]。

第二，中途处理体系的建立。这一处理体系主要是净化泥沙和沉积物中过高的地表雨水，具体指通过合适的方式对源头处理体系中处理能力之外的过度降雨进行有效处理并且合理传送到终端雨水处理系统中。虽然有源头接收和调蓄系统，但是在极端暴雨天气影响下，还是会有占总量 25% 的水溢出源头接收系统，进而流向各处，这就需要完善的中途传输系统对其进行引导和处理，使雨水能够到达大型的湿地公园或者雨水含蓄灌溉绿地中[14]。实施手段主要有下沉式机非隔离带（把以往设置在快车道边的雨水口挪进非机隔离带，改为溢水口）、下沉式树池带、下沉式中央绿化带、植草沟等，对超标的这部分雨水进行合理的处理与引导[12]。

第三，末端处理系统的建立。末端处理系统是一种雨水吸收过滤系统，旨在快速吸收降水，过滤并吸附末端雨水中的污染物。镇江海绵城市末端处理主要采用灰绿结合法：灰色处理主要是采用混凝沉淀等传统工艺去除固体悬浮污染物；绿色处理主要是通过运河两岸景观带、湿地、生态浮岛、多级生物滤池等进行处理。这种末端处理的方式不再局限于清理淤泥、种草种树的传统模式[10]。

第四，雨水收集再利用的循环终端含蓄系统的建立。这一系统主要是采取建设大面积的湿地公园、雨水渗水洼塘、中心绿廊等措施对超大量的雨水进行处理和含蓄。通过对地表径流的工程化技术化的控制与引导，将其导入适当的储存区域，等到城市枯、贫水期或者需要大量水资源时，再调出来合理利用。此外，可以将景观生态长廊、郊野湿地、人造湖泊等大面积水终端处理系统与人们日常的游玩休憩需求相结合，创造出既满足海绵城市发展需求，同时可保护生态环境平衡，减少城市内涝的终端处理系统，还可以营造一个功能性景观生态湿地公园，供人们工作之余到城市周边进行休闲娱乐活动[14]。

随着镇江海绵城市的建设，通过对试点区域的源头 LID 技术改造控制，中端、末端处理体系的建立及终端含蓄系统的构建，一方面可以阻截人为污染、生活垃圾、建筑工业污染物流入河道；另一方面可以固化运河土质，净化运河水环境，有效地控制运河污染，提升整个城区景观，改善居民居住环境[12]。

镇江运河建设，水质很重要。除了控制污染物汇入运河之外，还应在运河两岸栽种四季植物，在运河水体中培植具有弹性且抗干扰能力强的水生植物，建设弹性景观，形成微生态圈，为小型生物生存提供场所，形成人工湿地和森林公园。利用水生植物与自然的生态关系进行叠加和组合对运河水质进行净化[9]。

三、总结

近年来碧水青山的环保理念深入人心，镇江作为一个具有较强竞争力的山水城市，一座历史文化名城，应根据地方特色，对运河进行大力的生态整治，加大城市基础设施投入，提高城市绿化多样化覆盖，全面建设海绵城市，打造运河旅游产业。这样既能满足运河生态保护的要求，也能提高城市生产总值和竞争力水平，全力打造与自然生态相融合的山—水—城—林一体环保型旅游镇江[9]。

参考文献：

［1］ 俞佳奇，孙旭红．镇江运河文化研究综述［J］．高校社科动态．2016(3)：35-38．

［2］ 张庭伟，冯晖，彭治权．城市滨水区设计与开发［M］．上海：同济大学出版社，2002：2-4．

［3］ 陈潜志．论镇江市文化产业资源开发与利用——以运河文化为例［J］．现代商贸工业，2010(9)：89-90．

［4］ 穆军伟，王耀增，杜德庆．镇江市城市面源污染控制策略研究［J］．环境与可持续发展，2018(3)：31-33．

［5］ 朱红雷．面向非点源污染控制的土地利用优化研究［D］．长春：中国科学院研究生院(东北地理与农业生态研所)，2015：20-29．

［6］ 祝红虎．浅谈运河高清视频监控系统设计与应用［J］．科学技术创新，2019(2)：92-93．

［7］ 李启顺，陈芸．镇江城区水环境改善调度方案研究［J］．水利工程及河湖管理，2018：59-61．

［8］ 许亚兰，李永乐．京杭运河江苏段沿线城市旅游开发竞争力研究［J］．淮阴工学院学报，2018(27)：67-70．

［9］ 高原，王向荣．镇江自然风景体系与城市格局研究［J］．中国城市林业，2018，16(4)：63-66．

［10］ 吴新燕．京杭运河江苏段绿色开发对策［J］．研究与探讨，2018(11)：30-35．

［11］ 赵宝康，刘绪为，刘世泽．镇江海绵城市试点区工程建设可行性及PPP 模式研究［J］．中国给水排水，2018，34(4)：1-5．

［12］ 周裔文，周晓红，任琪琪，等．镇江市古运河河岸沉积物氮及有机质分布特征［J］．水土保持研究，2017，24(6)：313-315．

［13］ 李跃．温带弹性水岸景观水文可持续性发展协调模型构建［D］．杨凌：西北农林科技大学，2017：4-16．

［14］ 朴海涛．杭运河及沿岸区域地表水中药物及个人护理品污染地理分布特征及来源辨析［D］．北京：中国地质科学院，2017：12-20．

［15］ 王懿．持久性全氟化合物典型污染源环境污染特性研究［D］．南京：南京农业大学，2011：67-69．

［16］ 宋彦敏．全氟化合物的污染现状及国内外研究进展［J］．环境工程，2015，37(10)：82-85．

[17] 吴越超.水环境中全氟化合物的污染现状及检测方法研究[J].皮革与化工,2017,34(6):29-31.

[18] 储金宇.镇江市古运河河岸沉积物重金属分布特征及潜在生态风险评价[J].环境,2015,34(4):763-771.

镇江古运河旅游观光带发展路径研究

王　斐*

古运河，承载着镇江自古而今的繁荣与文明，也记录了镇江几经沧桑的历史与变迁，是孕育镇江的母亲河。为深入贯彻落实习近平总书记关于“大运河是祖先留给我们的宝贵遗产，是流动的文化，要统筹保护好、传承好、利用好”的重要指示精神[1]，依托镇江显著的区位优势和深厚的历史文化，统筹保护好、传承好、利用好大运河，打造镇江沿古运河旅游观光带，具有重要的历史意义和现实价值。

一、镇江沿古运河旅游观光带发展概况

（一）基本概况

镇江沿古运河旅游观光带，西起平政桥，东至江南运河谏壁三叉河口，由城区西北向东南蜿蜒穿过，全长16.69千米，集水面积80.81平方千米，在京口闸及丹徒镇设有节制闸，属水位受控水系。镇江市古运河上段（平政桥至塔山路桥）河道长度5.09千米。古运河中段（塔山路桥至经十二路桥）河道长度4.65千米。古运河下段（经十二路桥至大运河口）河道长度6.95千米，另丹徒闸闸外河道0.84千米[2]。

（二）资源分析

古运河给镇江留下了众多不可替代的旅游资源，为镇江发展运河文化旅游、打造沿古运河旅游观光带提供了丰厚的条件。

根据国家标准《旅游资源分类、调查与评价》（GB/T18972—2017）中的旅游资源分类系统[3,4]，对镇江沿运河旅游观光带资源进行归纳分类，共有水域景观、建筑与设施、历史遗址、旅游购物、人文活动五大主类，37

* 王斐，镇江市文化广电和旅游局团委书记。

个基本类型，170 余个单体旅游资源。资源种类丰富多样，为镇江沿古运河旅游观光带旅游开发提供了良好的基础条件。

（三）利用情况

1. 启动文化旅游规划。省级层面：《江苏省“十三五”旅游业发展规划》中提出发展“四带两圈一网”的省域旅游发展格局，其中大运河世界文化遗产旅游带的发展目标是构建运河沿线旅游城市带，将大运河江苏段打造为大运河国家旅游风景道核心精品段。市级层面：《镇江市“十三五”旅游业发展规划》中提出重点打造“一核·三区·四带”的旅游空间结构，“四带”（含沿古运河旅游观光带）既是串联我市“一核”与“三区”的重要交通游线，也是主题旅游产品的重要组成部分，古运河下段综合整治工程已纳入“十三五”期间重点旅游项目建设计划表。另外，镇江市还编制了《江苏省古运河旅游发展规划（2010—2025）》《大运河江苏段旅游发展规划（2017—2030）》《大运河江苏段文化保护传承利用规划》《大运河国家文化公园（江苏段）建设规划》《大运河（镇江段）遗产保护规划》《镇江市古运河风光带概念规划》《镇江古运河风光带总体控制规划》等专项规划。

2. 实施保护建设工程。古运河上段已经完成平政桥至京口闸西侧，京口闸至迎江桥西、南侧河道整治及景观提升工程；古运河中段已基本完成焦山路至经十二路段古运河综合整治；古运河下段基本完成经十二路至玉带河河道整治，正在进行镇大公路至大运河口段河道清淤。按照“修旧如旧，展现历史”的要求，保护性建设了西津古渡片区，西津古渡获联合国教科文组织 2001 年亚太地区文化遗产保护杰出项目奖。北固山景区按宋代《营造法式》规制营建修缮，重点重建北固楼与多景楼等景点。

（四）存在问题

1. 生态环境亟待改善。近年来镇江虽然在古运河环境整治方面取得了不少成绩，比如“运河之母”的建设，丰富了镇江水文化内涵，成为古运河旅游线中的重要节点。但镇江古运河仍有部分河段水质存在不同程度的问题，如古运河下段河槽狭小，淤积严重，且存在部分工业废水污水排放的现象。两岸生态和人文环境也有待改善，多数河段已失去古运河原有风貌，沿线仍有大量与古运河不相协调的风格各异的各类建筑，比如江河汇、招商北固湾等住宅小区，很大程度上影响了运河视线走廊及景观美观。

2. 资源品质有待提升。活着的遗产、活态的运河是大运河区别于其他世界遗产的鲜明特征。在延续镇江古运河传统水利、文化传播等功能的基础上，发挥其休闲旅游、生态保护等功能，充分展示其历史文化价值和活力，这方面镇江做得还远远不够。如与运河遗产相关的公园、景点、博物馆等，尚处于各自为政的自然状态，未能在“沿古运河旅游观光带”的主题下建立相互联系。与古运河相关的物质文化遗产和非物质文化遗产未能得到充分整理挖掘、设计与包装，进而开发成有热度的运河系列旅游商品。古运河相关遗址的解读牌、标识系统等配套设施不完善，与大环境协调性差。

3. 参与性游乐项目缺乏。许多运河城市利用运河优美的自然风光与丰厚的历史文化遗存，建造主题公园或游乐园。如北京的通州大运河森林公园，集知识性、趣味性、娱乐性、参与性于一体，包含适合各种人群的娱乐项目，吸引了大量游客前去体验欢乐与刺激[5]。扬州正在推动中国大运河博物馆建设，铸就保存大运河历史记忆、传承大运河文化发展的新时代经典之作和彰显大运河文化特色、时代特征且经得起历史检验的精品工程。镇江沿古运河旅游观光带有着丰富的文化内涵和遗址遗存，如何活化历史遗存和自然景观，开发游客能够参与和体验并从中获得游乐之趣的娱乐项目，值得我们深入思考。

二、镇江沿古运河旅游观光带发展路径

（一）明确功能分区

李臻建议对镇江古运河沿岸景观带分段开发设计，并划分成怀旧及古商市井段（平政桥至西门桥）、现代休闲娱乐段（西门桥至南水桥）、小康住宅区段（解放桥至宝塔山公园）、城东绿色通道及优雅生活段（从宝塔山向南延伸）4 个功能区块[6]。笔者结合镇江古运河上段、中段、下段的划分，以沿线城市功能和游客需求为依据，根据整体性与分段性相结合，文化、生态与休闲功能相结合的原则[7]，建议将镇江沿古运河旅游观光带划分为历史文化区、休闲体验区和生态观光区 3 个功能分区。

1. 历史文化区（平政桥至塔山路桥）

功能定位：以怀古为主题，以彰显古运河历史风情文化为精髓，打造集历史街区风貌展示、商业复兴、文化创意、展览教育于一体的镇江沿古运河旅游观光带精品段。

项目策划：以京口闸为中心兴建镇江古运河遗址公园，设置千年粮仓、京口驿码头、京口驿博物馆等内容，充分运用历史元素来展示古代镇江在水利、漕运、造船等方面的辉煌成就[8]。西津渡历史文化街区立足“让西

津渡回到江边”的规划理念，谋划玉山码头、吉安里、东长安里等景点的恢复性建设，打造西津湾旅游区、津口文墨旅游区两大功能区，丰富演艺娱乐、水上运动、会议论坛等业态内涵。北固山景区讲好北固山“三国与舍利”的故事，建设三国文化广场，拓展三国文化体验游赏空间；修建扩建甘露寺，新建地宫，引入僧团，重新供奉佛祖舍利。考古发掘铁瓮城遗址，并开展保护性恢复建设，使之成为展示铁瓮城历史风貌的特色文化游赏区。保护和更新位于运河西南侧的荣庆里、同德里和杨家巷处的民国时期居住群落，植入休闲商业、酒店餐饮等现代旅游业态，形成古今风貌有机融合的混合功能区。以虎踞桥为中心，两岸建设南门公园和配套商业设施，充分展现“江南运河入江口的第一座桥梁”风姿和风韵。

2. 休闲体验区（塔山路桥至经十二路桥）

功能定位：以休闲为主题，打造融文化展示、休闲商业、生态居住等功能于一体的镇江沿古运河旅游观光带休闲体验段。

项目策划：借都天庙大修落成之际，由镇江商业行会或知名企业牵头筹办都天庙会，并融入品美食、猜灯谜、看表演、放烟花等民俗活动。重新修整许浑丁卯别墅，每年举办以追忆许浑为主题的诗词大赛，开办诗社、印社、文学社等，定期邀请国内外知名学者前来开坛讲学，逐步培育成运河上一颗璀璨的文化明珠。依托京岘山路至瑞阳路运河两岸的临河而建的休闲商业街，充分融入地方美食、客栈、民俗文化展览、《园冶》造园技艺展示等业态，打造独具镇江风味的“运河人家”。

3. 生态观光区（经十二路桥至大运河口）

功能定位：以生态为主题，打造融郊野休闲、遗址展示、休闲商业等功能于一体的镇江沿古运河旅游观光带生态观光段。

项目策划：依托丹徒闸周边四脚墩遗址和磨盘墩遗址，将丹徒闸部分空间改造成水利遗址展览馆，将古墓遗址周边辟建为考古遗址公园，打造水利工程与遗址修复展示的园区。依托丹徒闸至丹徒口之间的“丹徒水道”，设置丹徒闸文化广场，将河道两侧的厂房改造成工业遗址生态修复公园。依托古运河下段幽静雅致的自然资源，建设隐士养生文化主题民宿区，开设茶道、花道、香道、国学、古乐欣赏等讲座，充分浓缩镇江宜居养生的文化特性。

（二）完善旅游配套

1. 完善游客集散中心的布局建设

依据《国家全域旅游示范区验收标准（试行）》对旅游集散中心的要

求，率先在古运河沿线及周边区域建立位置合理、功能完善、规模适中、多层级布局的三级旅游集散服务体系，加强游客服务和客流引导。一级旅游集散中心：设在“三山”旅游服务基地（魔幻海洋世界），主要承担旅游咨询服务、旅游集散服务、商品展销、旅游管理、智慧旅游、住宿餐饮等功能，支撑与扬州、南京、上海等主要客源地游客的交通中转和咨询服务。二级旅游集散中心：布局在长江游轮码头、镇江站、镇江南站，主要具备旅游集散、旅游信息推介、咨询服务、联票销售、商品销售等服务，古运河沿线景区要加强与二级旅游集散中心合作，实现游客快速推送。三级旅游集散中心：设在金山、西津渡、镇江博物馆、北固山、焦山等5个区域，包括售票区、咨询接待区、游客休憩换乘区、停车场、公共厕所等功能区。同时在金山西入口、焦山东入口、铁瓮城入口、河滨公园入口、宝塔山公园入口、“运河人家”入口、丹徒闸文化广场入口等景源集中或景区入口处设置旅游服务点，提供咨询、休憩、购物、交通换乘等主要服务。

2. 创新旅游厕所“建管养”模式

一是完善厕所布局。旅游厕所建设不仅要考虑运河沿线收费景区内的游客需要，更应突出旅游交通沿线、交通集散中心、休闲步行区等区域的实际需求，甚至可以根据需求在热点景区、旅游旺季设置“移动厕所”。二是提升厕所品质。不仅要严格对照标准建高等级厕所，更要跳出“厕所”看“厕所”，处处融入文化、展示文化，厕所建筑风格、内部装饰、墙壁文化都要成为古运河历史文化、地方民俗风情的载体。三是创新“建管养”模式。以“以商建厕、以商养厕、以商管厕”为导向，统筹古运河沿线旅游厕所管理，引进专业化环保厕所公司进行品牌化、网格化、规模化经营，创新“厕所+商业”运营、管理、服务模式。

3. 畅通水陆旅游交通线路

（1）构建陆路慢行系统

一是利用已有的城市道路（宝塔路—中华路—大西路—双井路—运河路—丁卯桥路—焦顶山路—纬七路—智慧大道—学府路—左湖路—金港大道辅道），铺设彩色沥青或彩色透水砖，构建沿古运河慢行道。根据各景点分布和道路现状，形成合理串联主要景源的慢行步道。二是结合公共交通站点、内外交通换乘点、游客集散中心等布局建设慢行驿站。依托一、二、三级旅游集散中心，设置自行车和观光车集散点，提供自行车租赁、观光车换乘、餐饮休憩等服务，辐射整个沿古运河旅游观光带。依托旅游服务点和主要景点所在位置，设置观光车换乘点，服务单个小景区。

（2）完善水上旅游线路

一是设计水上游线。设置同德里运河广场码头、京口古驿码头、解放路门户广场码头、宝塔山公园码头、丁卯运河广场码头、经十二路花市场码头、丹徒闸码头等游船停靠码头，策划金山湖—丹徒闸的水上游线，在部分游船码头增加水陆换乘功能，设计纯观光或偏休闲等多种类型的水上游线，丰富游客的水陆游览选择。二是提升游船品质。增加水上交通品类，游船包括中小型快艇、画舫、摇橹船等。丰富游船体验内容，增加互动娱乐、社交休闲、游船宴饮等特色活动，融入扬剧、古琴、茶艺等文化演艺，增加夜间游船项目，使之成为一条会讲故事、有味道的运河。

三、正确处理好三重关系

（一）古运河与城市的关系

镇江沿古运河旅游观光带承担着城市旅游游赏与城市商业服务双重功能，如果对外围保护地带过度建设和开发，特别是对建筑高度、体量和色彩的控制力度不足，将直接影响水与城的景观营造和视觉效果，进而使镇江这座历史文化名城逐渐丧失引以为傲的文化资本和历史底蕴，因此推进古运河和现代城市的融合发展是我们需要深入研究的命题。

（二）古运河与“三山”的关系

将“三山”景区中西津渡、北固山和铁瓮城等片区纳入镇江沿古运河旅游观光带范畴，纳入的片区不仅仅要同时符合“三山”景区和古运河的整体空间规划，更要承接“三山”景区和沿古运河旅游观光带关键时空节点的作用。如何实现大小金山湖水上游线与古运河水上游线的互联互通，也需要我们深入思考。

（三）古运河与长江的关系

江河交汇是镇江运河最鲜明的特征，为此镇江“两核两带多区块”的全域旅游空间布局中设计的“两带”即沿江连岛生态游憩带和沿古运河旅游观光带，串联着市区和辖市最具吸引力的旅游资源。我们需要加快推动“两带”的深度融合，打造独具镇江特色的旅游形象，形成深受游客欢迎的深度游线路。

参考文献:

[1] 中共江苏省委党校第3期省管干部进修班.推动江苏大运河文化带建设走在全国前列[J].唯实,2019(1):14-15.

[2] 旅游资源分类、调查与评价(GB/T 18972—2017)[S].

[3] 镇江市规划局,水利局.镇江古运河风光带总体控制规划[EB/OL].

[4] 张莉.大运河旅游资源现状及开发策略的思考——以扬州市为例[J].淮海工学院学报(人文社会科学版),2015(1):79-81.

[5] 丘萍,张鹏.后申遗时代京杭大运河杭州段旅游资源调查、评价及对策[J].水资源开发与管理,2018(4):80-84.

[6] 杨俊博.洛阳隋唐大运河旅游带空间布局构建研究[J].中国名城,2018(9):92-96.

[7] 李臻.古运河镇江段旅游功能开发设计[J].镇江高专学报,2002(2):32-34.

[8] 黄蔓菁,朱珠.重展"文化长廊"风采,打造富有镇江特色的运河文化线路[J].镇江社会科学,2019(1):81-85.

镇江大运河文化带的构建与实施路径

杨　欢*

随着中国特色社会主义进入新时代，人民的精神文化需求日益提高，为彰显国家“文化自信”，激发文化发展的活力，镇江大运河文化带建设具有重大意义。这既是一次历史文化遗产的保护工程，也是一次文化资源创新的标志性工程。

一、镇江大运河的基本情况

中国大运河开凿始于公元前5世纪，始建于春秋时期，至今已有两千多年的历史，是世界上距离最长、规模最大的运河，纵贯南北、沟通东西、贯穿古今，由隋唐大运河、京杭大运河、浙东大运河三部分组成，全长近3200千米。其中，镇江是中国最早开凿大运河的地区之一。镇江市扼守在长江和京杭大运河交汇的“十字黄金水道”上，现存的大运河镇江段本体部分全长60.1千米，一段是谏壁闸以南为仍然通航的京杭大运河段，开凿于秦始皇三十七年（公元前210年），全长约42.6千米；一段从京口闸经丹徒闸至谏壁为古运河段，由唐代以前若干河段、北宋新河及明初绕城运河串联而成，全长16.7千米；另有丹徒闸外引河0.8千米。蜿蜒而行的大运河不仅是一条水上运输线，也是一条护城河，在镇江山水文化中发挥了举足轻重的作用。

可以说，大运河的兴衰关系到中国历史的进程，镇江市的运河文化也随着一千多年的历史积淀下来。从环境要素上来说，镇江的丘陵地貌、亚热带季风气候、特有的水文条件制约下形成的大运河镇江段，是镇江人民进行文化创造的空间基础；从人文背景上阐释，诸如大运河镇江段的开凿

---

* 杨欢，镇江文化旅游产业集团团委书记，中级经济师，研究方向为文化产业、人力资源等。

及演变过程、李白等代表人物游览大运河镇江段的经典故事、西津古渡及僧伽塔等运河遗迹、当地传统民俗都让镇江市大运河文化更为丰富。

大运河见证了古城镇江的交通运输枢纽地位。追溯到秦代，镇江水路枢纽的地位初见雏形；经过隋朝的重大发展，“大江以南，黄河以北，转输无阻”；唐玄宗时期，又新增了江南运河的入江口，即现今的“京口闸”，航运距离大幅度缩减，镇江因此成了商埠重地；清末，因淤塞导致漕运停止后，交通运输的枢纽地位逐渐减弱。

镇江大运河的基本功能为漕运功能，镇江的漕运文化、渡口文化是镇江运河文化的重要组成部分。江苏等地尤其是苏锡常的漕粮主要是经镇江由京口闸过古运河运往北方，可以说，镇江是长江下游物资中转的重要港口。如今镇江城区内的古运河已经没有了运输功能，昔日的京口闸也封存于地下，不过镇江大运河的主航道目前仍在通航，它往北从镇江城郊的谏壁镇汇入长江。谏壁闸位于谏壁镇，距离长江 2 千米左右，被称为“江南第一闸”。谏壁船闸的建成为缩短船舶航行里程、降低运输成本、节约燃料消耗等创造了有利条件。目前，谏壁闸的船舶通货量已超过 1 亿吨。

二、构建镇江大运河文化带的框架体系

构建镇江大运河文化带，重点实施大运河遗址保护、文化传承、文旅融合发展“三大工程”。

（一）遗址保护工程

拟定《镇江大运河遗址保护工程实施方案》，深化对镇江大运河京口闸等遗址的保护工作，坚决杜绝宋元粮仓遗址被毁等建设性破坏的类似事件。

1. 近期目标：完善镇江大运河遗址保护的基础设施建设，健全镇江大运河遗址保护规划和管理体系；推进镇江大运河文化深度挖掘，积极争取对京口闸等遗址的进一步考古发掘；启动京口闸等遗址博物馆建设工程。

2. 远期目标：完成京口闸等遗址博物馆建设。

（二）文化传承工程

拟定《镇江大运河文化传承工程实施方案》，全面深化镇江大运河文化传承工作，为镇江大运河文化发展、利用创造基础性条件。

1. 近期目标：凝聚镇江及周边区域文化产业专业性人才；提炼、固化镇江大运河的文化内涵和精神；重点把握闸坝工程等技术工程、饮食文化等民俗文化、奋斗进取等精神的传承工作。

2. 远期目标：镇江大运河文化传承工作实现重大突破，形成完整的镇江大运河文化传承体系。

（三）文旅融合发展工程

拟定《镇江大运河文旅融合发展工程实施方案》，依托镇江大运河考古发掘和专家研究成果，结合镇江优质文化旅游资源，打造大运河文化阵地，使之转化为促进镇江市文化建设的重要元素。

1. 近期目标：在三山、南山、西津古渡等旅游景区植入镇江运河文化元素；塑造镇江大运河特色品牌，积极探索大运河文化走出去的途径。

2. 远期目标：规划建设镇江大运河文化体验区，形成区域特有的文化产业体系；优化运河文化产品体系，设计大运河文化文艺作品，加深公众对镇江大运河的认识，提升其知名度和影响力。

三、构建镇江大运河文化带的实施路径及策略

习近平总书记强调保护大运河是运河沿线所有地区的共同责任，并就大运河文化带建设作出专门批示，明确提出要遵循“保护好、传承好、利用好”的原则。由此可见，构建镇江大运河文化带不仅要重视文化方面的建设，同时也要注重生态建设、河道修复、文化旅游融合，将文化带打造成为“高品位的璀璨文化带、高颜值的绿色生态带、高水平的全域旅游带”，系统做好镇江大运河保护和利用的大文章。

（一）明确职责，细化分工

由镇江市委市政府牵头文化带的建设工作，通过多种措施保障镇江大运河文化带建设任务落实、落细、落地。

一是明确总体思路。要正确认识习近平总书记针对大运河文化带建设的指示和批示，把“共抓大保护，不搞大开发”的原则贯穿到镇江大运河文化带建设的全过程。建立健全镇江大运河文化带建设的法律体系，注重增强建设过程中的系统性、整体性。充分发挥江苏省大运河文化带建设工作联席会议的作用，完善协调推进机制，探索建立周边运河沿线地区信息共享、利益共享机制，形成区域联动、共同推进的工作格局，奋力开创镇江市大运河文化带建设工作的新局面。

二是设定整体目标。结合镇江实际，将《大运河文化保护传承利用规划纲要》落到实处，制定镇江市大运河文化带建设的总体规划，通过实施遗址保护、文化传承、文旅融合发展“三大工程”，建设运河标志性文化品牌，打

造镇江文化高地。其中，目标设定分为近期目标与远期目标，分步实施。

三是细化责任分工。镇江市大运河文化带建设研究中心负责全市大运河文化带建设的总体设计、统筹协调、整体推进、督促落实；市内涉及大运河建设工作的市委宣传部、市教育局、市生态环境局、市住建局、市自然资源和规划局、市交通运输局、市水利局、市文广旅局、市国资委等有关单位联合做好创建工作，并将重点工作细化分解、挂图作战。努力将镇江大运河文化带建设成为镇江文化旅游产业建设的示范工程，不断满足人民群众日益增长的精神文化需要。

（二）齐心协力，共抓保护

探寻镇江大运河遗产与城市发展之间的联系，加大镇江大运河遗产保护力度，延续运河血脉。

一是挖掘整理镇江大运河历史文化资源。要深入挖掘镇江大运河沿线的传统民俗文化、红色文化、历史名人文化等重要的文化资源，对与运河相关的文保项目、遗址遗迹、物质文化遗产、非物质文化遗产、商业生态等进行全面调研，摸清情况。尤其要重点挖掘大运河沿线太平泥叫叫、封缸酒传统酿造技艺、秦淮花灯等非物质文化遗产和文化艺术资源。

二是坚持“保护第一、生态优先”的原则。历史随着水系留下了丰富的文化遗存，要加强文物遗迹保护，严守生态保护红线，切实提升镇江沿线地区环境质量。第一，要牢固树立生态文明的理念，坚持绿色发展，做好生态修复、环境保护，谋划建设镇江大运河绿色生态廊道，促进大运河河道水系治理管护，提升水质，实现大运河镇江段河长制全覆盖，制定最严格的保护标准和政策保障措施，达到“运河长治”的效果。第二，要加强运河考古遗址出土的北宋青白釉香炉、南宋黑釉“太平有象”插瓶、元代卵白釉双耳瓶等文物的保护力度，将镇江大运河周边宝堰古镇、延陵古镇、儒里古村、谏壁渔村、西津渡古街等古镇古村古街纳入保护视野，充分保护文化遗产的真实性、完整性、延续性和科学性。

三是打通社会力量参与大运河保护的通道。要确保公众的知情权，通过纸媒、微信公众平台、政务公开平台等渠道，宣传镇江大运河文化带建设相关事项，借智借力，鼓励公众建言献策；要加强与高校等学术机构的合作，拓宽与在镇高校、邻镇高校、研究院（如江苏大学艺术学院、镇江高专文旅艺术学院、南京艺术学院文化产业学院、紫金文创研究院等）间的交流渠道，吸纳专业人员进行研究，提升总体建设的专业性；探索成立群众性非正式组织，鼓励、引导公众开展青年志愿者行动、“河小青”义务护河等，让运河更“青春”，充分发挥志愿者作用；定期举办大运河文化节系列活动，潜移默化地增强公众保护大运河的意识；号召镇江当地的文化企业，共同推进文化带建设，充分调动其参与建设的主动性、积极性。

（三）传承经典，弘扬文化

中国大运河史在一定程度上反映了中国文化发展史。文化强则民族强，应古为今用、强化传承，用特有的文化资源，撬动整个镇江经济社会的高质量发展。

一是传承水利技术。镇江大运河作为线性文化遗产，相对于长江、黄河等自然形成的江河而言，属于人工开凿的运河，是人类适应和改造自然的结果。在大运河镇江段河道的开凿、疏通和维护等层面，形成了独特的运河技术，其中包括水路运输、蓄水引水等，无不展现工匠智慧。京口闸等闸坝工程水利技术亟待传承。

二是传承历史经典。大运河流淌着诗意和文化，涌现了一些总结运河开凿、运行功过的诗词和文学作品，也出现了一些在大运河上抒发自身感受及心绪的作品。尤其是中国诗词繁荣发展的唐宋时期，出现了较多有关大运河的文学现象。以刘勰、萧统、葛洪、陶弘景等为代表的文化巨人创作的诗词和文学作品体现了古人的智慧、淳朴的民风、文化的积淀。诗词和文学作品等历史经典亟待传承。

三是传承社会文化。漕运文化、仓储文化、商贸文化、宗教文化、民居文化、饮食文化等多个方面，几乎全与镇江大运河有关。镇江大运河沿线人民群众所创造出来的文化及文化形成的过程，造就了独特的生产和生活方式，共同构成了镇江大运河社会文化。无私无畏、艰苦奋斗的大运河精神亟待传承。

（四）产业融合，释放能量

要利用好镇江大运河的宝贵遗产，激活大运河“文化基因”密码，做到与文化旅游产业、近代工业遗产、虚拟数字平台之间的融合，培育新的增长点。

一是与文化旅游产业相融合。首先，将运河文化景观与本市自然人文景观相融合，加大金山、焦山、北固山、南山、西津古渡、金山湖等镇江优质旅游资源的融入，加强河滨、宝塔山地块景观提升，编印镇江全域旅游地图，将镇江特色的自然人文景观、历史遗迹资源进行整体规划和开发利用，设计运河文化和镇江传统文化交融的旅游线路，丰富游客的旅游体验。其次，将运河文化景观与本市重点文化项目相融合，近年来，镇江对文化产业项目日渐重视，就 2019 年来说，总投 5 亿元以上项目达到了 16 个，运河文化景观可与香海琴枫浪漫庄园、伏热花海、江南牡丹园、凤凰文化广场、魔幻海洋世界、江苏可一文化艺术数字产业园形成联动，共同打造复合型文化旅游镇江城。最后，优化镇江运河旅游产品体系，促进旅游新产品业态开发和转型升级，将文化资金、政策扶持向大运河沿线集中，打造运河城市历史街区、运河文化博物馆、沿运河重点文物景观，在与周边运河城市差异化发展的基础上设计具有镇江运河特征的旅游线路，讲好运河故事，叫响运河品牌。

二是与近代工业遗产相融合。镇江运河沿岸的近代工业遗产是镇江近现代城市经济社会发展的见证，蕴含着丰富的社会历史意蕴。镇江大运河是古代漕粮、漕盐、漕商的重要通道，漕运的繁盛让镇江香醋走出镇江，走向世界。第三批国家工业遗产拟申报公示中，“镇江香醋传统酿造遗承”入选，恒顺醋业也建成了国家 4A 级景区“中国醋文化博物馆”，传统制醋工艺等遗产完整留存，清晰记录着镇江工业技术方面的变革。应积极与恒顺醋业联动，共同推进镇江大运河沿线物质、非物质文化遗产与近代工业遗产相融合，拓展大运河的文化内涵。

三是与虚拟数字平台相融合。随着数字经济不断发展，高速的信息化社会不断拓宽了人们的视野，数字化技术对历史文化的传承、保护及展示传播成了文化新的利用方式。一要建立镇江大运河“数字档案”，将文化遗产数字化。新型的数字平台可以促进镇江大运河文化遗产的保护与利用，并还原性、完整性地记录下文化遗产的存在状态。二要基于数字化背景，积极培育新型的文化业态，促进互联网、物联网等新兴科技在镇江大运河文化生产、传播、消费等环节的应用，不断赋予运河文化新的时代内涵。

参考文献：

[1] 中共中央办公厅 国务院办公厅.大运河文化保护传承利用规划纲要[EB/OL].

[2] 刘怀玉，丁蕾，石火培，孙明光.京杭大运河扬州段文化遗产保护与利用研究[J].淮阴师范学院学报(哲学社会科学版)，2014，36(3)：337-342.

[3] 姜师立，张益.基于突出普遍价值的大运河文化遗产保护和利用[J].中国名城，2014(4)：50-57.

[4] 陈立旭.以全新高度扎实推进文化强国建设[J].中共杭州市委党校学报，2013(1)：11-14.